Barbara Patzek
Homer und die frühen Griechen

Seminar Geschichte

Wissenschaftlicher Beirat:
Christoph Cornelißen, Marko Demantowsky, Birgit Emich, Harald Müller, Michael Sauer, Uwe Walter

Barbara Patzek

Homer und die frühen Griechen

—

DE GRUYTER
OLDENBOURG

ISBN 978-3-11-046876-2
e-ISBN (PDF) 978-3-11-046877-9
e-ISBN (EPUB) 978-3-11-046885-4

Library of Congress Cataloging-in-Publication Data
A CIP catalog record for this book has been applied for at the Library of Congress.

Bibliografische Information der Deutschen Nationalbibliothek
Die Deutsche Nationalbibliothek verzeichnet diese Publikation in der Deutschen Nationalbibliografie; detaillierte bibliografische Daten sind im Internet über http://dnb.dnb.de abrufbar.

© 2017 Walter de Gruyter GmbH, Berlin/Boston
Umschlagabbildung: Kopf des Homer („Epimenides-Typus"). Nachbildung einer römischen Kopie des griechischen Originals aus dem 5. Jahrhundert v. Chr. (Glyptothek München).
Satz: fidus Publikations-Service GmbH, Nördlingen
Druck und Bindung: CPI books GmbH, Leck
♾ Gedruckt auf säurefreiem Papier
Printed in Germany

www.degruyter.com

Vorwort der Verfasserin

Dieser Band hat Homer als historische Quelle zum Thema und versucht, anhand der unter diesem Namen zusammengefassten frühgriechischen epischen Dichtung die strukturellen Anfänge der für das europäische demokratische Selbstverständnis vorbildlichen Griechischen Geschichte des ersten vorchristlichen Jahrtausends zu erschließen. Ungewöhnlich ist, dass ein dichterisches, d. h. in erster Linie fiktionales, Werk als leitende historische Quelle dient. Das erklärt sich aus der Wissenschaftsgeschichte, in der die homerischen Epen als erste umfassende schriftliche Überlieferungen galten, die eine konkrete Vorstellung von einer frühen historischen Welt vermitteln konnten. Der ungewöhnliche Zugang erklärt sich auch daraus, dass diese Dichtung den späteren Griechen als Zitatenschatz für die Veranschaulichung der Leitgedanken ihrer Kultur dienten, und schließlich daraus, dass erzählende, im mündlichen Vortrag lebende Dichtung einen dichten Einblick in die Situation geben kann, in der Erzähler und Publikum miteinander kommunizierten und die Erzählung in vergegenwärtigende Wahrnehmung und damit in ihre eigene historische Welt umsetzten. Die mit dieser vergegenwärtigenden Erzählkunst verbundenen Techniken und Motive zu erkennen, sie historisch auszuwerten und die Ergebnisse in den materiellen Hinterlassenschaften der sog. Homerischen Zeit, dem späten 8. und frühen 7. Jh. als Zeit der frühgriechischen Epiker kritisch zu brechen, ist Aufgabe dieses Bandes.

Das Hauptanliegen bei der deutschen Fassung der Quellentexte war die Verständlichkeit für Historiker und Historikerinnen.[1] Die Textwidergaben versuchen eine möglichst unmittelbare und genaue Anschauung der inhaltlichen Sachverhalte zu vermitteln; sie sind daher in Prosa gefasst und lehnen sich an den historisch präzisen Stil der Homer-Übersetzungen Wolfgang Schadewaldts und der Hesiod-Übersetzungen Walter Margs an, unter Zuhilfenahme des gegenständlich anschaulichen Vokabulars der Übersetzungen Roland Hampes (Homer) und Otto Schönbergers (Hesiod). Auf der Produktseite des Verlags können die angeführten Passagen aus den in der Reihe Tusculum erschienenen Bänden zu Homer

---

1 Im Folgenden wird die konventionelle Form „Historiker" neutral verstanden und für alle Mitglieder der Zunft gebraucht.

und Hesiod zweisprachig gelesen werden. Empfohlen wird die neue Versübersetzung im von Joachim Latacz und Anton Bierl herausgegebenen *Gesamtkommentar zur Ilias* (Berlin 2000–2016 ff., erschienen sind bisher die Gesänge 1 bis 19).

Mein Dank gilt Uwe Walter für die anregende Betreuung dieses Bandes und Florian Hoppe als Lektor für die umsichtige Umsetzung des Vorhabens in Wort und Bild.

Barbara Patzek, Wiesbaden, August 2017

Vorwort von Verlag und Beirat

Die Studienbuchreihe „Seminar Geschichte" soll den Benutzern – StudentInnen und DozentInnen der Geschichtswissenschaft, aber auch VertreterInnen benachbarter Disziplinen – ein Instrument bieten, mit dem sie sich den Gegenstand des jeweiligen Bandes schnell und selbstständig erschließen können. Die Themen reichen von der Antike bis in die Gegenwart; unter Einbeziehung historischer Debatten sowie wichtiger Forschungskontroversen vermitteln die Bände konzise das relevante Basiswissen zum jeweiligen Thema.

„Seminar Geschichte" wurde von De Gruyter Oldenbourg gemeinsam mit FachhistorikerInnen und Geschichtsdidaktikern entwickelt. Die Reihe trägt den Bedürfnissen von StudentInnen in den neuen, modularisierten und kompetenzorientierten Studiengängen Rechnung. Dabei liegt der Akzent auf der Vermittlung von aktuellen Methoden und Ansätzen. Im Sinne einer möglichst effizienten akademischen Lehre sind die Bände stark quellenbasiert und nach fachdidaktischen Gesichtspunkten strukturiert. Sie stellen nicht nur den gegenwärtigen Kenntnisstand zu ihrem Thema dar, sondern führen über die intensive Auseinandersetzung mit maßgeblichen Quellen zudem fundiert in geschichtswissenschaftliche Fragestellungen und Methoden ein. Dabei steht die Problemorientierung im Vordergrund. Unabdingbar ist dafür, dass die Quellen nicht abschließend ausgedeutet werden, sondern eine Grundlage für die eigene Erschließung und Bearbeitung bilden. Hierzu enthält jeder Band kommentierte Lektüreempfehlungen, Fragen zum Textverständnis und zur Vertiefung sowie Anregungen zur Weiterarbeit.

Jeder Band stellt eine autonome Einheit dar. Wichtige Quellen sind im Band enthalten, damit sie nicht mitgeführt oder online aufgerufen werden müssen; zentrale Fachbegriffe werden im Glossar im Anhang erklärt. Ergänzend findet sich auf der Website des Verlages zu jedem Band der Reihe zusätzliches Material (z. B. weitere und/oder originalsprachliche Quellen, thematisch relevante Abbildungen, weiterführende Links oder zusätzliche vertiefende und zur Weiterarbeit anregende Fragen). Passagen, für die zur Vertiefung weiteres Material bereitsteht, sind durch das nebenstehende Symbol hervorgehoben.

Durch seinen modularen Aufbau macht jeder Band auch ein Angebot für ein Veranstaltungsmodell bzw. eröffnet die Möglichkeit, einzelne Kapitel als Grundlage für Lehreinheiten zu nehmen. Der Aufbau in 14 Kapiteln spiegelt die (in der Regel) 14 Lehreinheiten eines Semesters und unterstreicht den Anspruch, das zu vermitteln, was innerhalb eines Semesters gut gelehrt und gelernt werden kann. Der einheitliche Aufbau aller Bände der Reihe sorgt für konzeptionelle Übersichtlichkeit und Verlässlichkeit in der Benutzung: Er bietet StudentInnen und DozentInnen eine gemeinsame Grundlage, um sich neue Themenfelder zu erschließen.

Inhaltsverzeichnis

Vorwort der Verfasserin —— V

Vorwort von Verlag und Beirat —— VII

1 **Die frühen Griechen** —— 1

2 **Homer** —— 19

3 **Das Griechenlandbild der *Ilias*** —— 35

4 **Die *Odyssee* und die Nachbarn der Griechen** —— 51

5 **Die homerischen Helden und die Anfänge eines frühgriechischen Kriegeradels** —— 67

6 **Grundformen des sozialen Lebens: Die Ordnung des Hauses und das gerechte Leben unter Nachbarn und Bürgern** —— 81

7 **Städtebilder** —— 95

8 **Die „Könige" (*basilees*) und die Bedeutung von Konsens stiftender Redekunst** —— 109

9 **Literarische und dokumentarische Quellen, oder: Was ist unter dem frühgriechischen Staat zu verstehen?** —— 123

10 **Soziale Typologie in ungleicher Gesellschaft. Wie interpretiert man „idealisierende" literarische und bildliche Quellen?** —— 137

11 **Mythen als historische Quellen** —— 151

12 **Die materielle Kultur der homerischen Epen** —— 167

13 **Zur Rezeption der homerischen Epen in der griechischen Antike** —— 181

14 Homer und die Anfänge der historischen Kritik —— 195

15 Bibliographie —— 209

Abbildungsverzeichnis —— 223

Ortsregister —— 225

Personenregister —— 226

Sachregister —— 228

Glossar —— 235

1 Die frühen Griechen

1.1 Homer – oder: Wie kann man sich in die griechische Vorgeschichte zurückdenken?

1.1.1 Die Lebensweise der Kyklopen (Riesen) als Beispiel für eine frühgeschichtliche Verfassung

Der Athener: Dies und alles, was sich daran anschließt, sei nun von uns zu dem Zweck vorgetragen, dass wir erkennen, welches Bedürfnis nach Gesetzen die Leute damals überhaupt hatten und wer ihr Gesetzgeber war.

Kleinias, ein Kreter: Wirklich ein schöner Vorschlag.

Der Athener: Nun, jene Menschen brauchten doch noch gar keine Gesetzgeber, und so etwas war zu dieser Zeit noch gar nicht üblich? Denn die Leute, die in diesem Abschnitt des Zeitumlaufs geboren worden sind, haben ja noch keine Schrift, sondern sie leben, indem sie Gewohnheiten und den sogenannten Gebräuchen der Väter folgen.

Kleinias: Das ist jedenfalls wahrscheinlich.

Der Athener: Doch ist auch dies bereits eine Form staatlicher Verfassung.

Kleinias: Und was für eine?

Der Athener: Mir scheint, dass alle die Verfassung jener Zeit als eine dynastische Herrschaft bezeichnen, wie sie auch heute noch vielerorts bei den Hellenen und Barbaren besteht. Sie erwähnt auch Homer und sagt, dass sie im Wohngebiet der Kyklopen bestanden habe; seine Worte lauten:

„Ratsversammlungen kennen sie nicht, auch keine Gesetze,
Sondern sie alle bewohnen die Häupter der hohen Gebirge
In gewölbten Höhlen; und jeder herrscht selber als Richter
Über Kinder und Frauen, und kümmern sich nicht umeinander."
[...]

Megillos, ein Spartaner: ... Jetzt aber erweist er sich offenbar als ein guter Zeuge für deine Behauptung, indem er diese ihre altertümliche Lebensweise in seiner Erzählung auf ihre Rohheit zurückführt.

> *Der Athener:* Ja, er unterstützt uns mit seinem Zeugnis, und wir wollen ihn als Gewährsmann dafür nehmen, dass solche Staatsformen irgendwann einmal entstehen.
>
> Platon, *Nomoi* 679e-680a (Übersetzung Klaus Schöpsdau)

Platons Gesetze In Platons letztem, nach seinem Tod (348/7 v. Chr.) herausgegebenen Werk, den *Nomoi* (Gesetzen), wandern drei alte Männer – ein Athener, der Platon an Bildung und Weltgewandtheit gleicht, Kleinias, ein etwas spießiger Kreter, und der Spartaner Megillos – am Tag der Sommersonnenwende von Knossos zur Grotte des Zeus auf dem Idgebirge. In ihrem Gespräch wollen sie über die Grundlagen einer optimalen Gesetzgebung für die Gründung einer Stadt auf Kreta diskutieren. Dazu gehört auch eine Rekonstruktion der Verfassungsgeschichte der Vorzeit. Der Athener führt anhand einer Folge von Modellen zurück in eine „unendliche Vergangenheit" (676a-b). Dabei zeichnet sich eine erste Entwicklungsstufe in einem Zeitraum ab, in dem die Schrift noch nicht erfunden war und Gesetze nicht aufgezeichnet werden konnten. In diese Zeit setzt er als erste Verfassung eine sozusagen königliche Herrschaft der Väter über Familien und Sippen, die dynastisch vererbt wurde. Als Beleg für die Gültigkeit dieser Herleitung dient ein Zitat aus der *Odyssee* (9, 112–115), in dem die Lebensweise der Kyklopen (Riesen) beschrieben wird.

1.1.2 Das sog. Löwentor von Mykene als Zeugnis der „kyklopischen Vorzeit"?

Abb. 1: Das sog. Löwentor von Mykene. Das Tor hat seinen Namen von dem Relief über dem Türsturz: Zwei Löwen stehen einander auf einem Säulenpodest gegenüber; die (nicht erhaltenen) Köpfe waren ursprünglich wohl frontal auf den Beschauer ausgerichtet. Das Tor ist aus vier riesigen Blöcken, der Schwelle, den beiden Wänden und dem Türsturz (dessen Gewicht allein auf 20 Tonnen geschätzt wird) zusammengesetzt. Die ca. 6m breite Mauer besteht aus großen grob zugehauenen Steinblöcken. Bereits die Griechen der *Klassischen Zeit* sahen in diesen „kyklopischen Mauern" Zeugen einer früheren Geschichte. Ein Teil der Mauer und des Tores von Mykene waren über die Antike hinaus erhalten geblieben. Pausanias, ein Reiseschriftsteller aus dem späteren 2. Jahrhundert n. Chr. hatte sie beschrieben und mit den Mythen um das Geschlecht des Atreus und Agamemnon verbunden (*Beschreibung Griechenlands*, Buch 2, 16. Kapitel, 5–7). 1806 wurden die Monumente von Reisenden im Auftrag der britischen Regierung in einer ersten historischen *Landeserkundung* wieder erfasst (Moore, Rowlands, Karamidas 2014, 40–43). Auf dem Foto von 1884/5 ist links neben dem Türpfosten Wilhelm Dörpfeld stehend zu erkennen und gegenüber rechts sitzend wohl Sophia und hinter ihr stehend Heinrich Schliemann.

1.2 Homer und die „frühen Griechen"

1.2.1 Zwei Anfänge der Griechischen Geschichte

Periodisierung der Griechischen Geschichte

Der Titel „Homer und die frühen Griechen" ist doppeldeutig, weil aus der Geschichte der historischen Homerwissenschaft zweierlei „Frühzeiten" hervorgegangen sind. Die homerischen Epen, *Ilias* und *Odyssee*, heute um 700 v. Chr. datiert[1], markieren den Anfang der griechischen Kultur-, Literatur- und politischen Geschichte, einer Geschichte, die im späteren Europa als klassisch, d. h. als vorbildlich, aufgefasst wurde. Diese Griechische Geschichte, in deren Mittelpunkt die Demokratie Athens im 5. und 4. Jh. steht, wurde als eine in sich geschlossene, quasi organische Einheit betrachtet. Daran erinnert die Dreiteilung der Periodisierung in eine Zeit des Werdens (die Archaische, d. h. anfängliche, Zeit), die Zeit der Vollendung (Klassische Zeit) und eine Zeit des Zerfalls, als die die (mit der Herrschaft Alexanders des Großen beginnende) Hellenistische Zeit lange aufgefasst wurde.[2] Die homerischen Epen standen am Anfang dieser Tradition und waren mit ihr auf vielfältige Weise verbunden. Sie gelten bis heute als früheste schriftliche Quellen dieser Geschichte. Die sog. Homerische Zeit wird daher mit den Anfängen dieser Geschichte, d. h. der Archaischen Zeit Griechenlands, verbunden. Die „frühen Griechen" waren also die Zeitgenossen des Dichters dieser Epen.

Die Zeit der Helden

Inhaltlich gehören die homerischen Epen zur mythologischen bzw. zur Sagen-Dichtung. Sie handeln von Göttern und Helden und erzählen fiktive Geschichten aus einer größeren Welt, die den Grenzen des menschlichen Daseins nicht unterworfen ist. Dieses

---

[1] Bereits dabei setzt die Forschungsdiskussion ein. Die Datierungen schwanken zwischen 730 und 650. Vgl. Kapitel 2.2.
[2] Die Dreiteilung geht auf die Vorstellung einer organischen Entwicklung zurück, die im Bild vom Wachstum zur Blüte und dem schließlichen Verwelken einer Pflanze vermittelt wird. Zum Begriff der Klassik, der von der Altertumswissenschaft der Romantik ausging: Christ 1999, 7–22. Zum Begriff der Archaik, der aus den Kunstwissenschaften hervorging, vgl. Most 1989. Zum Begriff des Hellenismus, der ursprünglich nichts mit dieser Herleitung zu tun hatte, aber „als Zeit danach" zum Auffangbecken für vermeintliche Verfallserscheinungen wurde, vgl. Weber 2007. Dazu und zu Geschichte und Bedeutung des Dreierschemas im 19. Jahrhundert: Zimmermann 2009, 9–14.

Sagengeschehen sollte allerdings, so der Dichter, in einer früheren Heldenzeit wirklich stattgefunden haben. Er unterscheidet seine Gegenwart als die „Zeit der späteren Menschen" (*Ilias* 6, 357–358; 12, 447–449) von einer früheren Zeit, in der seine Erzählung spielt. Das war die Zeit der Helden, die Sprösslinge von Menschen und Göttern waren. Diese „Heroische" Zeit sollte mit einem herausragenden Ereignis, der Zerstörung der Stadt Troia, ihr Ende gefunden haben. Die Ursache dieser Zerstörung, die Einnahme der Stadt nach zehnjähriger Belagerung, der sog. Troianische Krieg, stellte den Hintergrund der epischen Handlungen dar. Da der Dichter Zeit und Ort genau fixierte, liegt es nahe zu fragen, ob es sich bei diesem Krieg um ein wirkliches Ereignis gehandelt hat.

Mit dieser Frage ist eine zweite zeitliche Dimension für die „frühen Griechen" umrissen, die in einer weit zurückgehenden griechischen Frühzeit liegen sollte. Nach den Ausgrabungen in Troia, die im späteren 19. Jahrhundert mit Heinrich Schliemann begannen, und an anderen in den Epen genannten Orten, etwa in Mykene, dem sagenhaften Königssitz des Agamemnon, wurden tatsächlich Hinterlassenschaften aus einer früheren Zeit im zweiten vorchristlichen Jahrtausend gefunden. Dabei handelte es sich um Mauerwerk von sog. Burgen sowie um Gräber und Ausstattungsgegenstände, die auf eine wohlhabende materielle Kultur schließen ließen. Sollte man mit der Frühzeit der Griechen nicht vielleicht in dieser Zeit beginnen? Gehörte die Glanzzeit der Städte Troia und Mykene in der sog. Mykenischen Zeit zwischen 1450 und 1200 nicht auch zur Griechischen Geschichte? Wurde das an den Dardanellen liegende Troia nicht von eben jenen griechischen Helden zerstört, von denen Homer berichtet? Sollte man die Anfänge der Griechischen Geschichte nicht in die Mykenische Zeit legen oder sogar noch weiter zurückgehen und mit den Anfängen der Entstehungsgeschichte der griechischen Sprache am Anfang des 2. Jahrtausends beginnen? Oder gibt es ebenso gute Gründe dafür, doch mit der Archaischen Zeit zu beginnen?

Wann fängt die Griechische Geschichte an?

1.2.2 Die homerischen Epen als „Geschichte" und als Gegenstand der Geschichtswissenschaft

Die homerischen Sagengeschichten galten den Griechen als „wahre", d.h. verbindliche und vorbildliche „Vor-Geschichte",

Sagen und Geschichte

eine Geschichte, an Hand derer sie sich überhaupt erst als Gemeinschaft, als Griechen (Hellenen), definieren konnten. Das war ihnen sonst nicht möglich, denn sie lebten in einzelnen Gemeinden, den sog. griechischen *poleis* (gr. *polis*, „Stadt") wie Athen oder Theben. Diesen allein waren die Griechen als Bürger zugehörig. Die Stadt machte ihre primäre kulturelle Umwelt und ihre rechtliche – wir würden heute sagen „staatsbürgerliche" – Identität bis in den Hellenismus hinein aus. Mehr als tausend solcher *poleis* der Griechen wurden in der Ägäis, an den Küsten des Mittelmeeres und des Schwarzen Meeres gezählt (Hansen 2006, 146). Eine gemeinsame „hellenische" Identität entwickelte sich aus dem überregionalen Verkehr, der gemeinsamen, allerdings in unterschiedlichen Dialekten gesprochenen Sprache und aus gemeinsamen Formen der Respekt- und Ehrbezeugung sowie des athletischen Wettkampfs und aus Umgangsformen, die bei den Zusammenkünften der Vertreter der Oberschicht in überregionalen Heiligtümern wie etwa Delphi oder Olympia gepflegt wurden. Diese kulturelle Gemeinschaft wurde in den vielfältigen örtlichen Heldengeschichten, die von den homerischen Epen aufgegriffen wurden, abgebildet und auf die höhere Zeitebene der vorbildlichen Heldenzeit transponiert. Da sich die späteren griechischen Regionen und Gemeinschaften in diesen Sagen wiederfinden konnten und da die Heldensagen wegen ihrer Vorbildlichkeit als wahr galten, wurde ihr Inhalt kaum in Frage gestellt.

In der frühen griechischen Geschichtsschreibung erhielten die Sagen einen realen zeitlichen und ideologischen Bezug. Die Anfänge dieser Historiographie datieren in das 5. vorchristliche Jahrhundert, in die Zeit nach den großen Feldzügen der Perser gegen Griechenland (490 und 480), die die Griechenstädte zum ersten Mal zu einem militärischen Bündnis zwangen. In dieser neuen Vergangenheitsperspektive wurde der Troianische Krieg zum ersten großen hellenischen Krieg, auf den die sog. Perserkriege und der spätere Peloponnesische Krieg folgten.[3] Herodot stellte die griechischen Sagen in eine real-zeitliche Chronologie,

---

[3] Herodot (ca. 480–ca. 425) nennt den Troianischen Krieg als erste Ursache der Feindschaft zwischen Griechen und Barbaren. Thukydides (ca. 460–ca. 400) fragt nach der Vorgeschichte der hellenischen Kriege (1,1–19), um zu beweisen, dass der Troianische Krieg weniger bedeutend war als die Perserkriege und der

indem er sie in einfacher Generationenfolge geordnet auf die ägyptische Königsliste bezog.[4] Auch die vorgeschichtlichen Überreste in den griechischen Landschaften erhielten mit ihrer Bezeichnung als „kyklopisch" einen neuen Zeitbezug im Sinne einer „einfachen" bzw. „primitiven" Vorzeit im Vergleich zu der eigenen kulturell fortgeschrittenen Gegenwart (vgl. oben 1.1). Diese entwicklungsgeschichtliche Sicht war den Zeitgenossen der homerischen Epen fremd. Die Reste der Vorzeit galten ihnen als Gegenstände der kultischen Verehrung, weil sie der Zeit halbgöttlicher Heroen angehörten (Kap. 3). Die Kyklopen der *Odyssee* sind sagenhafte Riesen, die auf Inseln im Meer leben und eine primitive Schaf- und Ziegenwirtschaft betrieben haben sollen (Kap. 4).

Es stellt sich die Frage, ob die auf diese Weise historisierte Sagengeschichte wirklich zur historischen Überlieferung gehört. Erst die moderne Geschichtswissenschaft unterscheidet zwischen wirklicher und intentionaler Geschichte (Gehrke 1994). Unter „intentionaler Geschichte" kann man die unkritische Geschichtsauffassung verstehen, durch die man sich in eine mythisch überhöhte Vergangenheit versetzen und sich in ihrem Vorbild bestätigt fühlen kann. Sie wird unreflektiert in jeder Gegenwart erzählt, um Rechtfertigungen bzw. Beispiele aus der Vergangenheit abzuleiten. Diese Art des Rückblicks in die Vergangenheit ist anschaulich und produktiv. Bei der Selbstvergewisserung, die sie bietet, steht kaum in Frage, ob das Erzählte sich tatsächlich zugetragen hat oder nur eine Sage ist, die realitätsnah daherkommt, d. h. vor allem Ort und Zeit genau benennt. Die Geschichtsforschung dagegen sucht wirkliches Geschehen anhand von alten, möglichst zeitnahen, d. h. zeitgenössischen, Quellen zu rekonstruieren und dabei den Impuls, das Geschehene „intentional" zu vergegenwärtigen, möglichst zu kontrollieren. Dann muss man fragen, ob und wie sich die homerischen Epen und ihre Heldensagen in eine reale, zeitlich und räumlich bestimmbare, aber weitgehend unbekannte geschichtliche Welt einordnen lassen.

Intentionale Geschichte

---

darauf folgende bedeutendste und Gegenstand seiner Geschichtsschreibung, der Peloponnesische Krieg (431–404).
4 Cobet 2002. Den Troianischen Krieg datierte Herodot in den *Historien* auf ungefähr 800 Jahre vor seiner eigenen Zeit (2, 145). Zur „archäologischen" Methode der griechischen Geschichtsschreibung vgl. Kapitel 13.2.

Historische Distanz

Ausgangspunkt ist heute, dass diese zeitlich in weiter Ferne liegende historische Wirklichkeit der Wirklichkeit eines modernen Interpreten fremd ist. Die fremde Welt kann also nicht mit Hilfe heutiger Sinnstrukturen und Verhaltensmuster vorgestellt und gedeutet werden. Vielmehr müssen die spontan sich einstellenden undistanzierten Deutungen kritisiert werden. Das geschieht, indem das unmittelbare Vergegenwärtigen durch ein theoretisch begründetes Modell ersetzt wird, in dessen Koordinatensystem sich die aus den historischen Quellen gewonnenen Daten einsetzen lassen.

1.2.3 Die Historisierung der homerischen Epen und die Entdeckung der Mykenischen Zeit Griechenlands

„Volkspoesie"

Das Instrument, durch das die homerischen Epen am Ende des 18. Jahrhunderts zum ersten Mal zum Gegenstand historischer Forschung wurden, d. h. in eine fremde Wirklichkeit in Raum und Zeit eingeordnet werden sollten, war das Konzept der „Volkspoesie" (Kap. 14). Darunter verstand man ein vorgeschichtlichen bzw. volkstümlichen Kulturen eigenes kulturelles Gedächtnis, das im Gegensatz zum modernen nicht auf Schriftlichkeit, sondern auf Mündlichkeit beruhte. Die sog. Volkspoesie hat keine Autoren in unserem Sinn und kann über längere Zeiträume von „Mund zu Ohr" weitergegeben werden und in ihrer Tradition Vergangenes aufbewahren. Allerdings hat der Begriff von seiner Herkunft aus der Romantik auch die erweiterte Bedeutung einer nationalen Poesie (Bausinger 1980).

„Sagenkerne" und mythologische Spurensuche

Mit der Zuordnung zur Volkspoesie[5] wurde die epische Dichtung auch als nationale Erinnerung der Griechen aufgefasst und im Sinne der großen Themen der Geschichtsschreibung des 19. Jahrhunderts historisiert, d. h. als Quelle für die Kultur-, Macht- und Militärgeschichte einer Frühzeit der Griechen aufgefasst. Im Unterschied zu den antiken Historikern, die den Wahrheitswert der Sagen nicht in Frage stellten, suchten die modernen Historiker den „historischen Kern" der Sagen durch Indizien zu sichern, d. h. durch äußere Beweisgegenstände, die den gesuchten Sachverhalt

---

[5] Zur philologischen Homeranalyse, die 1795 mit Friedrich August Wolf (1759–1824) begann, vgl. Kap. 14.

untermauern sollten. Die historisch-geographische Landeskunde der älteren Reisekultur wurde im Sinne einer mythologischen Spurensuche fortgeführt. Initiator dieser Forschungsrichtung war Karl Otfried Müller (1797–1840), der eine historische Erforschung der Mythologie anstrebte und diese mit einer topographischen Denkmälerkunde verband. Sein einflussreichstes Buch (*Die Dorier*, 1824) hatte die Wanderungssagen der Nachkommen des Herakles zum Thema. Diese Wanderungen wurden in eine Zeit nach den Ereignissen um Troia datiert, denn „vor den Doriern war ohne Zweifel Mykene. [...] Zu Mykenae war Eurystheus' ‚kyklopische Vorhalle';[6] Agamemnons goldreiches Haus" (Müller 1824, 78). Das monumentale Löwentor von Mykene (oben Abb. 1) diente Müllers Schüler Ernst Curtius (1814–1896) als Dokument für die Kultur der „älteren Staaten" der Frühzeit der griechischen Geschichte, die weit ins zweite Jahrtausend zurückreichen sollte.[7] Curtius führte den Unterschied zwischen einer „Heroenzeit" und der „Homerischen Zeit" an Hand der Denkmälerbeschreibung weiter aus. Als primäre Quellen für die Heroenzeit galten ihm die „kyklopischen Monumente", nicht aber die Epen, die die große Vorzeit nur in poetischer Verkürzung wiedergeben sollten. Curtius definierte damit einen an den Gegenständen orientierten Tatsachensinn, der für die Altertumsforschung zunehmend an Bedeutung gewinnen sollte: „Vor dem Löwentor stehend, kann man sich auch ohne von Homer zu wissen, einen König denken" (Curtius 1857, 118 f.).[8]

historisch-geographische Landeskunde

Die Ausgrabungen des späteren 19. und des 20. Jahrhunderts haben nicht nur im griechischen Raum, sondern besonders im

Archäologische Funde

---

6 Die „kyklopische Vorhalle" des Königs Eurystheus, des Gegners und Arbeitgebers des Herakles, ist dem Fragment (143,7) eines unbekannten Gesanges des thebanischen Dichters Pindar (etwa 520–445) entnommen und wies auf die übermenschliche Macht des Königs und die übermenschlichen Aufgaben hin, die er Herakles stellte.
7 Ernst Curtius: Griechische Geschichte, Erster Band, Berlin 1857, 112–120 zur Heroischen, 123–128 zur Homerischen Zeit.
8 Zu diesem „Objektivismus", der sich auf die Allgemeinverbindlichkeit selbstverständlich erscheinender Wahrnehmungen beruft, und seiner Bedeutung für den Historismus des 19. und frühen 20. Jahrhunderts: Oexle 1996, 20–33. Unter historischem Positivismus versteht man eine Tatsachenforschung, die auf der Übertragung moderner Anschauungen und Begriffe auf historische Sachverhalte beruht.

Nahen Osten und in Ägypten ungeahnte Funde hervorgebracht. Schriftliche Quellen ermöglichten, dass die Geschichte des späteren 2. vorchristlichen Jahrtausends (ca. 1400–1200) im östlichen Mittelmeergebiet recht genau rekonstruiert werden konnte.[9] Diese Fülle an neuen historischen Quellen stellte aber auch den wie selbstverständlich daherkommenden Tatsachensinn der älteren Historiker in Frage. Gegenständliche und schriftliche Quellen bisher fremder Kulturen mussten interpretiert werden. Texte mussten nicht nur gesichert und entziffert werden, sie waren nur dann historisch lesbar, wenn man sie in ein geschichtliches Umfeld ihrer Autoren einbinden konnte. Gegenständliche Quellen mussten ebenfalls in ein historisches Feld eingeordnet werden, das ihren Zweck und ihre Aussage absicherte. Schließlich mussten alle diese Einzelbefunde in einen noch größeren Zusammenhang eingebracht werden. Für den Nahen Osten der zweiten Hälfte des 2. Jahrtausends lässt sich dieser Zusammenhang – ein System, das die politischen Bedingungen der Zeit bestimmte – aus dem quasi internationalen Briefaustausch, einer in diplomatischer Sprache verfassten Korrespondenz der damaligen Großkönige entwickeln.[10]

Das sog. Mykenische Griechenland lässt sich in den archäologischen Befunden jener Zeit wiederfinden; es hat an dem mit dem diplomatischen Verkehr verbundenen Austausch von Luxusgütern teilgenommen, wurde aber nicht in den Korrespondenzen erwähnt.[11] Es gibt keinen Hinweis darauf, dass die Großmächte jener Zeit einer Macht gewahr wurden, die im nördlichen Bereich der Ägäis in der Lage gewesen wäre, einen großen Krieg, wie den

---

9 Ein Überblick mit weiterer Literatur: Patzek 2015, 122–125.
10 Zum gut dokumentierten diplomatischen Verkehr der nahöstlichen Großmächte jener Zeit: Van de Mieroop 2004, 121–140.
11 Beziehungen zu der Handelsstadt Ugarit sind durch Funde gesichert, die zeigen, dass dort Produkte des Metall- und Elfenbeinhandwerks in einem speziellen mykenischen Stil für den Export hergestellt wurden. Die neuere Tübinger Grabung im syrischen Qatna dokumentiert, dass Wandmalereien aus dem ägäischen Bereich als Vorbilder für die Ausstattung des dortigen „Palastes" gedient haben. Vgl. den Ausstellungskatalog „Schätze des Alten Syrien. Die Entdeckung des Königreiches Qatna", hrsg. vom Landesmuseum Württemberg, Stuttgart 2009, 177–181.

der Achäer gegen Troia in der *Ilias* anzustiften.[12] Nach dem gegenwärtigen archäologischen Befund stellten die mykenischen Burgen wohl lokale Herrschaftszentren dar, die benachbarte Landstriche kontrollierten.[13] Schrifttafelfunde dokumentieren ein einheitliches mykenisches Griechisch. Danach ist auf eine griechisch sprechende Ober- und Schreiberschicht an den Orten der Schriftfunde Knossos, Mykene, Pylos und Tiryns zu schließen.[14] Bei den Schriftzeugnissen handelt es sich ausschließlich um Verwaltungsdokumente einer regionalen „Palastwirtschaft", die aus dem ägyptisch-vorderasiatischen Raum bekannt ist. Der „Palast" stellte ein Verwaltungszentrum dar, welches durch seine Schreiber die wirtschaftlichen Erträge eines Gebietes organisierte und für die Sicherheit gegen äußere Feinde und die Ordnung im Inneren sorgte.

Die Forschung ist darüber gespalten, ja regelrecht zerstritten, welche Schlüsse aus dieser Evidenz zu ziehen sind. Dazu werden zwei verschiedene Ausgangspunkte gewählt. Aus der Sicht gegenwärtiger historischer Kritik stellen sich die Befunde für die Mykenische Zeit als Quellen einer vorher unbekannten, grundsätzlich fremden griechischen Kultur dar, die nicht mit den homerischen Epen assoziiert, sondern unvoreingenommen erforscht werden sollte. Kurz, weder Agamemnon noch irgendein König unserer Vorstellungswelt lässt sich in die Burg von Mykene hineindenken (Schmitt 2009). Die Fragen nach der mykenischen Herrschaftskultur sowie die nach einer größeren griechischen Machtbildung in der Ägäis müssen als völlig offen gelten (Cobet/Gehrke 2002). Diese Kritik richtet sich auch gegen die andere, die Tradition des 19. Jahrhunderts fortführende Forschungsrichtung, die von der Voraussetzung ausgeht, dass die homerischen Epen eine umfängliche quasi nationale Erinnerung an die Mykenische Zeit enthalten. Diese Forschungsrichtung erblickt im Fortschritt der Archäologie der Mykenischen Kultur eine Bestätigung dieser These und

Die Kontroverse um die historische Einordnung der Mykenischen Zeit

---

12 Zur nicht beweisbaren Identifizierung eines „Mannes von Ahhiyawa" in hethitischen Briefen mit einem Herrscher der Griechen, einem Achäer nach dem homerische Begriff zuletzt: Fischer 2010.
13 Ein Überblick zur Fundsituation und ihrer Auswertung: Welwei 2011, 19–36.
14 Meier-Brügger 1992, 70. Zum Griechischen der Mykenischen Zeit: 70–74. Zu den Anfängen der griechischen Sprache im frühen 2. Jahrtausend aufgrund sprachinterner Rekonstruktionen 66–69. Zur historischen Auswertung der Quellen: Heubeck 1966; Chadwick 1979.

betrachtet sich als Teil einer wissenschaftlichen Entdeckungsreise, die sich seit ihrer Begründung im 19. Jahrhundert auf dem Weg zur Lösung eines vorgegebenen „alten Rätsels" befindet.[15] Grundlage der älteren Forschung war, dass die homerischen Epen aus einer Tradition mündlicher Ependichtung aus dem 13. vorchristlichen Jahrhundert hervorgegangen waren, die 400 bis 500 Jahre überdauert haben soll.

1.2.4 Die Dunklen Jahrhunderte und die Frage nach einer homerischen Tradition

Zerstörungen und Wanderungen

Das Ende der Mykenischen Kultur manifestiert sich für die Archäologen in einer Folge von Zerstörungen, denen die Befestigungsmauern der mykenischen Orte ungefähr zur selben Zeit (um 1200) zum Opfer fielen. Diese Zerstörungen gehörten zu einem bislang anonymen vielschichtigen Ereigniszusammenhang, der alle Anrainer des östlichen Mittelgebietes traf. Ähnliche Zerstörungen von Städten und Siedlungen, die auf katastrophische Unterbrechungen des alltäglichen Lebens hinweisen, fanden sich in Kleinasien und an vielen Orten der Levante (d. h. der syrischen, libanesischen und israelischen Küste). Auch die großen Reiche Ägyptens und Vorderasiens waren unterschiedlich schwer betroffen. Primäre Ursache war wohl eine vielschichtige, nicht mehr genau nachvollziehbare diffuse Völkerwanderungsbewegung. Diese Ereignisse lösten in allen betroffenen Gebieten einen Strukturwandel aus. Manche Orte wurden verlassen, wie etwa der hethitische Königssitz Boghazköy oder die phönikische Stadt Ugarit, andere blieben unzerstört oder wurden wiederaufgebaut. Überall ist aber für die Zeit nach 1200 ein

---

15 Latacz 2005; Strauss 2008. Die einzelnen Befunde, die in dieses Puzzle („das alte Rätsel" im Titel von Latacz vielgelesenem Buch), eingefügt werden, stammen aus unterschiedlichen Forschungsbereichen und Spezialwissenschaften. Es handelt sich aus den Zusammenhängen herausgelöste Einzeltatsachen nicht eindeutiger Aussage. Einen konkreten Überblick über die Befunde und die mit ihnen verbundenen Argumente aus affirmativer und kritischer Sicht gibt Weber 2011. Zur ganzen Beweisführung aus Einzelbefunden, die verschiedene Fachrichtungen berühren: Ulf 2003. Direkt zur jüngsten Troia-Kontroverse aus althistorischer Sicht; eine ausführliche Auseinandersetzung mit den Grabungsbefunden in Troia: Kolb 2010.

Schwund der historischen Daten zu verzeichnen (Van de Mieroop 2004, 179–194). Dafür wurde der Begriff der „Dunklen Jahrhunderte" geprägt; er bezieht sich zum einen allgemein auf schwer deutbare historische Befunde, die auf großflächige Ereignisse wie Völkerwanderungen folgen und die in der schriftlichen Überlieferung nur unzureichend beschrieben sind, zum anderen auf eine Verschlechterung und Primitivierung der Lebensverhältnisse. Diese in der Forschung oft als „Seevölkersturm"[16] aufgefassten Ereignisse und ihre Folgen haben in Griechenland zu einem wohl vollständigen Kollaps der wirtschaftlichen und herrschaftlichen Organisation der Mykenischen Kultur geführt.[17] Die für die „Palastorganisation" entwickelte Schrift wurde nicht mehr gebraucht, und die Zentralisierung von Wirtschaft und Verwaltung der frühen Staaten fiel der Vergessenheit anheim. Damit war auch jedwede zentralisierte Form von Herrschaft und Verwaltung aus der Geschichte im griechischen Raum und aus dem Gedächtnis der Griechen für lange Zeit verschwunden.

Diese Zeit lässt sich für Griechenland in zwei Phasen unterteilen: eine kurze „Submykenische" Zeit (ca. 1200– ca. 1050), die eine gewisse Verbindung zur älteren Zeit zeigt, und eine längere sozusagen anonyme Zeitphase (ca. 1050–ca. 750), die sich nur in einer Abfolge regional unterschiedlicher archäologischer Fundschichten darstellen lässt. Auf die Zerstörung der mykenischen Burgen und Siedlungen folgten also mancherorts zeitlich begrenzte Wiederaufbauphasen, die etwa zwei Generationen dauerten und anscheinend wegen der unsicheren Zeitverhältnisse keine Stabilität entwickeln konnten. Die darauf folgenden Fundschichten Griechenlands werden in einer relativen archäologischen Chronologie angeordnet (Whitley 1991). Die absoluten Daten beziehen sich auf diese Fundfolgen und stellen grobe Einschätzungen dar. Allein für die Zeitzäsur „um 1200" liegen gesicherte Daten aus den Kalendern Ägyptens und Mesopotamiens vor. Den Charakter dieser Zeit zu beschreiben

Eine Zwischenzeit (1200–800)

---

16 Der Begriff bezieht sich auf die Berichte der Pharaonen Merenptah (1213–1204/3) und Ramses III. (1183–1151), die sich rühmen, vom Meer in das ägyptische Delta einfallende Völker zurückgeschlagen zu haben. Dabei handelte es sich wohl um im Rahmen der allgemeinen Migrationen vertriebene Gruppen, die nach Siedlungsplätzen suchten.
17 Gebräuchlich ist der Begriff „Systemkollaps"; vgl. Eder 2015.

ist schwierig; die Archäologen sprechen von einer „Zeit der Experimente" (Snodgrass 1980), ablesbar etwa an den Siedlungsbefunden, die ein komplexes Bild unterschiedlicher sesshafter und halbsesshafter Lebensweisen, Siedlungs- und Herrschaftsformen andeuten. Es wird vermutet, dass sich die stark regionalisierten Befunde als Zeugnisse zeitlich begrenzter lokaler vorstaatlicher Strukturen beschreiben lassen. Beobachtet werden unterschiedliche soziale Differenzierungen, auch spektakuläre Funde, die auf lokale Machtverdichtungen und Herrschaftspositionen hinweisen, wie die Funde von Lefkandi auf Euböa aus dem 10. und 9. Jahrhundert (vgl. Kap. 5).

Die Frage nach der Kontinuität

Diese Zeitphase wird trotz aller Schwierigkeiten so intensiv erforscht, weil sie sich für eine Abwägung darüber anbietet, ob mit einer historischen Kontinuität, d. h. einer Kontinuität des kulturellen Gedächtnisses zwischen der Mykenischen und der Archaischen Zeit Griechenlands, zu rechnen ist. Hier stellen sich wieder die beiden bekannten konträren Positionen ein. Eine Position geht mit Hinweis auf die gemeinsame griechische Sprache[18] auch von einer Einheit der Überlieferung aus, als deren Träger eine aus der mykenischen Oberschicht hervorgegangene „griechische Aristokratie" geltend gemacht wird, deren Existenz sich etwa in dem Reichtum der materiellen Kultur von Lefkandi beweisen ließe.[19] Dagegen lässt sich kritisch einwenden, dass bereits die Voraussetzung einer solchen Überlieferungstradition historisch nicht gesichert ist und dass der archäologische Befund in seiner Gesamtheit als das primäre Quellenmaterial zu betrachten ist[20]. Erst nach dessen Aus-

---

18 Die Geschichte der Sprache in dieser Zeit ist schwer nachzuvollziehen, da es keine Schriftquellen gibt und diejenigen der Mykenischen Zeit eine Schreiber- bzw. Kanzleisprache dokumentieren, im Gegensatz zu den Dialekten der späteren Quellen: Meier-Brügger 1992, 70–75. Außerdem werden sich Wortbedeutungen dem Wandel der äußeren Verhältnisse angepasst haben. In der Althistorie gibt es zwei Positionen: Die eine beruft sich auf die Ethnogenese, etwa Welwei 2011a, die andere Position bezweifelt die Gleichsetzung von Sprache und Volk bzw. einem dichten historischen Gedächtnis: Ulf 1996; ders. 2016.
19 Blome 1984; Latacz1985, 40–63 zur Aristokratie der dunklen Jahrhunderte und zur Bestattung des „Heros von Lefkandi", deren Hergang sich im 23. Gesang der *Ilias* wiederfinden lässt. Morris 1986 zur Theorie einer langen Tradition der mündlichen Epik ab dem 13. Jahrhundert.
20 Raaflaub 2003; Whitley 2001, 77–101. Ein Überblick über den gesamten Befund im griechischen Raum: in Wittke 2015, 441–456.

wertung kann man auf eine mögliche Geschichte des Stoffes oder die Anfänge einer epischen Tradition schließen. Voraussetzung dafür wiederum ist, dass auch die Terminologie, anhand derer Gräber- und Siedlungsbefunde (Lefkandi) ausgewertet werden, als hypothetisch begriffen und bewusst neutral gehalten wird, wie es der allgemeinen ethnologisch-soziologischen Begrifflichkeit entspricht. Damit kann man bereits besetzte geschichtliche Vorstellungen vermeiden, die aus späteren historischen Zeiten gewonnen auf die schriftlose Zeit übertragen werden (Ulf 2015).

Fragt man unter dieser offenen Voraussetzung nach der Geschichte, aus der die mündliche Ependichtung, also die Tradition der homerischen Epen hervorgegangen ist, dann muss vor allem nach den gesellschaftlichen Voraussetzungen einer solchen mündlichen literarischen Tradition gefragt werden.[21] Die archäologischen Befunde zeigen regional unterschiedliche und instabile Zustände für den Zeitraum vom 11. bis zum 9. Jahrhundert. Die Qualität der homerischen Dichtung lässt sich jedoch nur aus einer stabilen und professionellen überregionalen Sängerkultur erklären. Daher muss zwischen dem Stoff der Epen, einem regionalen Erzählgut und dieser literarischen Tradition unterschieden werden. Für die Aufarbeitung der Stoffgeschichte ist eine Rückkehr zur anfänglich erwähnten Begriff der „Volkspoesie" erstaunlich gewinnbringend. „Volkspoesie" bedeutet in der heutigen Forschung nicht mehr Nationalpoesie, sondern Folklore, d. h. ein regionales, volkstümliches Erzählgut, das sich der Dialektsprache und einfacher literarischer Formen wie des Märchens oder des Sprichwortes bedient. Diese Erzählkultur ist aber auch mobil, d. h. sie wird von fahrenden Berufsgruppen verbreitet und übertragen, so dass sie eine Sammlung von Erfahrungen und Wissen aus regionalen und überregionalen Bereichen verbindet und über die Zeiten transportiert.[22] Ähnlich können in den Dunklen Jahrhunderten in den verschiedenen griechischen Regionen Mythen von Kriegern, Abenteurern, Helden und Göttern entstanden und verbreitet worden sein. Es ist möglich, dass dieses Erzählgut später zur stoffli-

Herkunft und Alter der Epen

---

21 Patzek 1990; dies. 1992, 73–144.
22 Zu dieser reichhaltigen mündlichen Kommunikation, ihren Formen und Trägern: Schenda 1993.

chen Grundlage einer professionellen Tradition mündlicher Epen- und Heldendichtung wurde.[23]

1.2.5 Ein neuer Anfang: Das Homerische „schnelle" Jahrhundert (ca. 730–650)

Neuerungen im 8. Jahrhundert

Die Fundschichten des späteren 8. Jahrhunderts zeigen eine fortschreitende Verdichtung der Siedlungen und deuten auf ein regionales Anwachsen der Bevölkerungszahlen hin.[24] Das lässt sich auf eine Intensivierung der Agrarwirtschaft, eine fortschreitende Sesshaftwerdung der Hirtenbevölkerung und eine allgemeine Stabilisierung zurückführen. Etwa in dem Zeitraum von einem Jahrhundert (zwischen 730 und 650) auftretende gesellschaftliche Neuerungen lassen auf eine Art „Kulturbeschleunigung" schließen – eine Beschleunigung, die sich auch in den archäologischen Befunden der westlichen Regionen und Kulturen des Mittelmeergebietes zeigt und die sich unter anderem auf einen allgemein fortschrittlichen kulturtechnischen Einfluss zurückführen lässt, der von den Kulturen Vorderasiens und Ägyptens ausgegangen ist (Timpe 2004, 15–23). Zu diesen neuen Kulturtechniken zählte die Einführung der Alphabetschrift (Burkert 2003, 23–27).

Das Homerische Jahrhundert

Der Begriff des „schnellen" Homerischen Jahrhunderts geht auf einen Vortrag des Philologen Wolfgang Schadewaldt zurück, in dem er „Homer in die Geschichtlichkeit" zurückholen wollte.[25] Nach Schadewaldts Untersuchungen stellten *Ilias* und *Odyssee* poetische Einheiten dar, die – obwohl aus mündlicher Tradition entstanden – doch erkennbar auf Dichterpersönlichkeiten zurückgingen (Kap. 2). Damit konnten die Epen auch aus einer Entstehungszeit erklärt werden, der Zeit von Dichter und Publikum, die ihre wesentlichen intellektuellen Aussagen prägte. Schadewaldt wies auf die kulturelle Dynamik hin, die sich gegen Ende des

---

23 Vgl. Kap. 2. Ältere Personen- und Ortsnamen können in diese frühen Erzählungen eingegangen sein; sie gelten als Relikte, nicht als Erinnerung: Kullmann 1995. In diesem Sinne lässt sich die Genese der griechischen Heldensage mit der mittelalterlichen vergleichen: Aly 1995.
24 Zu den Aufgaben und Methoden der Forschung: Hölkeskamp 2000.
25 Schadewaldt (1942) 1959, 87.

8. Jahrhunderts in Griechenland zeigte und deren Charakteristika sich in der späteren Archaischen Zeit wiederfinden ließen. Dazu gehörten unter anderem ein Raum-, Zeit- und Vergangenheitsbewusstsein, das auch die homerischen Epen prägte. Die überhöhte Heldenzeit in *Ilias* und *Odyssee* verriet ein Vergangenheitsbewusstsein, welches einer Gründungsintention der Zeit in Religion und Politik entsprach. Einen vergleichbaren Ansatz sozusagen aus dem Inneren der Kulturentwicklung vollzog etwas später der Historiker Alfred Heuss in einem Aufsatz, der den Epochencharakter der Archaischen Zeit bestimmte.[26] Die frühe griechische Kultur sollte in ihrem Werdegang als einem historischen Bewusstseinsvorgang nachvollzogen werden, einem Bewusstwerdungsprozess, der mit der Schriftkultur und den homerischen Epen begann. Damit war eine neue Definition von der griechischen Archaik als geschichtlichem Anfang geprägt, ein Anfang, der nicht im quasi nationalen Wesenskern, sondern in der Intentionalität der geschichtlichen Menschen liegen sollte.

Dieser radikale Perspektivwechsel auf die sinnbildenden Anfänge der Griechischen Geschichte des ersten Jahrtausends geht auf eine grundsätzliche Methodenkritik zurück, die sich an dem älteren historischen Tatsachensinn, d. h. dem „Objektivismus" der älteren Historiker, entzündete.[27] Der Blick wendet sich von einer äußeren Tatsächlichkeit der historischen Gegenstände nach innen, den Menschen zu, die diese Quellen hervorgebracht haben. Deren Äußerungen aber sind von einer historischen Anschauungswelt (Lebenswelt) geprägt, die sich von der Gegenwart der späteren Historiker unterscheidet. Der historisch Interpretierende kann nicht gänzlich in die „andere" Welt eindringen, sondern muss sich durch geschultes methodisches Urteilen auf eine Spurensuche in den

Lebenswelt als historischer Ansatz

---

26 Heuss 1946. Zu Rezeption und neuer Forschung: Walter 1998. Erneut zum Epochencharakter: Walter 2013.
27 Die Grundlagen dieses Streites liegen in der allgemeinen Wissenschaftsgeschichte. Er beschreibt die Wende von einer Gegenstandsobjektivität zu einer strukturellen Objektivität, die von der Kritik des Standortes des Beobachtenden ausgeht, d. h. dass der Beobachter (wie in der Physik) Teil seines Experiments ist und dieses ungewollt beeinflusst: Daston 2007, 267–383. Zur Bedeutung dieser Wissenschaftskritik für die Geschichtswissenschaft: Oexle 1996, 34–40. Zu Edmund Husserls Einfluss auf die geisteswissenschaftliche Kritik: Orth 1999. Zu Husserls Begriff der „Lebenswelt" in der Alten Geschichte: Itgenshorst 2010.

Texten und deren Kontexten machen, um sie auf ihre Ideenzusammenhänge in einem Lesevorgang zu befragen, der die vergangenen und gegenwärtigen Welten unterscheidet.

1.3 Lektüreempfehlungen

Murray, Oswyn: Das frühe Griechenland, München 1982 (*die immer noch beste Einführung für Studierende*).

Osborne, Robin: Greece in the Making, London u. a. ²2009 (*meines Erachtens die methodischste Verbindung von archäologischen und literarischen Quellen*).

Raaflaub, Kurt/ van Wees, Hans (Hrsg.): A Companion to Archaic Greece, Malden, Oxford (2009) 2013 (*eröffnet einen Zugang über einzelne Beiträge aus verschiedenen Forschungsansätzen heraus*).

Schuller, Wolfgang: Griechische Geschichte, München 2002 (*eine Einführung in die Grundlagen der Griechischen Geschichte, mit Forschungsbericht und Literaturhinweisen*).

Stein-Hölkeskamp, Elke: Das Archaische Griechenland, München 2015 (*eine Gesamtdarstellung ab dem Mykenischen Griechenland mit anschaulichen Fallbeispielen und kommentierten kurzen Literaturverzeichnissen zu den einzelnen Kapiteln*).

2 Homer

2.1 Wer war Homer?

Abb. 2: Kopf des Homer („Epimenides-Typus"). Nachbildung einer römischen Kopie des griechischen Originals aus dem 5. Jahrhundert v. Chr., Höhe 36cm.

DOI 10.1515/9783110468779-002

Das Bildnis stammt aus der Zeit der Anfänge der griechischen Porträtkunst im 5. Jahrhundert. Es handelt sich um ein sog. Idealporträt, das keine wirkliche Person abbildet. Vielmehr werden typische Kennzeichen zur Charakterisierung eines Personenideals zusammengestellt. Der Bart galt allgemein als Kennzeichen des alten Mannes, ebenso die eingefallenen Gesichtszüge; die Denkerfalten auf der Stirn sollten den Weisen andeuten. Ähnliche Merkmale galten für Darstellungen des Göttervaters Zeus. Die geschlossenen Augenlider aber weisen auf einen Blinden hin. Daher wird das Bildnis als erste Darstellung des blinden Sängers Homer gedeutet. Auch dieser Typus gehörte zu den Idealisierungen. Bereits der Sänger Demodokos, der in der *Odyssee* auftritt, ist alt und blind. Im benachbarten Nahen Osten jener Zeit war die Idealgestalt des blinden Weisen, der mehr wusste als die Sehenden, ebenfalls geläufig.

Herkunft des Namens „Homer"

Homer gilt als der Autor von *Ilias* und *Odyssee*. Sein konkretes „Gesicht" bekam er aber erst in Klassischer Zeit als dieses erste Idealporträt entstand. In einer Kritik der damals noch vorhandenen umfangreichen Heldenepik wurden *Ilias* und *Odyssee* aufgrund ihrer Qualität hervorgehoben und Homer zugeschrieben.[1] Zu jener Zeit wurde auch eine erste Biographie des fahrenden Sängers namens Homer von einem nicht bekannten Autor verfasst, die wiederum aus älteren Legenden hervorgegangen ist.[2] Der Name „Homer" (der „Bürge") ist wohl ein Beiname, der die „homerische" Dichtung charakterisierte. Die biographische Überlieferung spricht von einem Sänger Melesigenes, der in Smyrna (Izmir) geboren wurde und später auf der Insel Chios gelebt und eine Sängerschule gegründet haben soll. Die Sänger oder Erzähler von *Ilias* und *Odyssee* nennen ihre Namen nicht und verweisen auf die Musen, die ihnen Gesang und Wissen eingegeben haben. Da sich der Erzähler der *Odyssee* an mehreren Stellen direkt auf seinen Vorgänger, den Dichter der *Ilias* bezieht, lässt sich schließen, das dieser Odysseedichter bereits der erste Rezipient des großen Vorgängers war.[3]

Von der mündlichen Dichtung zum Text

Die erste Nachricht über schriftlich fixierte Texte bezieht sich auf die sog. Peisistratidische Redaktion der Epen um 520. Hip-

---

1 West 1999. Zur weiteren Rezeption in der griechischen Antike vgl. Kap. 13.
2 Diese Homer-Biographie ist ebenso wie das Porträt nur indirekt, und zwar in griechischen Texten der römischen Kaiserzeit erhalten. Die erste „Biographie" ging auf Legendenbildungen älterer homerischer Sängerschulen zurück. Vgl. Schadewaldt 1959; West 2011.
3 Zu den ältesten Rezipienten: Hölscher 1994; Latacz 2011.

parchos, der Sohn des Peisistratos, als Tyrann damals Herrscher in Athen, soll zu dieser Zeit den feierlichen Vortrag der Epen im Festprogramm der großen Panathenäen[4] festgelegt haben. Dafür waren Textvorlagen erforderlich, vermutlich in Form vollständiger Lerntexte einer homerischen Rhapsodenschule.[5] Diese Sängerschulen bildeten Rhapsoden (Sänger) aufgrund von Textvorlagen für den professionellen Vortrag aus. In welche Zeit aber die ältesten Textfassungen zu datieren sind und ob sie auf die Dichter von *Ilias* und *Odyssee* direkt zurückgehen, ist Gegenstand einer Kontroverse, die die philologische Forschung seit dem 19. Jahrhundert umtreibt (vgl. Kap. 14.2). Der auf den US-Amerikaner Milman Parry zurückgehenden „Oral Poetry-Theorie" zufolge sind die Epen nicht auf Autoren und auch nicht auf gestaltende Sänger zurückzuführen, sondern Zeugnisse einer langen und anonymen mündlichen Tradition, die auf einer mnemotechnischen Formelsprache und einem festen Repertoire von Götter- und Heldengeschichten beruhte. Kraft der Erinnerungstechnik der epischen Formelsprache soll sich diese Tradition quasi von selbst überliefert haben und weit in das 11. oder gar das 13. Jahrhundert zurückreichen.[6] Dieser Auffassung tritt die deutsche Homerforschung entgegen, die auf die erkennbare innere Einheit der beiden Epen in großen und durch innere Verweise gesicherten Erzählbögen hinweist, die nicht von allein entstanden, sondern von fähigen Dichtern gestaltet worden sind.[7] Komplexität und Einheit der Erzählungen zeigen darüber hinaus an, dass die Epen mit Hilfe der Schrift konzipiert worden sind und zwar von unterschiedlichen Dichterpersönlichkeiten, die ihre hoch entwickelte Technik einer älteren mündlichen Tradition verdankten. Im Gegensatz zur Oral Poetry-Forschung wird hier von einem kreativen Handeln der in einem mündlichen „dichteri-

---

[4] Die Panathenäen waren das Stadtfest Athens, das jährlich zu Ehren der Göttin Athene ausgerichtet wurde. Alle vier Jahre fanden die „großen Panathenäen" statt, zu denen auch athletische und musische Wettbewerbe gehörten.
[5] Direkte Quellen, wie etwa ein Edikt des Hipparchus, gibt es nicht. Zu den literarischen Nachrichten, z. B. dem Platon fälschlich zugeschriebenen Dialog *Hipparchos* (228b) und deren Auswertung: Rengakos 2011, 168.
[6] Parry 1966; vgl. Latacz 1979. Nagy 1998; Holoka 1991. Zur Kritik: Kullmann 1984, 149–155; West 2011, 3–14.
[7] Schadewaldt 1966; ders. 1975, bes. 31–35, 39–75. Reinhardt 1961. West 2011.

schen Handwerk"[8] verbundenen Sänger ausgegangen, welches die gestalterische Grundlage der Verschriftlichung der Epen bildet. Die Fülle des Stoffes der beiden Epen ist zugleich ein Zeugnis für eine ältere breite Legenden- und Sagenbildung, aus deren Motiven die epischen Erzählzusammenhänge hervorgegangen sind. Das in dieser Tradition entstandene Sagengut lässt sich durch die Motivforschung der homerischen Neoanalyse[9] erschließen (Kap. 14.2).

2.2 Zur mündlichen Dichtung der frühen Griechen

Oral Poetry und Neoanalyse

Bei allem Streit besteht Konsens darüber, dass die homerischen Epen auf ältere mündliche Dichtungen zurückgehen. Dabei lassen sich die Methoden der Oral Poetry-Forschung, die sich mit den sprachlichen Ausdrucksformen der mündlichen Poesie beschäftigt, und die der stoff- und motivgeschichtlichen Neoanalyse durchaus gewinnbringend aufeinander beziehen[10]. Die Oral Poetry-Theorie ist aus der vergleichenden Forschung mündlicher Heldendichtung hervorgegangen und hat ihren Ursprung in phonographischen Aufzeichnungen, die im frühen 20. Jahrhundert im serbokroatischen Raum aufgenommen wurden. Die Analyse dieser Heldenlieder zeigte, dass mündliche Literatur auf gebundener Sprache, einem Sprechgesang in Begleitung eines Instruments, festen poetischen Versatzstücken, wiederholbaren Beiwörtern, Formeln und typischen Szenen basiert und dass sie aus einer professionellen Sängertradition hervorgegangen ist. Die neuzeitliche serbokroatische Tradition bestand aus Heldenliedern, die auch historische Ereignisse aufgenommen haben.[11]

Typische Szenen und gesellschaftliches Zeremoniell

Die homerischen Epen zeigen ebenfalls die sprachlichen Charakteristika einer mündlichen Tradition: Besonders die *Ilias* ist durchzogen von sog. typischen Szenen. Das sind z. B. die „Aristien", die Bewährungsproben der Helden, die mit einer aus Formelsätzen zusammengestellten Szene der Einkleidung des Helden

---

8 Vgl. Patzer 1972.
9 Zur Methode der Neoanalyse: Kullmann 1981 und 1991; Willcock 1997.
10 Zum Vergleich der Methoden: Schadewaldt 1975, 26–38; Kullmann 1984, 140–148.
11 Dazu und zum Vergleich mit der *Ilias* vgl. Danek 2011, 298–304.

in seine Rüstung und Waffen beginnt, in der Wagenfahrt zum Schlachtfeld fortgesetzt wird und im Kampf, d. h. im Triumph oder im Tod des Helden, endet.[12] Eine andere typische Szene ist die Opfer- und Mahlzeitszene, die ebenfalls stets aus gleichen Formelsätzen zusammengefügt wird, wobei die Ausführlichkeit mit dem Grad der Bedeutung in der Erzählung wächst. Diese Szenen sind aber nicht nur wegen ihrer Erzähltechniken interessant, sondern sie bilden durch die einer strengen Reihenfolge unterworfenen wiederholbaren Formeln Zeremonien ab. Sie sind daher auch für die historische Einordnung der vorhomerischen mündlichen Tradition von Wert, weil sie sich mit den archäologischen Befunden der Dunklen Jahrhunderte vergleichen lassen, etwa den prunkvollen Grabbeigaben einiger Orte in der Frage nach der gesellschaftlichen Bedeutung von Waffen oder von Ess- und Trinkgeschirr. Es handelte sich dabei offensichtlich nicht um Gebrauchsgegenstände, sondern um Prunk, der bei feierlichen Zeremonien den Status des Besitzers hervorheben sollte.[13] Derselbe zeremonielle Gestus liegt auch den typischen Mahlzeit- und Bewaffnungsszenen der homerischen Epik zugrunde. Es ist also möglich, dass die Herausbildung von Zeremonien in einem sozialen Differenzierungsprozess der Zeit der Dunklen Jahrhunderte für die ersten Schemata dieser modellhaften Erzähltechniken verantwortlich war (vgl. Kap. 5.1).

Ilias und *Odyssee* blicken auf eine umfangreiche und vielfältige Stoffgeschichte zurück. Die Neoanalyse als Motivforschung beschäftigt sich besonders mit der Frage nach Alter und Herkunft der vielen in den Epen genannten Heldennamen und der mit ihnen verbundenen Geschichten. Dabei handelt es sich um regelrechte „Heldenbiographien"[14], die oft mit dem Tod des Helden und dessen daraus resultierender Bedeutung endeten. Die einfacheren Heldengeschichten sind oft nach volkstümlichen Erzählformen wie Märchen, Legenden etc. gebildet. Die Helden scheinen mit bestimmten Orten verbunden. Dabei sind Motivverschiebungen, die im Laufe der mündlichen Tradierung stattgefunden haben, möglich. Immerhin spiegelt die Menge der Heldennamen und der

Heldenlieder

---

12 Patzer 1972, 13–26; Fenik 1968.
13 Vgl. Kistler und Ulf 2005 zum Modellcharakter dieser Zeremonien.
14 Kullmann 1960, 58–168 (Helden der Achäer), 169–188 (Helden der Troer).

2.3 Die Troia-Epik und die homerischen Epen

Der troianische Sagenkreis

Ilias und *Odyssee* waren nicht die einzigen Heldenepen der Zeit des späten 8. und frühen 7. Jahrhunderts. Inhaltlich gehörten sie zu einer großangelegten Troia-Sage. Daneben gab es einen ähnlichen größeren Erzählzusammenhang, der um einen Krieg von Theben und das thebanische Königshaus kreiste, sowie eine Zusammenstellung der Abenteuer des Helden Herakles. Diese Epen werden wegen ihres inhaltlichen Umfangs Großepen genannt und als in Schrift gefasste Werke verstanden, die aus ehemals mündlicher Literatur hervorgegangen sind. Die Troia-Sage wurde in einer Sammlung von sechs chronologisch aufeinander folgenden Epen unter der Überschrift „Epischer Kyklos"[15] (d. h. Sagenkreis als chronologisch erzählter Sagenstoff) zusammengestellt. Die Inhalte dieser Epen sind in Kurzzusammenfassungen aus späterer Zeit überliefert (Kullmann 1960). Die *Kyprien* etwa handelten von der Ursache und den Anfängen des Krieges, die *Aithiopis*, nach dem Äthiopierkönig Memnon benannt, schloss inhaltlich an die Ereignisse der *Ilias* an, die *Kleine Ilias* und die *Iliupersis* handelten vom Untergang der Stadt und die *Nosten* von den Heimkehrern. Einige, wie die *Kyprien*, waren wohl älter als die *Ilias*. Diese Epen geben Einblick in die Breite des Themas und die Vielfalt der Motive, die mit der Troia-Sage verbunden waren, und sind daher für die historische Einordnung der homerischen Epen relevant.

Der sagengeschichtliche Zusammenhang

Die weit ausholende Geschichte der Troia-Sage beginnt in der Frühzeit der Weltschöpfung mit dem Entschluss des Zeus, den Untergang des Heroengeschlechtes herbeizuführen. Dieses Motiv ähnelt altorientalischen Schöpfungsmythen, die von einer Folge solcher Menschheitsvernichtungen und damit einer zeitlichen Abfolge von Menschengenerationen berichten. Aus diesem Erzählgut ist z. B. auch die Noahsage der Bibel hervorgegangen. Die ver-

---

15 Zu den kyklischen Epen als historische Quellen für die Ausbildung eines Troia-Zyklus in homerischer Zeit: Kullmann 1960, 4–57. Für die Oral Poetry-Forschung lag die Troia-Tradition bereits vor: Burgess 2001.

breitete mythische Vorstellung von einer Vernichtung einer älteren Menschheit und dem Beginn eines neuen Menschengeschlechtes stellte einen vor-philosophischen Versuch dar, die zeitliche Bedingtheit menschlicher Geschichte in Worte zu fassen. Dazu gehörte das Bewusstsein, dass die jeweilige menschliche Welt vergänglich war und dass deren Anfang und Ende auf eine göttliche Gründung zurückgingen. Davon wiederum ließen sich die Bedingungen der eigenen Welt ableiten und ihre Grundlagen im mythischen Beispiel bestätigen.

Auf den sozusagen weltgeschichtlichen Entschluss des Zeus folgt sein Plan, mittels des Krieges um Troia das Ende des Heroengeschlechts herbeizuführen (Kullmann 1992, 11–35, 132 f.). Ins Rollen kommt dieser Plan bei der Hochzeit der Eltern Achills, des Peleus mit der Nereide (Meeresgöttin) Thetis. Die dort anwesenden Göttinnen Hera, Athene und Aphrodite beginnen zu streiten, wer von ihnen die Schönste sei. Paris entscheidet später zugunsten Aphrodites – und lässt Athena und Hera im Zorn gegen Troia zurück. Aphrodite aber verspricht Paris zum Dank die schönste der sterblichen Frauen – Helena, die Ehefrau des Menelaos – und schafft damit die Ursache für das Unglück auf der Erde. Der Raub der Helena führt als Ehebruch an Menelaos zur Kriegserklärung und zum Bündnis der Achäer (der Griechen) gegen Troia. Es folgen die Geschichten vom Auszug der Heere, vom Tod der großen Helden und schließlich von der Eroberung der Stadt mit dem Morden der Sieger und darauf die Erzählungen von der Heimkehr der Helden. Diese Geschichten waren, wenn man auf die Bildmotive der Vasenmalerei des 7. Jahrhunderts blickt, bei den damaligen Zeitgenossen äußerst beliebt. Die Maler versuchten, die einzelnen Erzählungen möglichst genau erkennbar umzusetzen und begannen ab der Mitte des 7. Jahrhunderts, die dargestellten Figuren zur Identifikation mit Namensbeischriften zu versehen (Giuliani 2003, 119–125). Das bedeutet, dass zu dieser Zeit mit einem genauen Stoffgedächtnis zur Troia-Sage zu rechnen ist.

Die Troia-Sage

Diese Bildzitate gehen aber nicht auf die *Ilias* oder die *Odyssee* zurück – im Gegenteil, diese beiden Epen hinterließen in der Bildkunst zunächst nur wenige sichtbare Spuren. Die Handlungen der beiden homerischen Epen setzten die Kenntnis dieses Sagenkreises und seiner chronologischen Abfolge voraus. Inhalt der *Ilias* ist bekanntlich (nur) eine Episode aus dem letzten Kriegsjahr vor Troia: die Geschichte vom folgenschweren Zorn des Achill. Diese

Die Troia Sage in Ilias und Odyssee

Geschichte wird aber eingebettet in die lange Vorgeschichte der aktuellen Ereignisse vor Troia, indem sich Götter und Helden erzählend an das Vorangegangene erinnern. Götter und Seher wiederum blicken voraus auf den Untergang der Stadt und das Schicksal der einzelnen Helden. In der *Odyssee* blicken Odysseus und die ihn umgebende Gesellschaft auf die gesamte Troia-Sage zurück, sie wird in diesem Epos im Sängervortrag als bereits vorhandener Heldengesang aktualisiert.

Erste Schriftzeugnisse

Zu dieser Zeit (um 650) hatte sich ein fester Katalog von Tatsachen[16] für die Troia-Sage herausgebildet. Diese Sammlung ging aus der Intention hervor, verbindliche mythische Erinnerung für mehr als eine der vielen griechischen Gemeinden zu stiften. Die mit dieser Absicht verbundene sog. Faktengenauigkeit wurde durch den Gebrauch der Schrift unterstützt. Weiter kann man fragen, wann dieser Prozess der Sammlung und Verschriftlichung der Sagen begonnen hatte. Das griechische Alphabet war seit ungefähr 750 im Gebrauch, die ersten ausführlicheren Inschriften datieren um 730/720 (Heubeck 1979). Dazu gehört eine Inschrift auf einem auf Ischia gefundenen Weinbecher (vgl. Abb. 3), die einen Trinkspruch wiedergibt:

Νέστορος : ἔ[ην τ]ι : εὔποτ[ον] : ποτήριον
hος δ'ἄ(ν) τοῦδε πίησι : ποτηρί[ου] : αὐτίκα κεῖνον
hίμερος hαιρήσει : καλλιστε[φάν]ου Ἀφροδίτης
„Der Nestor hatte einen Kelch zu gutem Trunk. / Doch wer aus diesem Becher hier trinkt, den wird auf der Stelle / Lust überkommen: nach ihr: Aphrodite mit herrlichem Kranze." (Umschrift und Übersetzung nach Latacz 2011, 9 f.)

---

16 Man spricht hier von Tatsachen, obwohl es sich um Sagen, d. h. Fiktionen handelt, weil sie in der Vorstellung der Griechen wie ernst zu nehmendes tatsächliches Geschehen behandelt wurden. Der „Tatsachenkatalog" der Troia-Epik war für alle späteren Erzähler verbindlich.

Abb. 3: Der „Nestorbecher" aus Ischia. Das Importstück aus Rhodos, eine spätgeometrische Kotyle (Weinbecher) aus der Nekropole im Tal von Montano auf Ischia (Pithekussai), datiert zwischen 735 und 720. Das Objekt ist aus etwa 50 Teilen zusammengesetzt und rekonstruiert. Es handelt sich um feines, dünnwandiges und bemaltes Weingeschirr, das als Statussymbol des wohlhabenden Mannes galt. Auf dem Gefäßkörper unterhalb der Henkelpartie ist der Trinkspruch in schöner Schrift von rechts nach links laufend angebracht.

Dieser Trinkspruch spielt auf Nestor an, den alten und weisen Helden der Troia-Sage. Die Frage ist, ob es sich um eine allgemeine Anspielung auf eine bekannte Heldenfigur und deren berühmten Trinkbecher handelt oder um einen Verweis auf eine Episode der Troia-Sage. Im ersten Fall wäre es eine Anspielung auf den Weinbecher, mit dem es dem alten, redeklugen Helden stets gelang, sein Gegenüber beim Wein durch Überredung umzustimmen. Im zweiten Fall wäre es eine genauere Anspielung auf eine Episode aus einem Epos des Troia-Zyklus, nämlich die *Kyprien* (Danek 1994). Dort tröstete Nestor nach dem Raub der Helena den betrogenen Menelaos und belehrte ihn mit Beispielen anderer betrogener Helden. Schließlich forderte er ihn auf, seinen Kummer im Wein zu vergessen. Der Hinweis auf die Verführungskräfte Aphrodites in der letzten Zeile des Trinkspruchs spricht für die konkrete Anspielung: Denn wer wäre ein besserer Ersatz für Helena als ihre Mutter, die Schönheits- und Liebesgöttin persönlich? Wenn das stimmt, dann wäre dieser Trinkspruch die erste Quelle für die Bekanntheit eines frühen Troia-Epos – ein Hinweis darauf, dass die weitläufige Troia-Sage bereits im Entstehen war und allgemein bekannte Episoden in Umlauf waren und zu verbindlichen Bestandteilen der Sage

Der Nestorbecher

gehörten, dass also der epische Faktenkatalog im Werden begriffen war. Daher ist es vielleicht nicht zufällig, dass diese Anspielung in einer nach dem epischen Versmaß komponierten Inschrift vorliegt. Der Schluss liegt nahe, dass zu der Zeit, als diese Inschrift verfasst wurde, auch erste schriftliche Fassungen von Epen des Troischen Sagenkreises entstanden sind. Der Anfang der Verschriftlichung des griechischen Sagengutes könnte dann in der Zeit um 730 verortet werden. Die frühgriechischen Epen wären nicht in einem Guss, sondern in einem längeren Prozess in kleineren konkreten Teilstücken in Schrift umgesetzt worden. Mit dieser Verschriftlichung wäre auch die übergeordnete Sinnbildung des mythischen Stoffes einhergegangen. Das wäre zum einen die schöpfungsgeschichtliche Dimension, die dem großen Zusammenhang sozusagen ein mythisches Gründungsdatum gegeben hätte. Im Kleinen wäre das zum anderen die Einbettung der vielen ortsgebundenen Sagen und Sagenherleitungen (Aitiologien) in den großen Zusammenhang, der den Zeitgenossen einen verlässlichen Rahmen für die eigenen lokalen myth-historischen Rückbezüge gegeben hätte.

Das Zitieren, der Zeigegestus, der auf bestimmte Epen und deren Szenen gerichtet ist, lässt schriftliche Grundlagen vermuten. Vielleicht lässt sich aus diesem Ansatz eine Vorstellung von dem Prozess der Verschriftlichung der frühgriechischen Epik gewinnen. Tatsächlich weiß man nicht, wie die epischen Sänger jener Zeit beim Schreiben vorgegangen sind – ob sie direkt aus einem Vortrag diktiert haben oder ob sie selbst geschrieben haben. Auch sollte man sich von dem Dogma lösen, dass der Dichter der *Ilias*, der erste gewesen ist, der sein Epos aufgeschrieben hat. Es spricht nichts dagegen, dass auch Teile der kyklischen Epen zu jener Zeit, also in dem Zeitraum zwischen ca. 730 und 650, verfasst worden sind. Es handelt sich hier anscheinend um einen geschichtlichen Prozess, der in den Prozess der anderen zeitgenössischen Gründungsakte eingebettet war (Kap. 1.2).

2.4 Die frühgriechischen Epen und die Authentizität ihrer Erzähler

Frühgriechische Epik

Die Epen des Troia-Zyklus, besonders aber *Ilias* und *Odyssee*, stellen literarische Großkompositionen dar, d. h. intellektuell durchdachte und geformte Werke, die einem gezielten Aussagezusammenhang

2.4 Die frühgriechischen Epen und die Authentizität ihrer Erzähler — 29

bzw. einer Überlieferungsabsicht folgen. Diese Botschaften sollten den Zeitgenossen zur Orientierung dienen, indem sie die wichtigen Fragen ihrer Gegenwart in einen größeren, die Götter einschließenden Zusammenhang stellten. Zu diesen Epen gehörten auch die Gedichte Hesiods, die *Theogonie* (Götterentstehung) und ein Mahngedicht an den Bruder Perses, an das eine Sammlung von Arbeits- und Weisheitslehren angehängt ist, worauf sich der antike Titel *Erga kai Hemerai* (Werke und Tage; Abk. *Erga*. Vgl. Kap. 6.2) bezieht. Die *Theogonie* wird um 700, also vor der *Ilias* datiert, denn die Götter der *Ilias* spielen an einigen Stellen auf ihre Ursprünge an und damit auf eine Götterordnung, die Hesiod entworfen hatte. Dieser Dichter gab in seinen Werken kurze autobiographische Hinweise. Dazu gehört die Nachricht, dass er bei einer Bestattungsfeier in Chalkis auf Euböa als Sieger im Sängerwettbewerb einen Dreifuß gewonnen hatte (*Erga* 654 ff.). Er stellte sich also als einen der professionellen Sänger dar, die zu großen Festen herbeigerufen wurden und miteinander in Wettbewerb traten. Seine *Theogonie* ist wie die Troia-Sage als ein umfassendes mythologisches Werk aufzufassen und zielt als Schöpfungsgeschichte auf eine verbindliche Welterklärung für alle Griechen. Aus dem Anfang des Kosmos und der Abfolge der älteren Göttergeneration entstand das Weltalter des Zeus, dessen gerechter Ordnung die Lebenswelt der Griechen unterstellt war (vgl. unten Kap. 6.2).[17]

Diese Literatur war jedoch nicht zum Lesen, sondern zum Vortragen bestimmt. Im Vortrag wurde eine unmittelbare vergegenwärtigende Verbindung zwischen dem Erzähler und einem miterlebenden Publikum hergestellt. Der Sprechgesang wurde in Versform (dem Hexameter, d. h. „Sechs-Maß") in Begleitung der Leier (eines Saiteninstruments) vorgetragen. Es handelte sich um eine etablierte Kunst; die Sänger waren bekannt und wurden wie Hesiod zu großen öffentlichen Darbietungen und Wettbewerben eingeladen. Sie beherrschten eine Technik der Ausdrucksweise, die eine längere Ausbildung voraussetzte. Wenn der Sänger sein Handwerk gut verstand, konnte er im Wettbewerb siegen und Ruhm erwerben. So jedenfalls prophezeite es Odysseus dem Sänger Demodokos (wörtlich „der vom Volk Geehrte") bei seinem Aufenthalt bei den

Die Technik des Sängervortrag

---

[17] Ein neuer Versuch, Homer und Hesiod als Denker ihrer politischen Lebenswelt zu beschreiben: Itgenshorst 2014, 135–170.

Phäaken (dem sagenumwobenen Seefahrervolk), nachdem dieser ihm eine Sängerprobe abgeliefert hatte (Od. 8, 472, 497 f.).

Selbstdarstellung des Odysseedichters
Der Dichter der *Odyssee* reflektierte mit der Darstellung des Sängers Demodokos auf das Standesbewusstsein seiner Zunft sowie auf seine eigene Position in der zeitgenössischen Erzählkunst (Kullmann 1991, 446–454). Dabei ging es auch um deren Aktualität in der Gesellschaft seiner Zeit. Die *Odyssee* gibt also Auskunft über den Sänger, das gesellschaftliche „Setting" des Sängervortrags und über den Stellen- und Aussagewert des Vorgetragenen bei den Zeitgenossen. Bereits im ersten Gesang weist der Dichter im Spiegel der handelnden Personen darauf hin, dass er zu seinem Thema das Aktuellste erzählen bzw. vortragen will. Es zeichnet die Sänger, die in der *Odyssee* auftreten, aus, dass sie sehr genau erzählen, d. h. dass sie den Tatsachenkanon des Troia-Zyklus genau beachten. Aber sie behandeln diesen inhaltlichen Zusammenhang nicht als altehrwürdige Dichtung, die im Vortrag wiederholt werden soll – im Gegenteil, sie benutzen das Vorgegebene, um ihre Gegenwart darin zu spiegeln. Grundlage des aufmerksamen Zuhörens waren anscheinend die Gefühle, die das Vorgetragene bei den Hörern wecken und deren Aufmerksamkeit steigern sollten. Auch die Personen der Erzählung zeigen auf diese Weise Gefühle. Der Gesang rührt diejenigen Helden zu Tränen, die an dem erzählten Geschehen selbst unmittelbar beteiligt waren: etwa Odysseus, wenn er von den eigenen Erlebnissen und Gefährten vor Troia hört, oder Penelope, wenn sie sich Gesänge von den Heimkehrern aus dem Krieg anhören muss, während sie selbst vergebens auf Nachricht von Odysseus wartet. In Form einer Einleitung in das Thema seines eigenen Gedichtes stellt der Odysseedichter Penelope erstmals vor, wie sie an dem Heimkehrer-Lied des Sängers Phemios so sehr leidet, dass sie ihn bittet, etwas Unterhaltsameres aus dem bekannten Repertoire zu singen (1, 325–344). Ihr Sohn Telemachos will ihr das nicht durchgehen lassen, da alle Zuhörer denjenigen Sänger am meisten loben, der das neueste Lied vorzutragen weiß (351 f.). Diese Szene stellt offensichtlich ein Kunstmittel dar, das der Dichter bewusst als Hinweis auf das Thema seines eigenen Gesangs im Text platziert: Sein Epos werde, nachdem niemand etwas von Odysseus gehört hatte, sozusagen authentisch und erstmalig, den Phemios übertreffend, von der schwierigen und endlich gelungenen Heimkehr des Odysseus zu Penelope erzählen. Eine andere bereits bekannte „Odyssee", die Geschichte von den Irrfahrten, legt

2.4 Die frühgriechischen Epen und die Authentizität ihrer Erzähler — 31

der Dichter hingegen Odysseus selbst als Sänger beim Gastmahl mit den Phäaken in den Mund. Hier trägt also Odysseus als Sänger die eigenen Leiden ebenfalls als „das Neueste und bis dahin Unbekannte" dem staunenden Publikum vor. Am Ende seines Berichtes sind die Phäaken „stumm und schweigen, wie vom Zauber gebannt" (Od. 13, 1 f.).

In die historische Auswertung übersetzt heißt das, dass hier wahrscheinlich die zeitgenössische Rezeptionssituation reproduziert ist, auf die der Dichter anspielt und in der er seine Rolle und Aufgabe definiert. Er dichtete mit Blick auf die Probleme der Griechen seiner Zeit und zeichnete diese Dichtung als Mitteilung und Mahnung für die Späteren auf. Das Epos sollte Gefühle wecken, Spannung vermitteln und das Wissen durch authentische Anspielungen erweitern. Dafür war es nötig, innerhalb eines genau umrissenen mythischen Tatsachenkanons wahrhaftig zu sein und anhand dessen neue aktuelle Lösungen glaubhaft vorzuführen. Kurz, der Vortrag sollte faktensicher und authentisch, nacherlebbar und interessant sein, um Neugierde zu wecken und Wissen jeglicher Art vermitteln zu können.

<small>Die zeitgenössische Rezeption</small>

Im achten Gesang der *Odyssee* wird eine solche Vortragssituation breit ausgeführt. Odysseus war als Schiffbrüchiger bei den Phäaken angekommen. Für den Fremden, der seine Identität anfangs noch verbirgt, wird im Haus des Königs Alkinoos ein Festmahl gegeben. Auch ein Sänger, der besagte Demodokos, wird zur Tafel geführt. Er ist blind; die Musen haben ihm einst das Augenlicht genommen und ihm dafür den Gesang gegeben (61–64). Demodokos bekommt einen Ehrenplatz an der Festtafel zugewiesen, seine Leier wird an einem Nagel über seinen Kopf aufgehängt. Nach dem Essen wird sie heruntergenommen und der Sänger hat das Wort (65–75). Diese feierliche Szene ist nicht einmalig, sondern sie vollzieht sich noch drei weitere Male innerhalb des Gesanges und erweist sich damit als eine festgefügte Zeremonie. In dieser Folge von feierlichen Gelagen mit Gesang führt der Dichter ein fortgesetztes Gespräch zwischen Odysseus und Demodokos ein, aus dem eine Art Anleitung für die epische Dichtung jener Zeit hervorgeht.

Demodokos trägt zuerst ein Lied aus dem in jener Zeit aktuellen Troia-Gesang vor: „aus dem Gesang, dessen Ruhm den Himmel damals erreichte" (74). Auf diese präzise Angabe folgt ein Lied vom Streit des Achill mit Odysseus, der vor Troia stattgefunden haben

<small>Ein neuer Gesang vom Untergang Troias</small>

soll. Dieses Lied spricht Odysseus persönlich an und bewegt ihn zutiefst; noch wissen die Phäaken nicht, dass sie einen Augenzeugen unter sich haben. Bei der nächsten Mahlzeit, der Abendmahlzeit, werden die Textsicherheit und die Fähigkeit des Sängers im Stegreifvortrag noch weiter vertieft. Zu Beginn dieser Mahlzeit ehrt Odysseus den Demodokos, indem er ihm ein Stück von seinem Braten bringen lässt und ein Lob auf die Sängerzunft ausspricht (473–483). Nach der Mahlzeit wendet er sich direkt an den Sänger, lobt dessen Vortragstechnik („schön nach der Ordnung besingst du das Los der Achäer" 489) und fordert ihn dann auf, ein ganz bestimmtes Lied vorzutragen. Es soll das Lied vom Bau des hölzernen Pferdes sein, an dem Odysseus auch selbst beteiligt war. Dazu gibt er auch gleich eine kurze Inhaltsangabe (492–498). Der Sänger beginnt, indem er erstaunlicherweise nicht chronologisch erzählt, sondern einen dramatischen Moment heraufbeschwört. Der kumuliert in zwei gleichzeitig ablaufenden Situationen: nämlich in dem Moment, in dem die Achäer ihr Lager auflösen und ihre Hütten verbrennen, um den Troern vorzutäuschen, dass sie friedlich abziehen werden. Das ist zugleich der Moment, an dem die Troer, die Opfer dieser Täuschung, vor dem hölzernen Pferd stehen, dem Geschenk der Achäer, und sich fragen, was sie damit anfangen sollen. Sollten sie misstrauisch sein und es mit ihren Lanzen durchstechen oder es vom Felsen stürzen? Oder sollten sie es tatsächlich als Weihgabe für ihre Götter akzeptieren und in die Stadt ziehen? Sie ließen sich bekanntlich täuschen, denn, so die Erklärung des Sängers, „das Schicksal hatte ihnen den Untergang bestimmt" (511). Diesen Untergang führt Demodokos dann im Einzelnen vor: das Unglück der Stadt, die letzten Kämpfe der Achäer sowie Odysseus und Menelaos auf der Suche nach Helena (514–522). Er rührt mit dieser Erzählung Odysseus zu Tränen, so dass ihn der Phäakenkönig Alkinoos schließlich erkennt. Odysseus nennt den Phäaken seinen Namen und sein Anliegen. Dann beginnt er mit der Erzählung seiner Irrfahrten, die die folgende ganze Nacht ausfüllt.

Wirkung auf die Zuhörer

Die Sänger in der *Odyssee* sind also nicht nur Textkenner, sondern verstehen es, frei vorzutragen und dramaturgisch zu gestalten, um das Wirkungsvollste aus der Textvorgabe herauszuholen und in neue Szenen zu fassen. Interessant ist, dass Odysseus dabei als Augenzeuge eingeführt wird. Als solcher garantiert er für die Authentizität des Vorgetragenen. Dazu gehörte, wie in dem Gesang vom hölzernen Pferd des Demodokos, die Empathie nicht nur mit dem Sieger Odysseus, der in Tränen ausbricht, sondern auch mit den Besiegten, deren tragischen Moment vor dem Entschluss, das hölzerne Pferd als Geschenk anzunehmen, Demodokos präzise ausmalt, um dann den furchtbaren Untergang der Stadt zu schildern. Die Troia-Sage war also nicht nur ein Siegeslied für die Griechen. Sie konnte ebenso die Krieger-Moral wie die Moral der Stadt, die im Schutz und Frieden ihrer Bewohner lag, ansprechen und damit direkten Bezug nehmen auf die gesellschaftliche und politische Aktualität der Zeit.

2.5 Die homerischen Epen als historische Quellen

Einen Dichter Homer gab es wahrscheinlich nicht. Die Dichter der *Ilias*, der *Odyssee* und der anderen Troia-Sagen sowie der Dichter Hesiod aber lebten und schrieben in einem Zeitabschnitt, der hier „Homerische Zeit" (730 bis 650) genannt wird, in der die Anfänge einer frühen griechischen Kultur konkret wurden. Dazu gehörten öffentliche Bauten (Tempel) und die Gründungen von Städten, ferner erste schriftliche Gesetzgebungen sowie die Schriftfassung der Epen und eine repräsentative Bildkunst, die diese Literatur zitierte. Das meiste davon ist in Fragmenten überliefert: eine Gesamtsicht stellt sich nur durch das Studium der epischen Literatur ein. Daraus leitet sich die Frage ab, wie und ob man die homerischen Epen historisch interpretieren kann.

Homerische Zeit

Zunächst kann man besonders in der *Ilias* Altes und Neues unterscheiden und so eine auch gesellschaftliche Vorgeschichte der Epen schematisch entwerfen. Aus älterer Tradition können die Streit- und Kampfszenen stammen. Neueren Datums sind die sog. Ausweitungen der Handlung (West 2011), die sie nicht unbedingt spannender machen. Dazu gehören die Kataloge (Aufzählungen etwa von Helden, vgl. Kap. 3.3), die langen Versammlungsszenen und ein Rationalisieren des mythischen Geschehens: Das geschieht etwa mit der Geschichte vom „Raub der Helena", wenn in Troia gefragt wird, ob es sich wirklich lohnt, das Schicksal einer Stadt mit dieser Frau zu verbinden.

Altes und Neues

Es ist auch davon auszugehen, dass die homerischen Epen nicht nur als Zeugnisse eines traditionellen Liedguts aufzufassen sind, sondern als intellektuelle Stellungnahmen, die auf die Bedürfnisse ihrer Zeit nach Sinngebungen etwa für die neue politische Lebensform in der Stadt antworteten. Man muss bei ihrer historischen Interpretation also stets nach dem suchen, was diese Dichter überliefern und was sie ihrem zeitgenössischen Publikum im Vortrag mitgeben wollten, auf welche Sinngebungen (Moral) ihre Aktualisierungen abzielten. Dabei ist zu bedenken, dass diese Literatur durch den Vortrag wirkte. Mit dem Sängervortrag verfügt man also in gewissem Maße auch über eine – wenn auch schematisierte und idealisierte – gesellschaftliche Realie/Urkunde. Die intensive Korrespondenz zwischen Erzähler/Autor und seiner Zuhörerschaft kann als Ausgangssituation für den historischen Ansatz dienen.

2.6 Lektüreempfehlungen

Fowler, Robert (Hrsg.): The Cambridge Companion to Homer, Cambridge 2004 (ausführliche Einzelbeiträge, bes. zum homerischen Sänger und zur homerischen Gesellschaft).
Latacz, Joachim: Homer. Eine Einführung, München/Zürich 1985 (zur Homerphilologie).
Patzek, Barbara: Homer und seine Zeit, München 2009 (zur historischen Einordnung).
Powell, Barry B./Ian Morris (Hrsg.): A New Companion to Homer, Leiden u. a. 1997 (Einzelbeiträge zur Philologie, Archäologie und historischen Homerforschung).
Rengakos, Antonios/Zimmermann, Bernhard (Hrsg.): Homer-Handbuch. Leben – Werk – Wirkung, Stuttgart 2011 (zu den zentralen Themen der Homer-Philologie und zum historischen Hintergrund).
Seeck, Gustav Adolf: Homer. Eine Einführung, Stuttgart 2004 (zur Homerphilologie).

3 Das Griechenlandbild der *Ilias*

3.1 Grabmäler der Helden am Hellespont erinnern an das Ende des troianischen Krieges

3.1.1 Ein Grabmal für Menelaos, das sich die Troer gewünscht hätten

> Doch mir wird schrecklicher Schmerz um dich sein, Menelaos, wenn du stirbst und das Maß des Lebens bald erfüllst, und als der Schändlichste würde ich in das wasserdurstige Argos (zurück)kehren. Denn sofort würden sich die Achäer dem väterlichen Land zuwenden, (und) zum Jubel müssten wir dem Priamos und den Troern die Argeierin Helena überlassen. Deine Gebeine aber ließe hier vor Troia die Erde verrotten bei unvollendetem Werk. Ja, dann würde wohl einer von den übermütigen Troern sagen, (freudig) springend auf dem Grabhügel des ruhmvollen Menelaos: „Wollte doch Agamemnons Zorn sich bei allem so vollenden, wie er jetzt das Heer der Achäer (erst) umsonst hierher führte und (dann) heimwärts zog in das väterliche Land mit leeren Schiffen und zurück ließ den edlen Menelaos!" So spräche er; dann soll sich mir die breite Erde auftun!
>
> *Ilias* 4, 169–181 (Übersetzung Barbara Patzek nach W. Schadewaldt und R. Hampe)

Athena hatte den Troer Pandaros zu einem Pfeilschuss auf Menelaos anstachelt, der einer neuen Kriegserklärung gleichkommen sollte, nachdem vorher der Sieg des Menelaos im Zweikampf mit Paris über die Herausgabe der Helena und den Frieden auf dem Schlachtfeld entschieden hatte. Menelaos wird von Pandaros auch tatsächlich getroffen, aber nur leicht verletzt. Der Anblick des blutenden Bruders veranlasst Agamemnon zu dieser Rede und zum Nachdenken darüber, welches Denkmal bei dieser Wende der Geschichte am Hellespont gestanden hätte.

3.1.2 Das Grabmal des Achill

> …Und um euch[1] schütteten wir, die heilige Heerschar der argeiischen Lanzenschwinger, einen großen und stattlichen Grabhügel auf an dem her-

---

[1] Die Gebeine Achills und seiner Freunde Patroklos und Antilochos waren zuvor in einem goldene Gefäß bestattet worden, das von Hephaistos gefertigt

> ausragenden Vorgebirge des breiten Hellespont, auf dass er vom Meer aus weithin sichtbar sei für alle Menschen: denen, die jetzt geboren sind und denen, die künftig sein werden. ...
>
> *Odyssee* 24, 80–84 (Ü BP nach W. Schadewaldt und R. Hampe).

Am Ende der *Odyssee* wird Bilanz gezogen und auf den Troianischen Krieg und seine Folgen zurückgeblickt. Achill war vor Troia ruhmreich gefallen, Agamemnon dagegen ruhmlos gemeuchelt worden von dem Usurpator Aigisthos, dem Ehebrecher und neuen Mann seiner Frau Klytaimnestra. Die beiden Helden begegnen sich im Hades, Agamemnon beklagt hier sein schmachvolles Schicksal und berichtet Achill von dessen heroischer Bestattung und von dem Bau seines Grabmals am Hellespont.

3.1.3 Kommentar

Denkmäler und Geschichtsbewusstsein

Beide Textauszüge berichten von Grabhügeln am Hellespont, einem gedachten, der nicht errichtet wurde und einem wirklichen, dem Grabtumulus des Achill. Das Grabmal des Menelaos wäre ein Denkmal der Troer gewesen. Es wäre Zeugnis einer wunderbaren Rettung vor einer gewaltigen Kriegsbedrohung gewesen und des Ruhms, die schöne Helena als Mitglied des Königshauses beherbergt zu haben. Das zweite wirkliche Grabmal, jenes Achills, aber sollte nach dem Text ein Denkmal für alle sein, besonders für alle Griechen. Es sollte weithin sichtbar von der Zeit der Heroen berichten, die mit dem Troianischen Krieg ihr Ende gefunden hatte. Das Denkmal aber sollte in die Zukunft hineinreichen, um die Griechen mit ihren Helden für alle Zeit zu verbinden. Denn Gegenstände überdauern die Zeit, und das kann ungeahnte Folgen haben, so wie auch die mit dem Achillesgrabmal verbundene dichterische Prophezeiung: Nicht nur wurden in der Folgezeit verschiedene Hügel am Hellespont als Grabmal des Achill identifiziert – und das nicht um der Dichtung Willen, sondern in politischer Absicht –, so dass dieses Grabmal zum fortlaufenden Zeichen ruhmreicher griechischer Geschichte wurde. Der Perserkönig Xerxes soll bei seinem Feldzug gegen Griechenland im Jahr 480 v. Chr. einen Umweg

---

und von Achills Mutter Thetis gebracht worden war.

dorthin gemacht und umgekehrt auch Alexander der Große vor seinem Asienfeldzug dem Heldengrab einen Besuch abgestattet haben. Der Ort wurde zum Teil des großen Mythos von Asien und Europa (Cobet 1996).

3.2 Griechenland als Idee und der Troische Krieg

Große, über die individuelle Wahrnehmung weit hinausgehende Gemeinschaftsideen wie die Selbstbezeichnung als „Volk" stellen keine natürlichen Größen dar. Es handelt sich vielmehr um imaginäre, aber normative Größen, die durch möglichst anschauliche, allgemein vermittelbare Definitionen begründet werden müssen (Ulf 1996; Anderson 2006). Besonders die Mythologie ist imstande, solche Definitionen durch einprägsame Erzählungen und prägnante Bilder herauszuarbeiten.

3.2.1 Der Hellespont, eine imaginäre Grenzlinie zwischen den Kriegsparteien im Troischen Krieg

Es besteht Einigkeit in der Forschung, dass die Achäer/Danaer (die Bezeichnungen werden synonym gebraucht) der homerischen Epen mit den Hellenen (Panhellenen), wie sie sich damals zu nennen anfingen, gleichzusetzen sind. Diesen All-Hellenen geht in Hesiods *Werken und Tagen* gemeinsam die Sonne auf (*Erga* 527). Auch der Katalog der Schiffe der Achäer, die nach Troia ausfuhren, folgt einer solchen Gemeinschaftsvorstellung. Nur unterschied der Iliasdichter genau zwischen Vergangenheit und Gegenwart, und die Helden der Vergangenheit waren die Achäer. An einer Stelle in diesem Schiffskatalog (*Ilias* 2, 530, Text unten) verrät er sich aber, indem er selbst den Begriff der Panhellenen als Synonym für die Achäer einsetzt. Der Sage nach hatten sich die Achäer/Griechen in Aulis (Böotien) mit ihren Schiffen versammelt, um gegen Troia zu ziehen. Die Ebene vor Troia grenzt an den Hellespont (heute Dardanellen), und so wurde diese Meerenge zu einer symbolischen Grenze für die beiden Kriegsgegner. Mit dem Hellespont überschreiten die Achäer also die Grenze zum Umland der Stadt, die sie angreifen wollen. Zur ersten Überschreitung der Grenze gibt es auch eine „sprechende" Geschichte: Protesilaos springt als Erster

Identitätssuche in Sage und Wirklichkeit

unter den Griechen gegen alle Vorsicht von seinem Schiff an Land und wird prompt von einem einheimischen Mann getötet (2, 698– 702) – er wird dadurch natürlich zu einer berühmten Sagengestalt der Griechen.

Troia als Kriegsgegner

Allerdings befinden wir uns bei dieser Grenze in der Vorstellungswelt der Sage. In der Realität handelte es sich nicht um eine Landesgrenze in unserem Sinn, denn weder bildeten die Achäer/Griechen zusammen einen Staat mit Staatsgrenzen, noch kann Troia als ein fremder Staat mit einem rechtlich gesicherten Staatsterritorium aufgefasst werden. Troia war auch keine fremde Stadt; es gehörte im 7. Jahrhundert zu den griechischen Städten an der kleinasiatischen Küste. Die Troer der *Ilias* verhalten sich im Text auch wie die Achäer/Griechen; ihre Götter, Heiligtümer und Institutionen gehören zur griechischen Kultur. Wenn man die Handlung der *Ilias* auf die Verhältnisse bezieht, die zur Zeit ihrer Niederschrift herrschten oder wenigstens denkbar waren, dann stellt sich der „Troianische Krieg" als ein gewöhnlicher territorialer Konflikt zwischen zwei griechischen Städten dar – zwischen dem Achäerlager an der Küste, das wie eine Stadt ummauert gewesen sein soll, und der Stadt Troia mit ihren imposanten Mauern. Dabei spielt sich der eigentliche Krieg nicht vor der Mauer, sondern in der Ebene, d. h. im Umland Troias, ab.

Die Wirklichkeit einer Stadtbelagerung sah freilich anders aus: Ein fremdes Heer belagerte eine Stadt, so dass ihre Einwohner die Mauern nicht verlassen konnten. Sie waren ihrer Ressourcen (vor allem Wasser) beraubt, es drohten Hunger und Krankheiten. Dadurch sollte erzwungen werden, dass sie ihre Stadt mehr oder minder freiwillig aufgaben. Geschah das nicht, wurde die Stadt zur Strafe gewaltsam erobert, die Mauern geschleift, im schlimmsten Fall wurden die Einwohner versklavt. Solche Städtebelagerungen gehörten zu einer Eroberungspolitik, die aus dem zeitgenössischen Nahen Osten bekannt war. Zur Zeit der Entstehung/Fixierung der *Ilias*, im Jahre 701, fand eine Belagerung Jerusalems statt. Die Rettung der Stadt in letzter Not, die der Prophet Jesaia vorhergesagt hatte, gehört zu den unvergänglichen Ereignissen der biblischen Tradition (2. Kön. 18–19). Ob es direkte Bezüge zum Belagerungsmotiv der griechischen Epik gibt, ist nicht zu entscheiden, da die Stadtbelagerung zu dieser Zeit bereits zu den traditionellen Motiven in Kunst und Literatur des östlichen Mittelmeergebietes gehörte (vgl. Kap. 7).

Nur das Motiv vom Ende Troias bezieht sich im Epos direkt auf ein solches schreckliches Ereignis. Die gewaltsame Einnahme der Stadt ließ sich unmittelbar mit ihren mächtigen Mauern assoziieren und die Gewaltszenerie war im Stande, eine Art Weltuntergangsszenario zu entwerfen, die dem Ende der Heroenzeit entsprach (vgl. Kap. 2.2). Der Gedanke vom Ende der Heroenzeit wurde in das erinnerungsstarke Bild eines gewaltigen Ereignisses gefasst. Einen vergleichbaren gedanklichen Überbau finden wir bei dem durch den Krieg erzeugten Eindruck der Grenzziehung und des Gegensatzes zwischen Griechen und Troern. Dieser imaginäre Gegensatz zwischen den All-Hellenen des Achäerheeres und den Troern entsprach nicht der Realität und war gewollt. Er diente der Identitätsfindung der Griechen und war als Schema so erfolgreich, dass er in den darauffolgenden Zeiten immer deutlicher politisch aufgeladen und inhaltlich angereichert werden konnte. Letztendlich ließ sich dieses antithetische Muster zu einem generellen Gegensatz zwischen Griechen und Barbaren, d. h. den nahöstlichen Fremden ausweiten. Der Hellespont wurde im Zeichen der Perserkriege (499–479 v. Chr.) über seine einstige lokale Bedeutung hinaus erweitert und gar zu einer Grenzmarkierung zwischen Europa und Asien. An dieser Grenze wurden für die Helden Protesilaos und Achill Kultbauten errichtet, zu denen später zahlreiche Besucher aus politischen und anderen Motiven pilgerten.

Troia und das Ende des Heroenzeitalters

In der *Ilias* finden sich verschiedene Denkmäler, die in der Ebene vor Troia als markante Stellen in der Landschaft figurieren. Einige von ihnen werden als Grabhügel von Helden bezeichnet, wie das Grabmal des Aisyetes (2,791 ff.), von dem aus der Kundschafter der Troer zuerst das Griechenheer erblickte, oder das Grabmal der Amazone Myrine (2, 811–814), um das sich das Heer der Troer und ihrer Verbündeten versammelte. Das Grabmal des Ilos, des Ahnherrn des troischen Herrscherhauses, dessen Genealogie in der *Ilias* in aller Breite ausgeführt wird (20, 214–241 vgl. Kap. 11), soll sich in der Mitte zwischen den beiden verfeindeten „Städten" in der Ebene befunden haben (10, 415). Zu diesen Denkmälern sollte später (nach dem Fall Troias) auch der Grabtumulus (lat. Tumulus, „Grabhügel") des Achill gehören ebenso wie die mächtigen Stadtmauern Troias sowie ein fiktives Denkmal, das eigentliche Symbol für das Ende der Zeit: Die Mauer die das Lager der Achäer umgeben haben soll, wurde angeblich am Ende des Heldenzeitalters in einer mächtigen Inszenierung der Götter von einer großen Flut vollkommen fortge-

Denkmäler vor Troia

spült (12, 1–33). Die zuerst genannten Heldengräber, von deren Vorhandensein der Text ausgeht, konnten archäologisch (bisher) nicht nachgewiesen werden. Das konkrete Hinweissystem im Text aber spricht dafür, dass es solche oder ähnliche Orte gegeben haben kann. Später, in Reaktion auf die Bekanntheit der Troiasage – oder einfacher ausgedrückt – in Reaktion auf die berühmten Epen, wurden passende Hügel gefunden und den einzelnen Helden als Gräber zugeschrieben. Die Suche nach einem geeigneten Hügel für den Tumulus des Achill kann man ebenfalls als Reaktion auf die Troiasage deuten. Auch dieser Ort lässt sich nicht eindeutig lokalisieren; es stehen heute vielmehr mehrere „Gräber des Achill" zur Auswahl (Hertel 2003, 161–175). Historisch wichtig ist die Frage, ob diese Denkmalskultur wirklich nur als Reaktion auf die Troiasage bzw. die *Ilias* zu erklären ist oder ob Heroengräber bzw. Gräber „vergangener Menschen", wie der Iliasdichter sich ausdrückt, in jener Zeit auch in anderen alltäglichen Zusammenhängen eine Rolle spielten und welche Bedeutung und Funktion sie dort hatten.

3.2.2 Der Heroenkult und seine sozialgeschichtliche Bedeutung

Götter- und Heroenkult

Zu den Eigenarten der griechischen religiösen Praxis gehörte, dass nicht nur Göttern, sondern auch Helden/Heroen Kulte gewidmet und Opfer dargebracht wurden. Den Heroen opferte man an ihren Gräbern. Dabei handelte es sich meistens um Reste alter Grabbauten, die aus dem 2. Jahrtausend stammten und die in den dazwischen liegenden Jahrhunderten nicht weiter genutzt und auch mit keinem Grabkult bedacht worden waren. Es handelte sich also um „Entdeckungen" aus der Vorzeit, an denen ein Reliktkult vollzogen wurde. Die Relikte erfuhren eine Neudeutung als Gräber der Heroen und galten als Zeichen der heroischen Vergangenheit. Kulthandlungen an Heroengräbern lassen sich für die Frühzeit nur archäologisch nachweisen. In den homerischen Epen werden zwar, wie gezeigt, Heroengräber genannt, Rituale aber nicht beschrieben.

Anfänge des Heroenkults

Nach den archäologischen Befunden setzte der Heroenkult recht unmittelbar im letzten Drittel des 8. Jahrhunderts, also ca. 730 ein, d. h. zeitgleich mit dem ersten Schriftzeugnis für die Troia-Sage, dem „Nestorbecher" aus Ischia (vgl. Kap. 2.2). Der Heroenkult kann also kaum als spätere Reaktion auf die Verbreitung der homerischen Epen gedeutet werden. Eindeutige Reaktionen auf

Ilias und *Odyssee* finden sich erst später, nach ca. 650. Die Heroenkulte sind vielmehr als ein kulturelles Phänomen zu verstehen, das zeitgleich mit der Verschriftlichung der Heldenpik aufkam. In dieser Epik stellen die Heroen, Frauen und Männer, „halbgöttliche" Menschen (Il. 12, 23) dar. D. h. sie sind Kinder eines Menschen und eines Gottes/einer Göttin. Mit dem menschlichen Elternteil teilen sie die Eigenschaft der Sterblichkeit. Unsterblich können sie nur werden, wenn sie Ruhm erlangen: entweder durch einen Heldentod, wie Achill, oder durch ein großes Können oder ein Werk, das sie berühmt machte – so wurde Demodokos, der „göttliche" Sänger der *Odyssee*, zum Helden bzw. Urvater der homerischen Sänger (vgl. Kap. 2.2). Diese Heroen waren einem normalen menschlichen Maß enthoben, sie waren, so der Dichter der *Ilias*, „gewaltiger als die Menschen jetzt sind" (Il. 1, 272). Sie sollen in der Heroenzeit (wirklich) gelebt haben und als Sterbliche bestattet worden sein. Ihre Gräber hätten sozusagen die Zeitengrenze von der Heroischen Epoche zur Zeit der Menschen überdauert. Die Heroen dienten im alltäglichen Leben der Späteren als Vorbilder für das menschliche Handeln. So konnten verschiedene Traditionen an sie anknüpfen und mit dem Grab des Heros symbolisch verbunden werden. Die Gräber waren gegenständlich, sie befanden sich an konkreten Orten, an denen diejenigen, die sich von den Heroen in irgendeiner Form ableiten wollten, zusammenkommen und den Kult vollziehen konnten. So stifteten die Heroen nicht nur Traditionen, sondern auch Gemeinschaften. Sie banden Kultgruppen unterschiedlicher sozialer Herkunft an sich.

Die frühesten Heroenkulte finden sich im griechischen Kerngebiet: in Attika, in der Argolis und in Messenien, und zwar jeweils in Kontexten, die man abstrakt als Gruppenbildungsprozesse auf lokaler Ebene beschreiben kann (Boeringer 2001). Attika war nach den archäologischen Zeugnissen in jener Zeit (bezogen etwa auf die handwerkliche Produktion) ein sehr fortschrittliches Gebiet. Hier lässt sich für das spätere 8. Jahrhundert ein kontinuierliches Bevölkerungswachstum nachweisen, das sich in einer Verdichtung der Besiedlung der Landschaft durch eine wachsende Zahl von Siedlungen feststellen lässt. Interessant ist, dass Attika als einzige Landschaft in dem Schiffskatalog der *Ilias* nur durch eine einzige Stadt, nämlich Athen, repräsentiert wird. In der Forschung wird daraus gefolgert, dass zur Zeit, als dieser Schiffskatalog aufgezeichnet wurde, wohl im frühen 7. Jh., der erste Staatsbildungsprozess,

_{Soziale Funktionen des Heroenkultes}

der Zusammenschluss aller Gemeinden Attikas zur „Großpolis" Athen, bereits abgeschlossen war (Welwei 1992). Umgekehrt lassen sich gerade über Attika verstreut Spuren von Heroenkulten finden. Sie scheinen lokale Gegengewichte zur Einheit und Zentralität von Athen gebildet zu haben. Diese Kulte lassen sich wahrscheinlich unterschiedlichen lokalen Gruppen zuordnen, bäuerlichen Nachbarschaften ebenso wie aristokratischen Gruppen. Hier beweist sich die Flexibilität der Heroenkulte als Identitätsbezüge für unterschiedliche soziale Gruppen. Zugleich zeigt die deutliche Tendenz zur Bildung lokaler Gruppen, dass lokale Identitäten die Grundlage für die größere Gemeinschaft der Polis bildeten. Die lokalen sozialen Gruppen der Einwohner Attikas scheinen durch den jeweiligen Bezug auf die Heroenkulte mit ihren lokalen Anliegen und persönlichen Bezügen dauerhaft verankert und abgesichert worden zu sein.

3.2.3 Der homerische Schiffskatalog als Zusammenschau der Landschaften Griechenlands

Eine imaginäre Abgrenzung

Der bereits mehrfach erwähnte Schiffskatalog im 2. Gesang der *Ilias* (2, 494–759; ein Auszug am Ende des Kapitels) führt das Heer der Achäer/Griechen in seiner Gesamtheit vor – Gegner sind die Troer und ihre Bundesgenossen in Kleinasien, die im sog. Troerkatalog ebenfalls im zweiten Gesang der *Ilias* (2, 816–877) aufgezählt werden (Kullmann 1993; Eder 2003). Das Interessante an diesen Katalogen ist, dass diejenigen Griechen, die zur Zeit der Abfassung des Katalogs tatsächlich an der Kleinasiatischen Küste siedelten, bewusst ausgelassen sind. Sie erscheinen weder als Teile des Achäerheeres, noch sind sie mit den Troern verbündet. Die Stadt Milet wird z. B. ausschließlich als von den Karern bewohnt dargestellt, dem nicht-griechischen Bevölkerungsteil. Dennoch handelt es sich, wie gesagt, bei den einander gegenüber stehenden Katalogen nicht um Präsentationen fremder Gegenwelten. Die Kataloge markieren vielmehr eine imaginäre Grenze, die Griechenland, d. h. vornehmlich das griechische Festland, als Ursprungsgebiet der Achäer/Griechen von einem anderen Gebiet abgrenzt: den ägäischen Inseln und besonders der kleinasiatischen Küste, das im späteren geschichtlichen Bewusstsein der Griechen als „Einwanderungsland" galt (Prinz 1979, 314–376). Von einer solchen bereits vollzogenen Einwanderung erfahren wir im Schiffskatalog im Zusammenhang mit der Insel Rhodos (2, 653–669): Tlepolemos, der Heraklessohn, der seinen Großonkel getötet hatte, soll aus Tiryns geflohen sein. Er habe Schiffe gebaut und damit die Bewohner der Stadt auf die Insel Rhodos gebracht, wo er sie nach Stämmen geordnet in den drei Gemeinden der Insel ansiedelte. Hier wird vom Dichter der *Ilias* eine typische Einwanderung, die vermeintlich bereits vor dem troischen Krieg geschehen war, in den Katalog eingeschoben.

Die in dem Katalog entworfene Grenze zwischen der ideellen „Heimat" der Griechen und dem sog. Einwanderungsgebiet entspricht aber nicht den historischen Tatsachen. Nach den archäologischen Funden siedelten die Griechen bzw. griechisch sprechende Menschen, im 2. und 1. Jahrtausend gleichermaßen in der Ägäis und an der kleinasiatischen Küste. In allen Siedlungsgebieten lassen sich zwischen 1200 und 700 Kulturunterbrechungen finden, die auf kriegerische Zerwürfnisse und allgemeine Unsicherheit der sesshaften Lebensweise schließen lassen. Insgesamt gehörte der ägäische Raum zwischen dem griechischen Festland und der Küste Kleinasiens mit seinen zahlreichen und nicht weit voneinander entfernten Inseln zu dem natürlichen geographischen Siedlungsradius der frühen Griechen. Das ägäische Meer grenzte nicht ab, sondern verband die Landmassen, zwischen denen die Inseln als natürliche Brückenpfosten fungieren (Schadewaldt 1942, 96–100). Von gezielten Wanderungsbewegungen ganzer Bevölkerungen, von denen die späteren Wanderungssagen berichten oder wie es der Mythos der Besiedlung von Rhodos impliziert, ist kaum auszugehen. Allerdings muss man mit einer gesteigerten Mobilität der Bevölkerung des gesamten Gebietes in den Dunklen Jahrhunderten und auch in der Zeit eines angenommenen Bevölkerungswachstums im 8. Jahrhundert rechnen. Hinter den Wanderungssagen, die sozusagen eine Heimat der Griechen von einem Einwanderungsgebiet abgrenzten, standen also reale Erfahrungen, die in aussagekräftige symbolische Erzählungen umgemünzt wurden, in Gründungssagen, die die Geschichte und Identität der Bewohner der neuen Siedlungen definierten.

Gründungssagen

Am Anfang des Schiffskatalogs steht der Anruf des Dichters an die Musen. Er bittet die Göttinnen um die Kunde aus der Vergangenheit, die er selbst nicht erlebt haben kann (2,484–493). Aufgezählt werden soll, wer die Anführer und Gebieter der Achäer/Griechen waren. Unermesslich soll die Zahl der Männer gewesen sein, die nach Troia ausgezogen waren; sie können, so der Dichter,

Der Aufbau des Schiffskatalogs

in ihrer Gesamtheit nicht genannt werden. Genannt werden aber die Anführer und die Zahl der Schiffe. Gegliedert ist der Katalog nach den historischen griechischen Landschaften. Er beginnt mit Böotien, wo die griechische Flotte sich in Aulis versammelt hatte, und nennt dann in einem großen Kreis Orchomenos, Phokis, Lokris, Euboia, Athen, Argos, Lakedaimon, Arkadien, Elis, Ätolien, Inseln im ionischen Meer sowie Kreta und Rhodos, um dann in einem großen Bogen nach Mittel- und Nordgriechenland zurückzukehren. Beim Namen genannt werden die Städte des jeweiligen Landstrichs, wobei die Aufzählung oft der Küstenlinie folgt. Außerdem werden bekannte Helden namentlich hervorgehoben und als Heerführer mit der Zahl ihrer Schiffe genannt. Eingebettet in die Aufzählung sind viele Beiwörter, die Landschaften und Städte charakterisieren, auch einzelne erläuternde Erzählungen und Hinweise auf lokale Feste, Mythen oder Merkwürdigkeiten wie klimatische Phänomene. Dies hat eine Dichte der Mitteilungen zur Folge, die dem Katalog ein Faktengepräge gibt. Außerdem bemerkt man beim Lesen, wie in den Aufzählungen der Details des Lokalkolorits ein realer und nachvollziehbarer Begriff von der Gemeinschaft der Hellenen entsteht.

Anachronismen Im Wesentlichen beschreibt der Katalog die historisch-geographische Wirklichkeit des 7. Jahrhunderts (Eder 2003). Aus diesem Zeitzusammenhang fallen aber einige Anachronismen heraus, die den Katalog in der heroischen Zeit verankern und mit dem Troianischen Krieg verbinden sollen. Es handelt sich um Einfügungen, die die allgemeine geographische Logik des Katalogs durchbrechen. Das ist besonders deutlich bei der Nennung der alten Burgberge von Tiryns und Mykene, die die Landschaft der Argolis als Relikte aus der Mykenischen Zeit prägten. In Mykene wurde wohl zur Zeit der *Ilias* ein Heroenkult für Agamemnon eingeführt, der einem längst vergessenen mykenischen Grabbau galt. Auch das Königreich Agamemnons im Katalog scheint aus einer fiktiven Vorstellung hervorzugehen. Kaum zu erklären ist heute die Konkurrenz zum Reich des Diomedes, das die nahegelegene mykenische Burg von Tiryns mit dem archaischen Argos verbindet. In historischer Zeit nämlich wurden Mykene, Tiryns und Argos oft als eine geographisch begründete Einheit angesehen. Der Sprung von Agamemnon zum Königreich seines Bruders Menelaos entspricht zwar der Logik der Troiasage, aber gerade nicht der geographischen Logik des Kataloges.

An diesen Stellen werden also die Helden der Troiasage als Repräsentanten der Heroenzeit in die veränderte Siedlungsgeographie der archaischen Zeit eingebracht. Das geschieht wiederum nach der bekannten Logik der Heroengräber und des Heroenkultes: Der zeitgenössischen griechischen Welt wird eine vorbildhafte und verbindliche Heroische Vor-Geschichte unterlegt, die eine verbindliche Verankerung der Griechen in Zeit und Raum ermöglichen sollte. Diese Verbindlichkeit wurde durch eine Denkmälerkultur gesteigert, die sich auf Relikte bezog, die Vergangenheit und Gegenwart realiter verbanden. Konkret wird die abstrakte Identität der All-Griechen durch eine ausdrucksstarke Zusammenschau der einzelnen Landschaften, ihrer Denkmäler und Heldensagen, aber auch ihres jeweiligen gegenwärtigen Lokalkolorits zu einer nachvollziehbaren Einheit geformt.

3.3 Quellen und Vertiefung

3.3.1 Auszüge aus dem „Schiffskatalog" der *Ilias*

Λοκρῶν δ' ἡγεμόνευεν Ὀιλῆος ταχὺς Αἴας,
μείων, οὔ τι τόσος γε ὅσος Τελαμώνιος Αἴας,
ἀλλὰ πολὺ μείων· ὀλίγος μὲν ἔην, λινοθώρηξ,
ἐγχείῃ δ'ἐκέκαστο Πανέλληνας καὶ Ἀχαιούς·
οἳ Κῦνόν τ' ἐνέμοντ' Ὀπόεντά τε Καλλίαρόν τε
Βῆσσάν τε Σκάρφην τε καὶ Αὐγειὰς ἐρατεινάς
Τάρφην τε Θρόνιόν τε Βοαγρίου ἀμφὶ ῥέεθρα·
τῷ δ' ἅμα τεσσαράκοντα μέλαιναι νῆες ἕποντο
Λοκρῶν, οἳ ναίουσι πέρην ἱερῆς Εὐβοίης.

οἳ δ' Εὔβοιαν ἔχον μένεα πνείοντες Ἄβαντες,
Χαλκίδα τ' Εἰρέτριάν τε πολυστάφυλόν θ' Ἱστίαιαν
Κήρινθόν τ' ἔφαλον Δίου τ' αἰπὺ πτολίεθρον,
οἵ τε Κάρυστον ἔχον ἠδ' οἳ Στύρα ναιετάασκον,
τῶν αὖθ' ἡγεμόνευ' Ἐλεφήνωρ, ὄζος Ἄρηος,
Χαλκωδοντιάδης, μεγαθύμων ἀρχὸς Ἀβάντων.
τῷ δ' ἅμ' Ἄβαντες ἕποντο θοοί, ὄπιθεν κομόωντες,
αἰχμηταί, μεμαῶτες ὀρεκτῇσιν μελίῃσιν
θώρηκας ῥήξειν δηΐων ἀμφὶ στήθεσσιν·
τῷ δ' ἅμα τεσσαράκοντα μέλαιναι νῆες ἕποντο.

οἳ δ' ἄρ' Ἀθήνας εἶχον, ἐυκτίμενον πτολίεθρον,
δῆμον Ἐρεχθῆος μεγαλήτορος, ὅν ποτ' Ἀθήνη

θρέψε Διὸς θυγάτηρ – τέκε δὲ ζείδωρος ἄρουρα·
κὰδ δ' ἐν Ἀθήνῃς εἷσεν, ἑῷ ἐν πίονι νηῷ·
ἔνθα δέ μιν ταύροισι καὶ ἀρνειοῖς ἱλάονται
κοῦροι Ἀθηναίων περιτελλομένων ἐνιαυτῶν·
τῶν αὖθ' ἡγεμόνευ' υἱὸς Πετεῶο Μενεσθεύς.
τῷ δ' οὔ πώ τις ὁμοῖος ἐπιχθόνιος γένετ' ἀνὴρ
κοσμῆσαι ἵππους τε καὶ ἀνέρας ἀσπιδιώτας·
Νέστωρ οἶος ἔριζεν· ὃ γὰρ προγενέστερος ἦεν.
τῷ δ' ἅμα πεντήκοντα μέλαιναι νῆες ἕποντο.

Αἴας δ' ἐκ Σαλαμῖνος ἄγεν δυοκαίδεκα νῆας·
στῆσε δ' ἄγων, ἵν' Ἀθηναίων ἵσταντο φάλαγγες.

οἳ δ' Ἄργός τ' εἶχον Τίρυνθά τε τειχιόεσσαν,
Ἑρμιόνην Ἀσίνην τε, βαθὺν κατὰ κόλπον ἐχούσας,
Τροιζῆν' Ἠιόνας τε καὶ ἀμπελόεντ' Ἐπίδαυρον,
οἵ τ' ἔχον Αἴγιναν Μάσητά τε κοῦροι Ἀχαιῶν,
τῶν αὖθ' ἡγεμόνευε βοὴν ἀγαθὸς Διομήδης
καὶ Σθένελος, Καπανῆος ἀγακλειτοῦ φίλος υἱός·
τοῖσι δ' ἅμ' Εὐρύαλος τρίτατος κίεν, ἰσόθεος φώς,
Μηκιστῆος υἱὸς Ταλαϊονίδαο ἄνακτος.
συμπάντων δ' ἡγεῖτο βοὴν ἀγαθὸς Διομήδης·
τοῖσι δ' ἅμ' ὀγδώκοντα μέλαιναι νῆες ἕποντο.

οἳ δὲ Μυκήνας εἶχον, ἐυκτίμενον πτολίεθρον,
ἀφνειόν τε Κόρινθον ἐυκτιμένας τε Κλεωνάς,
Ὀρνειάς τ' ἐνέμοντο Ἀραιθυρέην τ' ἐρατεινὴν
καὶ Σικυῶν', ὅθ' ἄρ' Ἄδρηστος πρῶτ' ἐμβασίλευεν,
οἵ θ' Ὑπερησίην τε καὶ αἰπεινὴν Γονόεσσαν
Πελλήνην τ' εἶχον ἠδ' Αἴγιον ἀμφενέμοντο
Αἰγιαλόν τ' ἀνὰ πάντα καὶ ἀμφ' Ἑλίκην εὐρεῖαν,
τῶν ἑκατὸν νηῶν ἦρχε κρείων Ἀγαμέμνων
Ἀτρεΐδης. ἅμα τῷ γε πολὺ πλεῖστοι καὶ ἄριστοι
λαοὶ ἕποντ'· ἐν δ' αὐτὸς ἐδύσετο νώροπα χαλκὸν
κυδιόων, πᾶσιν δὲ μετέπρεπεν ἡρώεσσιν,
οὕνεκ' ἄριστος ἔην, πολὺ δὲ πλείστους ἄγε λαούς.
[...]
Τληπόλεμος δ' Ἡρακλεΐδης ἠΰς τε μέγας τε
ἐκ Ῥόδου ἐννέα νῆας ἄγεν Ῥοδίων ἀγερώχων,
οἳ Ῥόδον ἀμφενέμοντο διὰ τρίχα κοσμηθέντες,
Λίνδον Ἰηλυσόν τε καὶ ἀργινόεντα Κάμειρον.
τῶν μὲν Τληπόλεμος δουρικλυτὸς ἡγεμόνευεν,
ὃν τέκεν Ἀστυόχεια βίῃ Ἡρακληείῃ,
τὴν ἄγετ' ἐξ Ἐφύρης, ποταμοῦ ἄπο Σελλήεντος,
πέρσας ἄστεα πολλὰ διοτρεφέων αἰζηῶν.
Τληπόλεμος δ' ἐπεὶ οὖν τράφ' ἐνὶ μεγάρῳ ἐυπήκτῳ,
αὐτίκα πατρὸς ἑοῖο φίλον μήτρωα κατέκτα

ἤδη γηράσκοντα, Λικύμνιον, ὄζον Ἄρηος.
αἶψα δὲ νῆας ἔπηξε, πολὺν δ' ὅ γε λαὸν ἀγείρας
βῆ φεύγων ἐπὶ πόντον· ἀπείλησαν γὰρ οἱ ἄλλοι
υἱέες υἱωνοί τε βίης Ἡρακληείης·
αὐτὰρ ὅ γ' ἐς Ῥόδον ἷξεν ἀλώμενος ἄλγεα πάσχων·
τριχθὰ δὲ ᾤκηνθεν καταφυλαδόν, ἠδ' ἐφίληθεν
ἐκ Διός, ὅς τε θεοῖσι καὶ ἀνθρώποισιν ἀνάσσει,
καί σφιν θεσπέσιον πλοῦτον κατέχευε Κρονίων.

Die Lokrer führte der Oileus-Sohn, der schnelle Aias – kleiner und nicht so groß wie der Aias der Telamonier, sondern viel kleiner gewachsen: schmächtig und in Leinen gepanzert übertraf er doch im Speerkampf die All-Hellenen und Achaier –, die da Kynos bewohnten und Opus und Kalliaros und Bessa und Skarphe und die liebliche Augeiai und Tarphe und Thronion am Flusslauf des Boagrios. Und dem folgten vierzig schwarze Schiffe der Lokrer, die gegenüber wohnten von der heiligen Insel Euboia.
Doch die Euböa hatten, die mutbeseelten Abanter, Chalkis und Eiretria und die traubenreiche Histiaia und Kerinthos, am Meer gelegen, und die steile Feste von Dion, und die Karystos hatten und die, die Styra bewohnten: Die wieder führte der Aressprössling (der tapfere Krieger) Elephenor an, der Sohn des Chalkodon, der Herrscher der mutigen Abanter.
Und die Athen bewohnten, die gutgebaute Feste, das Volk des großherzigen Erechtheus, den einst Athene aufzog, die Tochter des Zeus – ihn gebar die nahrunggebende Erde –, und setzte ihn ein in Athen in ihrem fetten Tempel. Gnädig stimmen ihn dort mit Opfern von Stieren und Lämmern die Jünglinge der Athener im Kreislauf der Jahre –. Von denen wieder war der Anführer des Peteos Sohn Menestheus. Ihm gleich wurde kein anderer Mann auf der Erde geboren, um die Pferdegespanne zu ordnen und die schildgewappneten Männer. Allein Nestor wetteiferte mit ihm, denn er war früher geboren. Dem folgten fünfzig schwarze Schiffe. –
Aias aber führte von Salamis her zwölf Schiffe, und er führte und stellte sie neben die Reihen der Athener.
Die aber Argos hatten und die ummauerte Tiryns, die Hermione und Asine, an der tiefen Bucht des Meeres beherrschten, Troizen und Eïones und auch die rebenreiche Epidauros. Und die Aigina hatten und Mases, die Jünglinge der Achaier: Diese führte der gute Rufer Diomedes und Sthenelos, des berühmten Kapaneus eigener Sohn. Und mit ihnen ging als dritter Euryalos, der gottgleiche Mann, Sohn des Mekisteus, des Talaos-Sohnes, des Herrschers. Sie alle führte der gute Rufer Diomedes. Ihnen folgten achtzig schwarze Schiffe.
Und die Mykene hatten, die gutgebaute Feste, und die reiche Korinthos und die gutgebaute Kleonai, und die Orneiai bewohnten und die liebliche Araithyrea und Sikyon, wo zuerst Adrastos als König herrschte, und die Hyperesia hatten und die steile Gonoëssa und die Pellene hatten und um Aigion wohnten und das gesamte Aigialos und die breite Helike: Diese führte mit hundert Schiffen der Atreus-Sohn, der gebietende Agamemnon an. Ihm folgten die weitaus meisten und besten der Völker. Und er selbst

tauchte unter ihnen in das funkelnde Erz stolz sich brüstend, und unter allen Helden ragte er hervor, weil er der Edelste war und bei weitem die meisten Männer anführte.

[...]

Und der Heraklide, der tüchtige und große Tlepolemos führte aus Rhodos neun Schiffe der stolzen Rhodier, die Rhodos ringsum dreifach aufgeteilt bewohnten: Lindos, Ialysos und die weiß-schimmernde Kameiros. Die führte der speerberühmte Tlepolemos an, den Astyocheia dem Herakles geboren hatte, die er (Herakles) aus Ephyra am Fluss Selleeis (gelegen) mitgenommen hatte, als er viele Städte der zeusgenährten Männern zerstörte. Doch Tlepolemos erschlug, kaum dass er aufgezogen war in dem gutgebauten Haus, den Mutterbruder (Onkel) seines eigenen Vaters, den schon alten Likymnios, den Aressprössling. Und schnell zimmerte er Schiffe, und sammelte viel Volk und floh über das Meer, denn es bedrohten ihn die anderen Söhne und Sohnessöhne, die von der Gewalt des Herakles abstammten. Er aber kam verirrt und Schmerzen leidend nach Rhodos. Und dreifach siedelten sie sich dort nach Stämmen gegliedert an und wurden von Zeus geliebt, der über Götter und Menschen gebietet. Und der Kronide schüttete unbeschreiblichen Reichtum auf sie herab.

Ilias 2, 527–580, 653–670 (Ü BP nach W. Schadewaldt und R. Hampe; griech. Text nach der Tusculum-Ausgabe von 1991 in der Bearbeitung von V. Stegmann und H. Höhne).

3.3.2 Fragen und Anregungen

Der Schiffskatalog ist ein Dokument, das wegen seiner Dichte an Mitteilungen beeindruckt. Bereits in der Antike konnte man nicht mehr alle genannten Orte ausmachen. Gehen Sie der Stimmung nach, die dieser Katalog vermittelt, und skizzieren Sie, auf welche Weise hier lokale Identitäten zu einer abstrakten, aber „gefühlten" Einheit der All-Griechen zusammengeführt werden.
- Suchen sie die historischen Landschaften anhand einer Übersichtskarte auf. Suchen Sie nach der Benennung der Einwohner der Landschaften, nach den Helden, ihren Herkunftsbezeichnungen und Genealogien. Suchen sie nach Beiwörtern für Städte. Gibt es Wiederholungen, d. h. typische Beiwörter? Welcherart sind die Beiwörter für die Landschaften? Gibt es Bezüge zur geographischen Realität?
- Welche Mythen erkennen Sie? Welchen Unterschied sehen sie in der Gründungssage von Athen und der von Rhodos?
- Hilfsmittel: Homers Ilias Gesamtkommentar, hrsg. von Joachim Latacz Band II, Zweiter Gesang (B), Faszikel 2: Kommentar von Claude Brügger, Magdalene Stoevesandt und Edzard Visser unter der Leitung von Joachim Latacz, München und Leipzig 2003, 140–246 (527–590 S. 168–190).
- Interaktive Karte für Böotien, Peloponnes, Mykenai in: Mapping the Catalogue of Ships: http://ships.lib.virginia.edu; Geoffrey S. Kirk: The Iliad: A Commentary, Vol. I: Books 1–4, Cambridge 1985, 168–247.
- Für eine kleine schriftliche Arbeit: Erklären Sie, auf welche Weise der Schiffskatalog den frühen Griechen ein Wir-Gefühl vermittelt haben kann. Können Sie sich den Aufzug der griechischen Landschaften im Katalog als Ritual/öffentlichen Umzug vorstellen? Was leistet Folklore dabei, Identitäten zu sichern? Warum sind lokale Identitäten wichtig, um das Wir-Gefühl einer überindividuellen Großeinheit (Volk) herzustellen?

3.3.3 Lektüreempfehlungen

Boeringer, David: Heroenkulte in Griechenland von der geometrischen zur klassischen Zeit, Berlin 2001, bes. 11–46 (*zu Definition, Ritual, sozialer Funktion und den archäologischen Quellen*).

Cobet, Justus: Europa und Asien – Griechen und Barbaren – Osten und Westen, in: Geschichte in Wissenschaft und Unterricht 47, 1996, 405–419 (*zur Entstehungsgeschichte der Vorstellung der Grenze zwischen Asien und Europa*).

Kullmann, Wolfgang: Festgehaltene Kenntnisse im Schiffskatalog und Troerkatalog der Ilias, in: ders./Althoff, Jochen (Hrsg.): Vermittlung und Tradierung von Wissen in der griechischen Kultur, Tübingen 1993, 129–150.

Malkin, Irad (Hrsg.): Ancient Perspectives of Greek Ethnicity, Cambridge Mass. 2001 (*zur Begriffsgeschichte bis zum Hellenismus*).

Ulf, Christoph: Griechische Ethnogenese versus Wanderungen von Stämmen und Stammstaaten, in: ders. (Hrsg.): Wege zur Genese griechischer Identität. Die Bedeutung der früharchaischen Zeit, Berlin 1996, 240–280.

4 Die *Odyssee* und die Nachbarn der Griechen

4.1 Odysseus in der Höhle des Polyphem

Abb. 4: Große zweihenklige Halsamphora aus einem Gräberareal in Eleusis (Attika), Höhe 142cm, dem sog. Polyphem-Maler zugeschrieben. Die große attische Grabvase wird in die Zeit um 670/650 v. Chr. datiert. In dieser Amphora befand sich das Skelett eines etwa 10–12 Jahre alten Jungen, für dessen Bestattung das Gefäß durchgesägt und wieder zusammengefügt worden war. In jener Zeit war es Usus, verstorbene Kinder in großen Vorratsgefäßen beizusetzen. Große aufwändig dekorierte Amphoren dienten zu jener Zeit als Grabmale. Ob auch diese Amphora auf dem Grab des Kindes stand, ist aus dem Befund nicht mehr zu erschließen. Die Vase bietet jedoch eine auf den Betrachter ausgerichtete Ansichtsfläche. Auf der Schulter des Gefäßes befindet sich das Bild eines Löwen, der einen Eber angreift – eine Bildmetapher, die aus den Heldengleichnissen der *Ilias* und nahöstlicher Herrschaftssymbolik bekannt ist. Das stark zerstörte Hauptbild auf dem Gefäßkörper stellt den Mythos von der Enthauptung der Medusa dar. Perseus, der die Medusa hier bereits geköpft hat – ihr lebloser Körper taumelt auf der Rückseite –, ist auf der Flucht. Ganz rechts ist gerade noch sein Bein im Laufschritt zu sehen. Die kaum erkennbare, weiß gewandete Figur, die ihm folgt und ihn vor dem todbringenden Anblick der Schwestern der Medusa, den Gorgonen, schützt, ist die Göttin Athene (Osborne 1988).

Das Bild auf dem Gefäßhals zeigt einen Akt der Gewalt. Fest in die rechte Ecke gedrückt, kauert ein Riese, der noch im Sitzen genauso so groß ist wie die vor ihm stehenden Figuren. Er stützt sich mit seinem linken Fuß auf dem unteren Bildrahmen ab, hält in seiner Rechten einen Trinkbecher und wehrt mit seiner Linken einen gefährlich nahe kommenden Pfahl von seinem Auge ab. Vor ihm steht eine in heller Farbe gezeichnete athletische Figur, die auf der rechten Zehenspitze balanciert und sich mit dem linken Oberschenkel an seinem Knie abstützt, um ihm weit nach vorn gebeugt und hoch aufgereckt den Pfahl ins Auge zu rammen. Diese Figur sticht wegen ihrer hellen Farbe und ihrer Beweglichkeit aus dem Bild hervor. Hinter ihr schreiten zwei weitere, wie der Riese dunkel gezeichnete Gestalten, die ebenfalls den Pfahl hoch über ihren Köpfen tragen und die gezielte Bewegung auf das Auge des Riesen unterstützen. Der Riese ist erschrocken, sein Mund weit aufgerissen, der Becher in seiner rechten Hand ist als Zeichen der vorhergehenden Handlung zu verstehen: Der Riese hatte (zuviel) Wein getrunken, er ist durch eine List matt gesetzt worden.

Bilddarstellungen vom PolyphemabenteuerEs ist unschwer zu erkennen, dass das Bild die Geschichte von der Blendung des Polyphem darstellt und die helle Hauptfigur Odysseus ist. Bekanntlich hatte er sich und seine Gefährten durch diese List aus der durch einen Fels verschlossenen Höhle des Polyphem gerettet. Sie blendeten den Riesen und konnten am nächsten Tag mit dessen Schafherde die Höhle verlassen, nachdem Polyphem den Felsen für den Ausgang der Tiere beiseite geschoben hatte. Das Bild gehört mit vier weiteren ähnlichen Darstellungen aus der Zeit um 650 zu den frühesten Illustrationen dieser Erzählung. Alle stellen den Moment der Blendung dar: einen sitzenden oder liegenden Polyphem mit und ohne Weingefäß und vor ihm eine Reihe von Männern, die mit einem Pfahl auf sein Auge zielen (Giuliani 2003, 105–112).

Es stellt sich die Frage, wie das Bild die Erzählung vermittelt. Es zeigt den überwältigten Polyphem in erschrockener und vergeblicher körperlicher Abwehr. Die Körpersprache der Figuren ist Mitteilung: Die allgemeine Lesbarkeit von Bewegungen und Gesten erschließt den Moment der körperlichen Demütigung des Riesen. Zugleich zeigt sich der Moment des athletischen Triumphes in der Köperbeherrschung des vor ihm stehenden Athleten. Auf diese Weise werden Gefühle geweckt und gesteuert: Der Betrachter identifiziert sich mit der kleineren hellen athletischen Figur, dem Sieger, und merkt erst auf den zweiten Blick (wenn überhaupt) welche Verletzung dem Riesen droht. Die Gestik eines in der Ecke kauernden, durch Trunkenheit matt gesetzten Riesen löst bei den Betrachtern Distanz und Spott aus. Der Bezug zu dem Verstorbenen lässt sich dagegen kaum erschließen, da das Grabgefäß einmalig ist. Voraussetzen lässt sich aber, dass der Knabe einer wohlhabenden und einflussreichen Familie und damit einer Elite entstammte, in der die auf der Vase thematisierten Heldengeschichten ebenso wie die Figur des Athleten zu gesellschaftlichen Vorbildern gehörte. Auch der Trinkbecher gehörte zu diesen Statussymbolen (vgl. Kap. 12.2).

4.2 Die frühen Griechen und ihre Nachbarn: Die *Odyssee* und das Entstehen von kulturellen Gegenbegriffen

Das große Thema der *Odyssee* ist die Heimkehr des Helden nach Ithaka. Man erfährt außerdem auch von der Heimkehr Agamemnons, Nestors und der des Menelaos. Auch wenn Troia eine Zeitzäsur darstellte und das Heldenzeitalter mit der Einnahme der Stadt abgeschlossen war, gehörten die Heimkehrgeschichten der nicht gefallenen Helden sowie das Schicksal der Heldensöhne zum mythischen Repertoire der Griechen. Aus den Überlebenden der Zäsur ließen sich die Gründer von Stämmen und Städten ableiten. Die *Odyssee* handelt von diesem „Danach"; darin spiegeln sich die Mythen der Siedlungsgründungen und die Konflikte der Griechen mit ihrer Umwelt wider. Bei dem mythischen Zeitalterbruch handelte es sich, wie gesagt (Kap. 2.2), um einen bestimmten Sagentypus, den genealogischen Mythos. Als typologische Parallele kann man die Noah-Geschichte der Bibel hinzuziehen. Noah überlebt als Einziger die Sintflut; seine drei Söhne werden in der Folge zu den Stammvätern der Geschlechter der Völker (vgl. die Völkertafel 1 *Mose* 10). Eine vergleichbare Art geschichtlicher Welterfassung stellt auch das griechische Thema der Heimkehrergeschichten dar. Die heimkehrenden Helden und ihre Söhne kamen weit herum. Die Reiseerzählungen entwarfen eine Karte der neu erkundeten Welt. Teilweise führten sie in Gebiete der westlichen Mittelmeerregion, in vermeintlich „unentdeckte" Welten (Schulz 2016, 71–98). Und sie wurden zu namhaften Gründern von griechischen Städten in einem Gebiet, das bereits von dem Römern *Magna Graecia* („Groß-

Die Geschichten der Heimkehrer von Troia

griechenland", zuerst auf die Griechenstädte in Italien bezogen) genannt wurde.

4.2.1 Odysseus erzählt von seinen Irrfahrten: Das Land der Kyklopen

Irrfahrten und Fremde-Welt Erzählungen

Die Begegnung mit Polyphem ist das zweite Abenteuer, das Odysseus im Zusammenhang mit seinen Irrfahrten und Begegnungen mit fremden Fabelwesen erzählt. Bei den „Irrfahrten" handelt es sich um eine breite Erzählung – sie umspannt die Gesänge neun bis elf – und wird von Odysseus selbst vor seinen Zuhörern (den Phäaken, vgl. Kap. 2.2) als Abenteuerbericht aus erster Hand vorgetragen. Die bis dahin vermeintlich unbekannte Fremde-Welt-Erzählung behandelt die Erlebnisse von Odysseus' Aufbruch von Troia bis zu seinem Schiffbruch am Strand der Phäakeninsel. Seine und der anderen Ächäer Abfahrt nach der Einnahme von Troia stand unter einem ungünstigen Stern, weil Zeus den Eroberern grollte. Aus dieser Konstellation erklären sich die Ereignisse der Heimkehrergeschichten der Helden. Odysseus' Schiffe wenden sich zuerst nach Norden, dem Land der Kikonen in Thrakien zu, um dort Beute zu machen und Proviant zu sichern. Dann geht die Reise in südlicher Richtung durch die Ägäis bis zum Kap Malea, der Südspitze der Peloponnes, wo sie von einem Seesturm überrascht und an der Insel Kythera vorbei ins Meer abgetrieben werden (9, 67–81). Nach dieser auf der Karte genau nachvollziehbaren Reise taucht die Erzählung in eine neue Welt ein, die von Sagengestalten bevölkert wird. Wahrscheinlich entstammen diese Abenteuererzählungen der Seefahrer-Folklore, einem Typus nicht ganz glaubwürdiger Geschichten, die bereits in älteren mündlichen „Odysseen" zusammengestellt worden waren (Hölscher 1990, 25–34). Hinter den Erzählungen wird heute ein kodiertes geographisches Weltwissen vermutet, welches die Erfahrungen der Seefahrer in den westlichen und nordöstlichen Randgebieten der Erdscheibe bis zum diese umfließenden Okeanos (Salzmeer) zusammenfasst (Schulz 2016, S. 75–98). Andere vermuten, dass sich die Abfolge der Abenteuer an einer gedanklichen Karte des Erzählers orientiert, die über die Straße von Sizilien ins westliche Mittelmeer hineinreichte (Wolf 2009). Auf jeden Fall werden Bilder von Fremden und typische Erkundungssituationen geschaffen, wie zum Beispiel die Geschichte vom Landgang auf der Insel des Polyphem.

4.2 Die frühen Griechen und ihre Nachbarn — 55

Nach einem ersten Abenteuer bei den Lotosessern (den in Nordafrika vermuteten Lotophagen) steuern Odysseus und seine Gefährten auf das Land der Kyklopen (in den Gewässern Siziliens) zu. Odysseus charakterisiert das Volk der Kyklopen mehrfach als „gewaltig" und „gesetzlos", als unzivilisiert im Gegensatz zu den Griechen, die „ratspflegende Versammlungen und Gesetze" kennen (9, 105–115). Außerdem will er die Beschaffenheit des Landes erkundet haben. Er will zeigen, wie gut das Land zur Kultivation geeignet ist und wie rückständig die entsprechenden Techniken der Kyklopen sind. Schließlich finden die Schiffe an einer Insel, die nur Ziegen beherbergt, einen sicheren Hafen. Am nächsten Morgen habe er, Odysseus, eine Versammlung angesetzt und bekannt gegeben, dass er und seine engsten Gefährten die Insel der Kyklopen erkunden wollten. Es entsteht der Eindruck, dass es um die Erkundung eines unbekannten Landes geht, das nur von unzivilisierten Wilden bewohnt ist. Dieser Eindruck wird beim Fortschreiten der Erzählung durch die Begegnung mit dem Kyklopen Polyphem verstärkt. Bei dieser Geschichte handelte es sich ursprünglich um eine einfache Erzählung, ein Märchen von der Überlistung eines schlafenden Riesen und Menschenfressers. Diese Erzählung wird hier von der Absicht umgeformt, mit dem wilden Fremden einen Gegenbegriff zu den zivilisierten Griechen zu schaffen. Dafür dient dem Dichter die Kultur der Gastfreundschaft als Unterscheidungsmerkmal. Sie kennzeichnet nach antiker Anschauung alle zivilisierten Völker und regelt den friedlichen Verkehr unter Fremden.

Das Polyphemabenteuer

Dementsprechend stellt Odysseus sich und die Seinen dem Kyklopen als Schutzsuchende dar und ruft Zeus als Hüter der Gastfreundschaft an (271), worauf Polyphem entgegnet, dass die „Kyklopen sich nicht um Zeus kümmern" (269–280) und seine Missachtung gegenüber den einfachsten Regeln des menschlichen Umgangs ausdrückt. Ein zweiter Hinweis ist der Wein, dem beim Kontakt unter Zivilisierten bei der Mahlzeit und dem Austausch im Gespräch eine bedeutende Rolle zukommt. Dieses Motiv ist wahrscheinlich vom Odysseedichter in die Handlung eingeführt worden (Danek 1998, 196–211).[1] Um einen fest schlafenden Riesen

Gastfreundschaft als Zeichen von Zivilisation

---

1 Der Weinbecher in der Hand des Polyphem auf dem Bild der Amphora aus Eleusis (Abb. 4) kann also als Beweis dafür gelten, dass dem Vasenmaler die *Odyssee* bekannt gewesen ist.

im Schlaf zu blenden, muss man ihn nicht betrunken machen. Es muss mit dem Wein in dieser Erzählung also eine andere Bewandtnis haben. Odysseus hatte ihn einst, so betont er selbst (212–215), beim Aufbruch zur Insel des Polyphem vorsorglich mitgenommen. Es handelt sich um einen Wein von besonderer Bedeutung: Er war ein Gastgeschenk, das Odysseus als Zeichen des Dankes für den von ihm gewährten Schutz von einem Priester der fremden Kikonen erhalten hatte. Diesen besonderen Wein, der die Geschichte einer gelungenen Gastfreundschaft unter Fremden symbolisiert, bietet Odysseus dem Polyphem als Gastgeschenk an, nachdem dieser gerade zur Abendmahlzeit wieder zwei seiner Gefährten verspeist hat. Es kommt zu einem Gelage und einem Gespräch, das den friedlichen Austausch zwischen Gastfreunden karikiert: Der Kyklop fragt nach Odysseus' Namen und verspricht ihm dafür ein Gegengeschenk. Odysseus kredenzt dem Gierigen dreimal den Wein und antwortet schließlich, dass sein Name „Niemand" sei. Der Betrunkene glaubt es und gewährt nun sein Gastgeschenk, nämlich Odysseus als Zeichen seiner Freundschaft als Letzten zu verspeisen (345–370). Danach fällt er in den tiefen Schlaf, der ihn zum Opfer des kunstfertig präparierten Angriffs macht. Von seinen Schreien aufgeschreckt fragen die anderen Kyklopen, was ihm zugestoßen sei. Und der Gedemütigte antwortet empört: „Niemand erschlägt mich mit List und nicht mit Gewalt" (403).

Kolonisation?

Odysseus der Zivilisierte scheint also gesiegt zu haben – dank seiner Vernunft, denn das Ersinnen der List, so wird in der Erzählung betont, geht auf seine Fähigkeit zurück, zu beobachten und Schlüsse daraus ziehen zu können (299–318). Sein Sieg ist auch ein gerechter Sieg, denn der Kyklop hat sich mit allen Mitteln gegen die Regeln der Gastfreundschaft und damit gegen deren obersten Hüter, Zeus, vergangen. Die Gegenbilder, die aus der Erzählung erwachsen, von List/Verstand/Athletik einerseits und Größe/Dummheit/Unkultiviertheit andererseits ließen sich, nachdem sie einmal geschaffen waren, leicht übertragen. Sie gehörten zu dem Barbarenbild späterer Zeiten, zu Leuten also, die auf ihre Zivilisierung oder Unterwerfung nur warten sollten. Diese Darstellung des Kyklopenlandes scheint das Muster für eine aus der modernen Kolonisationsgeschichte bekannte typische Rechtfertigungsfigur zu bieten: Das Land, ein Niemandsland (lat. *terra nullius*), ist für die Besiedlung geeignet, die Bewohner sind wild und der Zähmung bedürftig (Nippel 2003). Diese eindeutig erscheinende kulturelle

Überlegenheitshaltung scheint die Begriffsübertragung der modernen völkerkundlichen und kolonialen Neue-Welt-Phantasien auf die Irrfahrtengeschichten der Odyssee zu rechtfertigen (Dogherty 2001). Das wiederum lässt kritisch aufmerken. Die archäologischen Befunde, besonders der Austausch von Gaben und Waren in der Zeit der frühen Siedlungsgeschichte der Griechen im westlichen Mittelmeergebiet, weisen nämlich eher auf einen vernetzten „transmediterranen" Zivilisierungsprozess hin, an dem verschiedene Akteure einschließlich der Griechen teilnahmen (Malkin 2012, bes. 3–15). D. h., dass die Griechen ursprünglich nicht als die Zivilisationsträger und Landnehmer aufgetreten sind, als die man sie später im Spiegel der europäischen Kolonialgeschichte wahrnahm (Kistler 2015a, bes. 99–102). Die Erzählung vom Kyklopen-Abenteuer der *Odyssee* diente wohl eher einer kulturellen Selbstfindung der frühen Griechen, die sich im Gegenbild des fremden „Anderen" fand.

4.2.2 Odysseus und Eumaios im Gespräch: Die Griechen und ihre nahöstlichen Nachbarn

Mit den Irrfahrten befinden wir uns, grob gesagt, im westlichen Mittelmeergebiet, dem Verbreitungsgebiet der griechischen Städte, einem Gebiet der sog. großen griechischen Kolonisation (vgl. Abb. 4 zur Begriffsgeschichte vgl. De Angelis 1998). Das östliche Mittelmeergebiet wurde von den alten Kulturen Ägyptens und Vorderasiens geprägt, den sog. altorientalischen Hochkulturen, an deren Peripherie sich die Ägäis und die geschichtlich jüngeren Griechen befanden. Die *Odyssee* zeigt genaue Kenntnisse von Ägypten, den phönikischen Städten der Levanteküste und Zypern, also den Gebieten des Nahen Ostens, die von der Ägäis auf dem Seeweg zu erreichen waren.

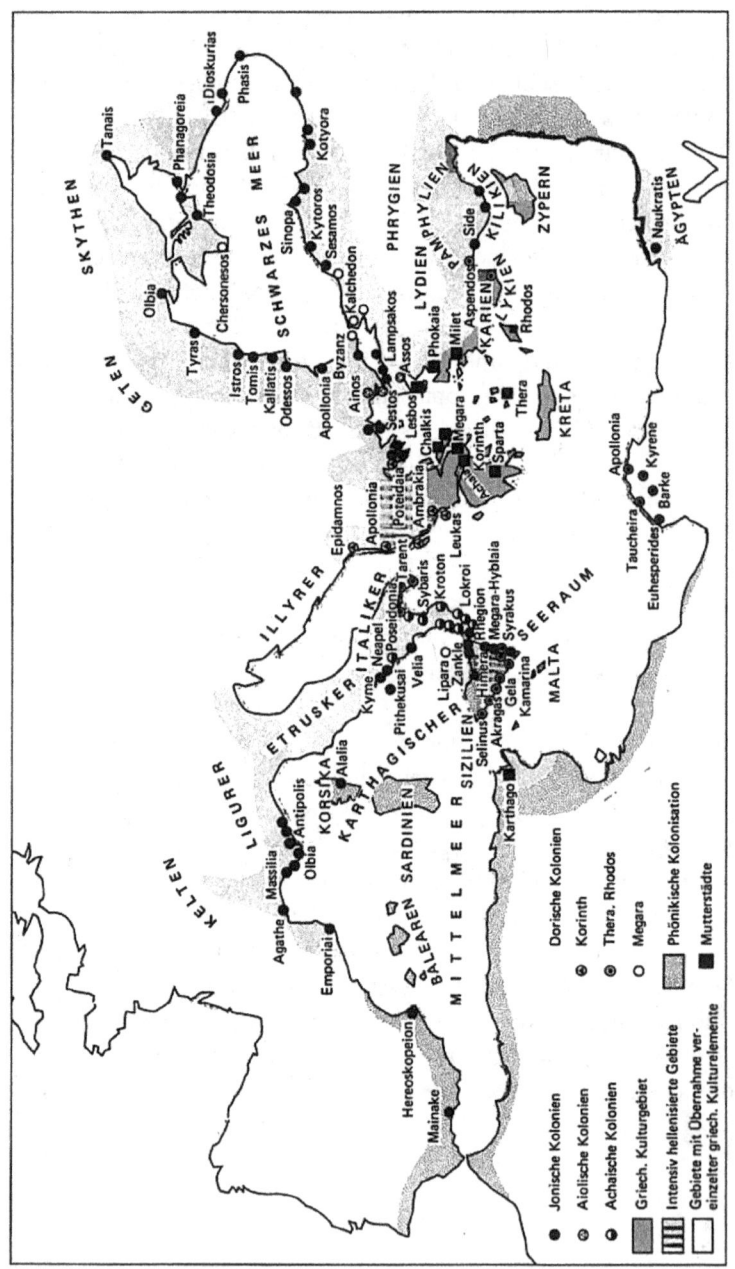

Abb. 5: Der Mittelmeerraum 750–550 v. Chr.: Griechen, Phöniker und Karthager (Karte).

Die Bilder, die von diesen fremden Welten geprägt wurden, unterscheiden sich wesentlich von denen der „terra incognita" im Westen. Dies ist der Bereich einer alten Zivilisation. Oft genannt wird in *Ilias* und *Odyssee* die phönikische Stadt Sidon, die wegen ihres kunstvollen Handwerks bei den Griechen berühmt war (vgl. Kap. 12). Zu ihren wertvollen Produkten gehörten auserlesene Textilien, die von den „sidonischen Frauen" hergestellt wurden. Ein solcher reichbestickter Stoff wird im 6. Gesang der *Ilias* der Göttin Athene in Troia geopfert; ihn hatten Paris und Helena auf ihrer Reise dorthin, die über Sidon führte, mitgebracht. Besonders gepriesen wurde die Toreutik der Phöniker, kostbare Metallgefäße aus Bronze, Silber und Gold, nach erlesener Technik hergestellt und in den Epen oft als „Wunder" bezeichnet. Außerdem waren die phönikischen Elfenbeinarbeiten beliebt, die als Applikationen für feine Möbel dienten, sowie seltene von weither geholte Preziosen wie Bernstein. Diese Luxusprodukte waren an den Höfen Ägyptens, Assyriens und der Kleinfürstentümern der Levante als Gegenstände der Repräsentation von Macht und Einfluss begehrt (Röllig 1995). Tributlisten der assyrischen Eroberer verzeichneten deren enormen materiellen Wert. Menelaos, der im 4. Gesang der *Odyssee* erzählt, er sei auf seiner Heimfahrt in Sidon vorbeigekommen, stellt viele dieser staunenswerten Gegenstände in seinem Palast in Sparta als Erinnerungsstücke aus (71–96).

Phönikisches Kunsthandwerk

Umgekehrt werden in der *Odyssee* ambivalente Bilder von den Phönikern, aber auch von denjenigen Griechen entworfen, die Handel betreiben. Eine Wertschätzung von Waren gehörte zu einer verpönten materiellen Gesinnung, die Kaufleuten, Abenteurern und auch Seeräubern eignete. Diese Urteile werden in der *Odyssee* in einer Erzählsituation eigener Art entwickelt. Bei einem langen nächtlichen Austausch, den Odysseus, unerkannt und als Bettler verkleidet, mit seinem treuen, aber ahnungslosen Schweinehirten Eumaios bei einem Gelage führt, breiten die beiden einander vermeintlich Fremden ihre Lebensgeschichten voreinander aus, so wie es sich für Gastfreunde gehört. Odysseus, der unerkannt bleiben will, tischt eine Lügengeschichte auf, in der er sich als Kreter, väterlicherseits von edlem Stand und Teilnehmer am Feldzug gegen Troia (14, 199–359) präsentiert. Um seine Lügenerzählung glaubwürdig erscheinen zu lassen, weicht er nicht ganz von den eigenen Erfahrungen ab, sondern transportiert sie in die unheroische Welt des Abenteurers und Händlers. Nach seiner Rückkehr von Troia

Griechen und Phöniker

war er mit neun Schiffen im reichen Nildelta angekommen, wo seine Mannschaft sich über die Felder einer Stadt und deren Einwohner hergemacht hatten. Nur er war dank seines diplomatischen Geschicks dem Tod bzw. der Zwangsarbeit entkommen und sogar als Gastfreund des Königs aufgenommen worden. In Ägypten sei er einem Phöniker begegnet, einem „Betrüger und Gauner, der schon viel Übles den Menschen angetan" (288 f.). Mit diesem war er als Geschäftsfreund nach Phönikien gezogen und im Jahr darauf nach Libyen ausgefahren. Er meinte, dass er mit dem Phöniker gemeinsam eine Ladung führen würde, wurde aber getäuscht, denn dieser wollte ihn teuer in Libyen verkaufen. Ein Seesturm rettete den Kreter (Odysseus) und brachte den Schiffbrüchigen an die Küste Ithakas und zu Eumaios.

Händler und Räuber Diese Lügengeschichte zeigt nicht nur ein Spiegelbild des klugen und listigen Odysseus, sondern einen Personentyp und eine Lebensweise, die Griechen, Phöniker und andere Seefahrer im östlichen Mittelmeergebiet gemeinsam hatten. D. h. der Kreter Odysseus kam einem authentischen Zeitgenossen vielleicht näher als der Held. Odysseus der Kreter und seine Mannen befinden sich im Nildelta nicht wie bei den Kyklopen in einem vermeintlichen Niemandsland, sondern in einem Gebiet mit wohlhabenden Städten und gut bestellten Feldern. Solche Raubzüge und Überfälle an Küsten bewohnter Gebiete wurden nicht nur von Phönikern, sondern durchaus auch von Griechen unternommen (unten 2.3). Eine Verrechtlichung des Raumes, ein Seerecht oder staatliche Einrichtungen im modernen Sinne, die solche Überfälle ahndeten, gab es nicht. Das Phöniker-Schimpfwort, das den Räuber und Gauner bezeichnete, traf unter den Griechen die Taphier.[2] Menschen gehörten auf beiden Seiten zur lukrativen Beute. Die Arbeit, die sie verrichteten, galt als hohes Gut: Je besser sie ausgebildet oder erzogen waren, desto teurer ließen sie sich (als Sklaven) verkaufen.

Das belegt die Lebensgeschichte, die Eumaios erzählt (15, 403–484). Auch er sei einst ein Königssohn gewesen und stamme von einer (Märchen-)Insel am Rande der Welt, von dort „wo die Wenden der Sonne sind" (404). Am Hofe seines Vaters lebte eine phöniki-

---

[2] Inselgruppe zwischen Leukas und Arkananien nördlich von Ithaka. Die Taphier mit ihrem König Mentes gelten in der *Odyssee* generell als Seefahrer und Räuber.

sche Frau, die aus reichem Haus in Sidon stammte und von Taphiern entführt und an den Hof verkauft worden war; sie hütete den Knaben Eumaios. Als phönikische Händler mit ihren Waren auf die Insel gelangten, sah diese Frau die Gelegenheit gekommen, in ihre Heimat zurückzukehren und schmiedete mit den Phönikern einen Plan, wie sie ungesehen mit dem Kind und allerhand Gold aus dem Palast zu dem Schiff gelangen konnte. Auf der Reise verstarb die Phönikerin und die Händler verkauften Eumaios, der einen stattlichen Preis wert war (452), an Laertes, den Vater des Odysseus.

Griechen und Phöniker erscheinen als Vertreter einer Lebensweise auf dem Meer, die kriegerische Überfälle, Raub und Handel bedeutete (vgl. von Reden 2015). Das negative Bild des betrügenden Phönikers beziehungsweise des griechischen Räubers entspringt gegenbegrifflichen Abwertungen unter Geschäftskonkurrenten. Der Bewertungsstandpunkt hängt von der Sichtweise und dem Nutzen der Partei ab, die für sich selbst spricht. Der Austausch selbst wurde aber nach unterschiedlichen Kriterien gewertet: Als zivilisiert galt der Austausch von Gastgeschenken im Rahmen der Gastfreundschaft unter Privilegierten. Dagegen wurde der Handel zum Tauschwert mit Vorurteilen belastet und mit Raub und Menschenhandel assoziiert. Quantifizieren und historisch einordnen lassen sich diese Bewertungen nur schwer. Es handelt sich um leicht erfassbare und übertragbare Inhalte, die an verschiedenen Stellen einsetzbar sind und gewünschte Urteile hervorrufen. Man muss sie also jeweils in den historischen Zusammenhang stellen, aus dem sie hervorgegangen sind und in dem sie Wirkung zeigen sollten. Für eine solche Objektivierung stehen schriftliche und materielle Quellen aus den nahöstlichen Nachbargebieten zur Verfügung.

Gegenbilder

4.2.3 Die frühen Griechen im Spiegel altorientalischer und archäologischer Quellen

Die Griechen waren im Vorderen Orient des frühen ersten Jahrtausend keine Unbekannten. Archäologische Quellen, darunter griechische Gebrauchskeramik, zeigen, dass griechische Händler, die aus Euböa stammten, vom späten 10. bis zum 8. Jahrhundert in Al-Mina und andernorts an der nördlichen syrischen Küste siedelten (Rollinger 2003). Mit der assyrischen Expansion zogen sich die

Griechen im Nahen Osten

Griechen aus dem Gebiet zurück und Al-Mina wurde im Zuge dieser Provinzialisierung zu einem assyrischen Handelsposten. Um diese Zeit (um 700) erscheinen Phöniker und Griechen als Konkurrenten um Einflusssphären und Siedlungsgebiete im Mittelmeergebiet (Sherrat 2010). Aus dieser Konkurrenz ist wahrscheinlich auch das typische Gegenbild entstanden, das die *Odyssee* von den Phönikern als Gaunern und Seeräubern entwarf. Umgekehrt wurden Griechen in assyrischen Korrespondenzen (ab 730) als feindliche Eindringlinge registriert, deren Angriffe vom Meer her drohten und gegen die ein Teil der Armee abgeordnet werden musste. In der assyrischen Geografie wurden sie als *Iamnaja* platziert, die auf „fernen Inseln im Meer" lebten, und von dort die Küsten der zivilisierten Welt bedrohten.

Luxusgüter und Elitebildung

Die assyrische West-Expansion, die bis zur Küste des Mittelmeeres reichen sollte, begann schon früh (10. Jh.) und hatte zur Folge, dass der phönikische Handel sich bis ins äußerste westliche Mittelmeergebiet ausweitete und dass phönikische sowie syrisch-assyrische Waren bis Tartessos im heutigen Spanien und Cadiz jenseits der Strasse von Gibraltar gelangten (Aubet 2001). Zu diesen Waren gehörten die nicht nur bei den Griechen gerühmten Metall- und Elfenbeinwaren sowie Schmuck und Fayencen. Ein Austausch dieser Waren mit der ansässigen Bevölkerung in Spanien, auf Sardinien, Süditalien und Sizilien, aber auch in Griechenland führte aus Sicht der Archäologen zu ersten sozialen Differenzierungen in diesen Gemeinden (Kistler 2015). Der große materielle Wert der „Orientalia" vermochte den Stand des Besitzenden nach innen und außen zu sichern. Als Geschenke (Gaben) im Austausch von Gastfreunden konnten diese Güter den Status sowie die gegenseitige Beziehung sichern, teilweise über weite Entfernungen hinweg. Im Bezug auf das Innere der Gemeinde bedeutete der Besitz ein Kapital, das Exklusivität generierte und Abhängigkeit herstellte. Die Menge der „Orientalia", die sich im Besitz einzelner Personen befinden konnten, ist an einigen Fundstätten durchaus spektakulär. Das dokumentieren einzelne Gräber aus Lefkandi auf Euböa (vgl. Kap. 5). Die einheitliche Verbreitung dieser Funde in der Ägäis und im westlichen Mittelmeergebiet ab dem 10./9. Jahrhundert zeigt eine fortschreitende partielle „Orientalisierung" lokaler Eliten über den eigenen kulturellen Radius hinaus, d. h. eine weitreichende Kommunikation, in deren Zentrum eine gemeinsame gegenständliche Wertewelt stand.

Es ist also zu fragen, warum dieser Raum in der *Odyssee* als „Niemandsland" und damit als „Kolonisationsland" erscheint (vgl. Kistler 2014). Wie gesagt, stellten sich ab den 8. Jahrhundert Phöniker und Griechen, die vorher z. B. auf Ischia durchaus auch zusammensiedeln und zusammen Handel treiben konnten, plötzlich als Konkurrenten dar. Die Einflusssphären des phönikischen Handels in Form von Handelsniederlassungen grenzten sich ab gegen die Gebiete, in denen die Griechen siedelten bzw. ihre ersten Städte anlegten. Mit dieser Identitätsbildung scheinen die Erfindung und der Gebrauch der Gegen-Begriffe von Zivilisierten und Nichtzivilisierten einhergegangen zu sein.

4.3 Quellen und Vertiefung

4.3.1 Odysseus und das Land der Kyklopen

Von dort fuhren wir weiter mit bekümmertem Herzen und gelangten zum Land der übergewaltigen, gesetzlosen Kyklopen, die, auf die unsterblichen Götter vertrauend, weder mit den Händen Gewächse pflanzen noch pflügen, sondern ohne zu säen und ungepflügt wächst alles: Weizen und Gerste und Reben, die große Weintrauben tragen, und alles mehrt ihnen der Regen des Zeus. Und sie haben weder ratspflegende Versammlungen noch auch Gesetze, sondern bewohnen die Gipfel der hohen Berge in gewölbten Höhlen, und ein jeder setzt eigene Ordnungen fest für seine Kinder und seine Frauen, und sie kümmern sich nicht umeinander.

Neben dem Hafen erstreckt sich da eine flache bewaldete Insel, nicht nah am Land der Kyklopen und auch nicht fernab, und darauf leben unendlich viele Ziegen. Denn kein Pfad der Menschen vertreibt sie, noch betreten die Jäger, die im Walde Mühe erdulden, die Insel wenn sie die Gipfel der Berge durchstreifen. Weder Weiden noch Ackerbau befinden sich auf ihr, sondern unbesät und ungepflügt ist sie, alle Tage von Menschen leer und nährt nur meckernde Ziegen. Denn den Kyklopen stehen keine Schiffe mit roten Planken zu Gebote, und auch keine Schiffsbaumeister sind unter ihnen, die gutverdeckte Schiffe bauen, welche jegliches ausrichten könnten, zu den Städten der Menschen fahrend, so wie oftmals die Männer auf Schiffen zueinander das Meer durchqueren. Diese hätten ihnen wohl auch die Insel zu einer gutkultivierten machen können; denn schlecht ist sie nicht, und sie würde alles tragen nach der Jahreszeit. Denn es sind feuchte und weiche Wiesen auf ihr an des grauen Meeres Strand; da könnten auch unvergängliche Reben gedeihen. Auch ebenes Ackerland ist darauf, um hohes Getreide zur Zeit der Ernte zu schneiden, denn sehr fett ist der Boden darunter. Und auf ihr ist ein Hafen, gut anzulaufen, kein

Haltetau ist nötig und auch keinen Anker auszuwerfen noch das Hecktau anzubinden, sondern man läuft nur ein und erwartet die Zeit, bis die Schiffer der Mut treibt und die Winde heranwehen. Doch am Kopf des Hafens fließt mit hellem Wasser eine Quelle aus einer Grotte und Pappeln wachsen darum. Dort liefen wir an – und es leitete uns ein Gott durch die dunkle Nacht, und da zeigte sich nichts, das man sehen konnte. Denn ein tiefer Nebel lag um die Schiffe, und der Mond schien nicht vom Himmel, sondern hielt sich verborgen in den Wolken. Da sah keiner die Insel vor sich mit den Augen, und auch keine langen ans feste Land rollenden Wogen sahen wir, bevor die gutverdeckten Schiffe anliefen. Und als die Schiffe aufgelaufen waren, holten wir alle Segel ein und stiegen auch selber aus an dem Strand des Meeres. Dort schliefen wir und erwarteten das göttliche Frühlicht.

Als aber in der Frühe die rosenfingrige Eos erschien, durchstreiften wir staunend hierhin und dorthin die Insel. Und die Nymphen, die Töchter des Zeus, des Ägishalters, störten Bergziegen auf zur Mahlzeit für die Gefährten. Sogleich holten wir krumme Bogen und Wurfspieße mit langen Schäften von den Schiffen und schossen in drei Gruppen geordnet und ein Gott gab uns die erwünschte Jagd. Zwölf Schiffe folgten mir und für jedes entfielen neun Ziegen, für mich allein wählten sie zehn. So saßen wir den ganzen Tag bis die Sonne sank und schmausten unendlich viel Fleisch und tranken süßen Wein. Denn auf den Schiffen war auch der rote Wein noch nicht ausgegangen, sondern es gab noch, denn viel hatte sich jeder in die Amphoren gefüllt, als wir die heilige Stadt der Kikonen einnahmen. Und wir sahen drüben das Land der nahen Kyklopen und den Rauch und hörten die Stimmen von Schafen und Ziegen. Als die Sonne unterging und die Dunkelheit heraufkam, da schliefen wir am Ufer des Meeres.

Als aber in der Frühe die rosenfingrige Eos erschien, da setzte ich eine Versammlung an und sprach unter ihnen allen: „Ihr bleibt jetzt hier, ihr anderen geschätzten Gefährten! Ich aber will mit meinem Schiff und meinen engsten Gefährten hingehen und erkunden, von welcher Art diese Männer sind: ob sie unbändige sind und wilde und nicht gerechte, oder ob sie gastfreundlich sind und die Götter scheuen."

Odyssee 9, 105–176 (Ü BP nach W. Schadewaldt und R. Hampe)

4.3.2 Fragen und Anregungen

– Versuchen Sie eine möglichst genaue, gegliederte Zusammenfassung des Ausschnitts aus der *Odyssee*. Gehen sie dabei „ideologiekritisch" vor: Was wird beschrieben? Handelt es sich um Kolonisations- und Eroberland im modernen Sinne? Welche Argumente sprechen dafür? Lässt sich die Beschreibung auch anders lesen? Nennen Sie Gründe dafür, dass der

Odysseedichter eine utopische griechische Kulturlandschaft entwirft, eine von griechischen Techniken geformte Landschaft, deren Vorstellung die Grundmuster griechischer Identität aufruft. Welche Eigenschaften griechischer Zivilisation werden herausgestellt?
- Was versteht Odysseus unter „Erkunden"?
- Charakterisieren Sie die ideale Hafenstadt, die in der Vorstellung der Leser entsteht.

4.3.3 Lektüreempfehlungen

Aubet, Maria Eugenia: The Phoenicians in the West. Politics, Colonies, and Trade, Cambridge 2001 (*zur sog. phönikischen Kolonisation mit vielen anschaulichen Dokumentationen*).

Boardman, John: Kolonien und Handel der Griechen, München 1981 (*der archäologische Befund in geographischer Anordnung und gut illustriert*).

Malkin, Irad: A Small Greek World. Networks in the Ancient Mediterranean. Greeks Overseas, Oxford, New York 2011 (*zur Ausbreitung griechischer Siedlungen und ihrer Kommunikationsnetzwerke im westlichen Mittelmeergebiet, durch die eine „kleine Welt" in großem Raum geschaffen wurde*).

Schulz, Raimund: Abenteuer in der Ferne. Die großen Entdeckungsfahrten und das Weltwissen in der Antike, Göttingen 2016.

Ulf, Christoph: Eine Typologie von kulturellen Kontaktzonen („Fernverhältnisse" – Middle Grounds – Dichte Kontaktzonen) oder: Rethinking Cultural Contacts auf dem Prüfstand, in: Rollinger, Robert/ Schnegg, Cordula (Hrsg.): Kulturkontakte in antiken Welten: vom Denkmodell zum Fallbeispiel, Leuven u. a. 2014, 469–504 (*eine Typologie kultureller Kontaktzonen*).

Wickert-Micknat, Gisela: Unfreiheit im Zeitalter der homerischen Epen, Wiesbaden 1983.

5 Die homerischen Helden und die Anfänge eines frühgriechischen Kriegeradels

5.1 Kriegeretikette: Ein Ritual in Bild und Wort

Abb. 6: Rhodischer Teller aus Knidos, Durchmesser 38cm, um 630/620 entstanden. Das Figurenbild im Inneren des weißgrundigen Tellers steht für ein typisches Krieger-Ritual: Zwei Gegner kämpfen um den Leichnam und die Waffen eines Gefallenen. Die knappe antithetische Figurenanordnung stellt ein typisches, damals bereits geläufiges Bildzeichen dar, das sich für jede vergleichbare Situation verwenden ließ. Auf diesem Teller sind die Figuren von einem Teppich „orientalisierender" Füllmotive umgeben. Damit soll der Eindruck erweckt werden, dass das kolorierte Keramikgefäß einem kostbaren Metallgefäß aus dem Nahen Osten gleichkommt (Whitley 2001, 102–133). Die Augen, die rechts und links des oberen, in die Szene hineinragenden Schmuckmotivs angeordnet sind und mit diesem zusammen den Eindruck eines (versteckten) Gesichtes vermitteln, sind typisch für die griechische Bildkunst. Sie deuten auf die Gorgonenmaske hin, die auf dem Schild der Krieger (vgl. Il. 11, 32–37; vgl. Kap. 12.1), eine apotropäische (Unheil abwehrende) Funktion vollführt. Auch dieses Bildzeichen weist auf das Thema Krieg hin.

Provokation und Herausforderung zum Kampf

Die Beischriften geben der Figurenszene den Kontext: Der am Boden liegende Gefallene ist der Troer Euphorbos, der über ihm stehende Krieger, der ihn zuvor getötet hatte, ist Menelaos, und von rechts kommt Hektor heran, der den Leichnam und die Waffen des Troers retten will. Auf den aktiven Part Hektors verweist der Schild mit dem Adler (des Zeus) auf der Vorderseite. Das Vasenbild bezieht sich damit auf eine Szene am Anfang des 17. Gesanges der *Ilias* (1–74). Dort geht es um die Bergung der Leiche des Patroklos. Er war zuvor von Apollon entwaffnet, von Euphorbos verwundet und schließlich von Hektor getötet worden. Nun entdecken Menelaos und Euphorbos den Leichnam und Euphorbos besteht sogleich darauf, die Waffen als Siegeszeichen an sich zu nehmen. Er hatte Patroklos als Erster getroffen und rühmt sich dessen gegenüber Menelaos, der den Toten, der immerhin für die Ehre seiner Frau Helena gefallen war, vor dem Feind retten will. Zornig bezichtigt Menelaos Euphorbos des Eigenlobs und verhöhnt ihn, bereits dessen großsprecherischen Bruder Hyperenor, der ihn ebenfalls geschmäht hatte, getötet und seiner Familie entrissen zu haben. Das verbale Kräftemessen der herausfordernden Beleidigungen entpuppt sich als ein Ritual, in dem es um Ehre aber auch um die Verpflichtung zur Rache geht. Menelaos muss an Euphorbos Rache für Patroklos nehmen und Euphorbos kann umgekehrt dem Mörder seines Bruders den Kampf nicht verweigern. Das Duell endet mit dem Tod des Troers und fast, so der Dichter, hätte Menelaos auch die Waffen des Euphorbos erbeutet, wenn es ihm Apollon nicht geneidet und Hektor gegen ihn aufgehetzt hätte. Hektor wendet sich gegen Menelaos, doch dieser weicht ihm aus und sucht nach Aias als Helfer für die Bergung der Leiche des Patroklos. Es kommt also nicht zu der auf dem Teller dargestellten direkten Konfrontation.

Bild und Text

Euphorbos und Hyperenor waren höchstwahrscheinlich Erfindungen des Iliasdichters (Kullmann 1966, 181). Der Vasenmaler muss also die entsprechende Stelle der *Ilias* gekannt und einen Grund dafür gehabt haben, gerade Euphorbos zum umkämpften Opfer seiner Szene zu machen und nicht Patroklos, um dessen Leichnam es in dem betreffenden Gesang der *Ilias* hauptsächlich geht (die Leiche des Troers wird im weiteren Verlauf des Geschehens sozusagen auf dem Schlachtfeld vergessen). Daher stellt sich die Frage, was der Vasenmaler mit seiner Figurengruppe zeigen wollte (Giuliani 2003, 125–129). Die Szene der *Ilias* führt das verbale Kriegerritual vor, die Ursache für die Szene, die das Bild darstellt. Das Wortgefecht mit seinen Übertreffungsmetaphern und Beschimpfungen bleibt im Gedächtnis haften. Das Bild sucht eine andere prägende Formel in der rituellen Figuren-Gestik. Es führt mit den Handelnden – Menelaos, dem Rächer, und dem gerade hinzutretenden Hektor, der wiederum Euphorbos hätte rächen müssen – ein ähnlich einprägsames Gedächtniszeichen vor. In beiden Szenen – dem Wortgefecht und dem Figurenbild – werden Hinweise geschaffen auf ein Ritual unter Männern: das Duell, welches zu den einfachen Formen gesellschaftlichen Kräftemessens gehört, und das die frühen sozialen Hierarchiekämpfe der Dunklen Jahrhunderte mit den Ritualen der griechischen Elite der Homerischen und der späteren Archaischen Zeit verbindet. Der mit allen Zeichen äußerer Kostbarkeit ausgestattete Teller stellt seinen Besitzer in die Tradition heroischer Kriegerethik.

5.2 Die homerische Heldenepik und die Kriegerkultur in vorhomerischer und homerischer Zeit

5.2.1 Die Kriegerethik der homerischen Helden

Unter den Helden der *Ilias* geht es in erster Linie um die Spielregeln des Krieges. Das bedeutete für die unterlegene Partei, die in die Reihen der Feinde geratenen eigenen Gefallenen zu bergen. Für die Gegnerpartei war es umgekehrt wichtig, den Gefallenen und seine Waffen als Siegestrophäen aus den Schlachtreihen zu tragen. Erst dann schien der Sieg vollständig zu sein. Zu den Spielregeln des Krieges gehörte auch, den Feind durch Selbstlob zu provozieren und durch Beleidigungen herabzusetzen. Der Beleidigte musste, um nicht als Schwächling zu gelten, mit großer herabsetzender Gegenrede antworten. Es gehörte also geradezu zur Etikette der Krieger, mit Worten zu schmähen und darauf mit Schmähung zu antworten (van Wees 1992, 61–165). Selbst der Vorwurf, übermäßiges Eigenlob gehöre sich nicht, führte nicht zur moralischen Besinnung, im Gegenteil, er war Teil des argumentativen Wettbewerbs. Eine verbindliche Moral, die Richtig oder Falsch bestimmen würde, findet sich hier nicht. Nachgeben war ein Zeichen von Schwäche und lag außerhalb des Denkbaren. Es gab vielmehr eine Verpflichtung zum Zorn. Die Verbindung von Zorn und Aggression wird

Der homerische Kriegeradel

durch den Vergleich mit der ungezügelten Kraft von Raubtieren bzw. den wilden Tieren der Jagd unterstrichen (Il. 17, 20 ff.) Gerade bei der Eberjagd bewies der kriegerische Held, dass er selbst im Kampf mit dem Raubtier an Kraft und Mut überlegen sein konnte.

Kriegerischer Ruhm   Eine Übertragung ins Historische liegt nahe und zwar in der Form, dass eine Gesellschaft von Elite-Kriegern aus ganz Griechenland als Vorbilder der Helden dienten und dass deren Handlungsmotive die Handlung des Epos bewegten. Man spricht daher von einem homerischen „Kriegeradel" (Patzer 1996, 152–222). Die Helden der *Ilias* reklamieren für sich, „die Besten" zu sein, und zwar nicht nur wegen ihrer göttlichen Abstammung, sondern wegen ihrer Taten, die ihnen einen Ruhm einbrachten, der bis in die Zeit der Zuhörer des Epos reichte. Diese Ruhmestaten sind im Text entweder Gegenstand von Erzählungen und Reminiszenzen an noch ältere Ruhmestaten oder sie sind Teil der Handlung. Die Handlung der *Ilias* lässt sich tatsächlich in eine Folge von kriegerischen Ruhmestaten einzelner Helden unterteilen. Für einen solchen Siegeslauf des Helden, am großartigsten jener des Achill gegen Hektor, gibt es ein Ablaufschema, d.h. eine typische Folge von Handlungseinheiten, die aus wiederholbaren Formeln aufgebaut sind. Dazu gehören die Rüstung des Helden, sein Eintritt in die Schlacht, die Steigerung seines Kampfmutes – oft von einem Gott angestachelt –, die Provokation der Gegner sowie der Zweikampf in Waffen und die blutige Bezwingung bzw. der dröhnende Fall des Gegners (Fenik 1968).

Aristokratie   Angesprochen werden die Helden als *basilees* und als *agathoi*, *esthloi* und *aristoi*, als „die Besten" also, von woher der spätere Begriff der Aristokratie rührt, dessen modernes Begriffsfeld aber auf die Verhältnisse der homerischen Zeit nicht übertragen werden kann. Daher wird dieser Begriff hier ähnlich wie der des Adels als Geburtsadel und auch der des Königs (*basileus*) als Monarch vermieden (Kap. 8.2).

5.2.2 Die Anfänge der Heldendichtung und die Elitebildung in vorhomerischer Zeit

Ältere Heldenlieder   Typische Szenen, die aus wiederholbaren Einzelsätzen (epischen Formeln) aufgebaut sind, wie die Heldenrüstung oder die formelhaften Antagonismen des Zorns der Gegner vor dem Duell, zeigen, dass die homerischen Epen aus einer Tradition mündlicher Heldendichtung stammen (Kap. 2). Tatsächlich werden solche Heldenlieder in den homerischen Epen auch vorgeführt. Achill, der sich dem Kampf verweigert hat, singt im 9. Gesang der *Ilias* (186–189) in seinem Zelt zur Leier. Im 3. Gesang (125–128) webt Helena Szenen des Gesangs um Troia in ein großes Gewebe. Phoinix, der alte Held und Ratgeber, wiederum ermahnt Achill im 9. Gesang (524–599) mit einem Heldenlied, und auch Nestor kennt viele Heldengeschichten und setzt sie zur Untermauerung von Ermahnungen und Ratschlägen ein. Am deutlichsten aber führt der Dichter der *Odyssee* die Sänger seiner Zeit und ihr mündliches Handwerk vor. Der Sänger Demodokos kennt auch andere Weisen, z. B. die Göttergeschichte, die er für alle Leute draußen auf der Agora, dem Tanzplatz der Stadt Scheria, vorträgt. Das Heldenlied scheint aber eine besondere Gattung gewesen zu sein, die einem bestimmten Publikum, den Helden im Text bzw. ihrem Gegenpart, einer Elite von Kriegern vorbehalten war. Man nimmt an, dass die Tradition dieser Heldenlieder, Erzählungen um die Taten einzelner Helden der Vergangenheit, hauptsächlich in den Dunklen Jahrhunderten, d. h. in der Zeit zwischen 1200 und 800 geformt worden ist (Kullmann 1960). Denn es ist erstaunlich, dass die griechische Literatur und bildende Kunst so viele Heldennamen und deren Geschichten überliefert (Kap. 2.2). Das ist aus keiner der umliegenden Kulturen bekannt, etwa aus dem Alten Orient oder Ägypten, deren Literaturen Heldenfiguren kennen, aber nicht diese Fülle an Heldenerzählungen überlieferten. In der *Ilias* sind an die fünfzig Heldennamen und Heldenbiographien verzeichnet. Das spricht dafür, dass es vor den Schriftfassungen der Heldenepik eine vielfältige, in einzelnen Regionen verankerte Heldendichtung gab, die später in den homerischen Epen zu einer gemeinschaftsbildenden Einheit zusammengeführt wurde.

5.2.3 Die Archäologie der Dunklen Jahrhunderte und die Nekropolen von Lefkandi

Kann man das frühe regionale Publikum der Heldenlieder historisch festmachen? Lassen sich in den archäologischen Funden jener Zeit Hinweise auf eine frühe Elitebildung finden, einer Elite die sich über den Krieg definierte? Die archäologischen Befunde

Regionaler Reichtum: Lefkandi

sind eher zufällig, d. h. nicht flächendeckend für ganz Griechenland vorhanden. Der bis heute zur Verfügung stehende Befund ist außerdem regional und heterogen. Schließlich muss bedacht werden, dass diese Überreste keine unmittelbare Sprache sprechen, sondern aufgrund von mehr oder weniger theoretisch fundierten Hypothesen ausgewertet werden. Bei den archäologischen Hinterlassenschaften aus der Zeit zwischen etwa 1050 und 800 taucht an wenigen Orten ein materieller Reichtum auf, der als Anzeichen für vereinzelte Elitebildungen in den verschiedenen Regionen Griechenlands gelten kann. Ein klares Bild umfassender örtlicher bzw. größerer regionaler Traditionsbildungen über den ganzen Zeitraum von „Mykene" zu „Homer" (also 1200 bis 700) hinweg lässt sich (bislang) nicht entwickeln. Der wichtigste Fundort diesbezüglich liegt der an der Westküste der Insel Euböa. Der Ort Lefkandi war ab dem 12. Jahrhundert bis um 800 kontinuierlich besiedelt. Er scheint von dem Untergang der mykenischen Palaststaaten profitiert zu haben und dokumentiert mit mehreren Zerstörungsschichten die unsicheren Verhältnisse des 12. Jahrhunderts. Vom 11. bis zum 9. Jahrhundert befand sich dort eine ausgedehnte Siedlung mit Straßen und Gebäuden, in der vor allem Handwerk und Handel betrieben wurde. Einige Fundstücke stammen aus der Levante bzw. aus Zypern und nahöstlichen Handelskontakten. Wie gesagt, findet sich ab der Mitte des 10. Jahrhunderts Keramik aus Euböa im nordsyrischen Al-Mina, was wiederum auf dort ansässige Händler aus Euböa schließen lässt (vgl. Kap. 4.2). Die Herkunft des Reichtums und der Zivilisation des Ortes ist also auf Handwerk und Handel und besonders wohl auf nahöstliche Kontakte zurückzuführen.

Die Gräber von Lefkandi

Aufschlussreich für die Spurensuche nach einer Elite und deren kriegerischer Selbstdarstellung sind die Nekropolen von Lefkandi. Da es dort allein sechs solcher Friedhöfe gab, wird vermutet, dass einzelne Geschlechterverbände oder Großfamilien des Ortes ihre Mitglieder in eigenen Gräberfeldern exklusiv bestatteten. Ein solcher Familienfriedhof, die sog. Toumba-Nekropole, fällt besonders auf: Mitte des 10. Jahrhunderts wurde dort ein Mann in den Mauern eines ca. 50m langen Hauses aufwendig bestattet (Popham/Touloupa/Sackett 1982). Die Asche des Mannes war in ein Tuch gehüllt zusammen mit Waffen, darunter ein eisernes Schwert, in einer aus Zypern stammenden, aufwendig verzierten Bronzeamphora bestattet worden. Daneben platziert fand man die Körperbestattung einer Frau mit exquisitem Goldschmuck, deren

Hals die Merkmale eines Genickbruchs zeigt. Dies deutet auf das seltene Phänomen der Witwentötung hin. Außerdem befand sich innerhalb der Mauern noch eine Pferdebestattung. Die Tiere gehörten zum Gespann eines Streitwagens, der wohl als Leichenwagen für die Begräbniszeremonie gedient hatte. Bilder auf großen Grabgefäßen des 8. Jahrhunderts illustrieren ein vergleichbares großangelegtes Begräbniszeremoniell.

Nach dieser großen Bestattung wurde das Areal des eingestürzten Hauses mit einem Grabhügel bedeckt und das umliegende Areal als Begräbnisstätte genutzt. Dort fanden sich Gräber mit aufwendigen Beigaben. Typisch für die Gräber der stets kremierten (verbrannten) Männer waren (Angriffs-)Waffen, die sie als Krieger auszeichneten. In den Gräbern der als Leichname bestatteten Frauen fanden sich Schmuck, kostbare phönikische Bronzeschalen sowie phönikische und ägyptische Kleinkunst aus Elfenbein, Glas und Fayence. Eine Bestattung weist einen Mann als Krieger und als Händler aus: Zu seinen Beigaben zählten außer den obligatorischen Waffen auch Keramik verschiedener Herkunft aus Mittel- und Nordgriechenland sowie Reste einer Waage und sechzehn Gewichtsteine, die nach drei verschiedenen nahöstlichen Maßeinheiten geeicht waren. Im Nahen Osten galt das Gewicht von Edelmetallen, vor allem Silber, als „Währung", deren Wert von einzelnen Städten, wie Babylon, aber auch von Städten der Levante und Zypern garantiert wurde (von Reden 2015, 1007 f.).

Grabbeigaben

Dieser Befund gibt zu denken. Den „gesuchten" Anzeichen einer Kriegergesellschaft steht gegenüber, dass nicht nur der Krieg zum Dasein dieser Menschen beitrug, sondern vor allem der Handel. Die Grabfunde weisen auf Handelsverbindungen nach Nordgriechenland hin, aber auch im besonderen Maße in Richtung Zypern, Levante und Ägypten. Die Nähe zum Nahen Osten wird noch deutlicher, wenn man die Evidenz von griechischen Händlern in Al-Mina hinzunimmt (vgl. Kap. 4). Die aus edlen Materialien und mit kunstvollen Techniken hergestellten, reichverzierten und wertvollen „Orientalia" (d. h. Wert- und Kunstgegenstände vornehmlich aus Phönikien) werden eine ökonomische Wirkung entfaltet und auf die Differenzierung der sozialen Schichtung (Stratigraphie) der lokalen Gemeinschaften gewirkt haben. Die Mehrung des Reichtums wird demnach die Häupter einzelner Familien mit sozialer Macht ausgestattet haben. Reichtum in Form eines gegenständlichen symbolischen Kapitals, welches die „Orientalia" darstellten,

Gegenstände als symbolisches Kapital

konnte in der nicht monetären Gesellschaft gehortet, aber auch in abhängige Arbeit oder Kreditgewährung umgesetzt werden und damit soziale Verbindlichkeiten beziehungsweise Abhängigkeiten schaffen (Kistler 2015, 103 f.).

Solche Macht und ihr in die Sprache der Gegenstände umgesetzter Anspruch drückte sich etwa in den Begräbnissen des Toumba-Areals aus. Allerdings nimmt nach dem Anschein der Funde das „Kriegerbild" in den Männergräbern die Vorrangstellung ein, während das zweite Zeichen, das Bild des Reichtums, als Ausstattungsluxus bzw. „orientalischer Luxus" in den Frauengräbern zum Ausdruck kommt. Die Abstammungsgemeinschaft des Toumba-Areals war nicht die einzige, die diese Machtsymbolik beanspruchte. Die Befunde der zeitlich parallelen Nekropolen sprechen dafür, dass es vergleichbaren Reichtum und konkurrierendes Machtstreben anderer Familienoberhäupter gab. Eine Antwort auf die Frage, warum die Siedlung und die Friedhöfe von Lefkandi um 700 aufgegeben wurden, kann in diesem Machtstreben gesucht werden, das eventuell – Belege dafür gibt es nicht – zu einem inneren Krieg und zur Umsiedlung der Familien an andere Orte, u. a. das naheliegende Eretria, führte.

5.2.4 Die gesellschaftliche Stellung des frühgriechischen Kriegers

Früher Reichtum und lokale Machtbildungen

Zieht man die Begriffe und die Spielregeln der Handlung der homerischen Epen als Quellen heran, so lassen sich Parallelen zu der abstrakten sozialgeschichtlichen Auswertung des archäologischen Befunds von Lefkandi finden. D. h. man kann dem archäologischen Befund konkrete Begriffe zuordnen. So kann es sich bei der großen ersten Bestattung in der Toumba-Nekropole um das Begräbnis eines *basileus* handeln. In deutscher Sprache wird diese Bezeichnung traditionell mit dem irreführende Begriff „König" übersetzt, besser ist der englische, in der jüngeren prähistorischen Wissenschaftssprache kursierende Begriff *chief*. Er bezieht sich auf vorstaatliche persönliche Herrschaftsverhältnisse und bezeichnet einen Stammesführer, dessen Macht sich durch ökonomische und territoriale Kontrolle verstetigt hat, der aber auch von *sub-chiefs* umgeben ist, deren Macht er integrieren muss (Ulf 2015, 865–873). Nach dem archäologischen Befund lässt sich annehmen, dass auch der Machtanspruch des Mannes von Lefkandi in Konkurrenz zu anderen Familienoberhäuptern des Ortes gestanden hat (Kistler/Ulf 2005). Das wäre der Situation vergleichbar, die für den sagenhaften Ort Scheria in der *Odyssee* beschrieben wird. Dort steht der *basileus* Alkinoos einer Gemeinschaft von *basilees* vor. In der *Odyssee* wird das als eine ideale konfliktfreie Situation dargestellt. Die Machtansprüche der anderen *basilees* scheinen durch die Autorität des Reichtums und der persönlichen Tugenden des Alkinoos gebändigt. Zu diesen Tugenden gehörte körperliche Schönheit, Bewährung/Ruhm im Krieg und Wettkampf sowie bei dem älteren Mann Alkinoos die Urteilskraft dessen, der das rechte Wort zu finden vermag. D. h. dieses Gesellschaftsbild gründete auf den persönlichen Fähigkeiten und der Bewährung des Einzelnen. Diese Bewährung wurde, wie *Ilias* und *Odyssee* zu erkennen ist, durch einen ständigen und oft provozierenden Wettkampf um den Status des Einzelnen in einer labilen Gemeinschaft ausgetragen. Beim Übersetzen der Dichtung in die historische Wirklichkeit werden diese Personen zu Status-Kriegern, Männern, die in ständigen bewussten Provokationen die Bestätigung des eigenen gesellschaftlichen Ranges einfordern (van Wees 1992, 101–165).

Die große Bestattung auf dem Toumba-Friedhof zählt zu den sog. homerischen Bestattungen (Blome 1984). Das sind große Prunkbestattungen, von denen einzelne Elemente mit den Heldenbestattungen der *Ilias* – besonders der Zeremonie für Patroklos – verglichen werden können. Gut zu erkennen ist, dass die Erdaufschüttung zu einem Grabtumulus (Grabhügel) auch die Einrichtung eines Denkmals für den Ahnherren der Toumba-Nekropole bedeutete. Allerdings sind weder sein Name noch die Geschichte des Ortes in die Heldendichtung eingegangen. Mit der Aufgabe der Siedlung und der Friedhöfe hörte auch die historische Erinnerung auf. Dieser Grabtumulus kann daher nicht als ein Heroengrab im Sinne des Heroenkultes (vgl. Kap. 3), der erst im späten 8. Jahrhundert aufkam, gelten. Zur großen Bestattung gehörte die Kremation, die Sammlung der Asche in einem Tuch, das in eine kostbare Schale gelegt wurde, sowie in einzelnen Fällen die Opferung von Menschen und Pferden. Eine ähnliche Bestattung (aus dem 8. Jahrhundert) findet sich in der Nekropole von Salamis auf Zypern (Karageorghis 1973, Grab 79). Die Opferung von Menschen findet sich in der Antike nur in seltenen Fällen, d. h. es entstanden daraus keine Traditionsmuster, wahrscheinlich weil ein solches

Homerische Bestattungen

Menschenopfer viel zu verschwenderisch mit einem gesellschaftlichen Gut – der Arbeitskraft des getöteten Menschen – umgeht (vgl. Fisch 1998, Kap. 1 und 2). Auch Pferdebestattungen waren selten, weil sie aufwendig und teuer waren. Das zeigt, dass es sich im Falle von Lefkandi um außerordentlichen Aufwand und Luxus handelte.

Statuskrieger   Über Formen des sozialen Lebens innerhalb Lefkandis ist nichts Konkretes bekannt. Offensichtlich ist nur das bewusste Herausheben einzelner Personen und ihrer Familien/Sippen. Es bleibt die Frage, welche historische Realität das Kriegerideal bedient haben könnte, ob dahinter ein organisiertes Kriegswesen stand oder ob auch das Kriegerideal vor allem der Hervorhebung Einzelner als Machtdemonstration diente. Von Kriegszügen ist nichts bekannt. Von räuberischen Unternehmungen kann man in Folge ihrer Bedeutung in den homerischen Epen ausgehen. Die materielle Grundlage des Kriegers lag in seinem Reichtum. Dieser Reichtum kam neben dem Landbesitz und seinen Erträgen (vgl. Kap. 6) durch Tausch wertvoller Gastgeschenke, durch Handel und durch Raubzüge zustande. Während der soziale Status des Händlers in der epischen Überlieferung ambivalent ist, erweist sich die Typisierung des Kriegers/Helden als Maßstab für den herausgehobenen Status an sich. Es handelt sich also wieder um Bedeutungsfestlegungen, die kein Abbild wirklicher sozialer Verhältnisse darstellen. Die Idealisierung entspricht der Selbstdarstellung einer Elite. Zu dieser Selbstdarstellung, die zugleich als soziales Erkennungszeichen diente, gehörten soziale Spielregeln und Umgangsformen sowie eine bestimmte Sprache, eine Rhetorik des Übertreibens und Übertreffens, der Herausforderung und des Zorns.

Kriegerrhetorik   Das aggressive Verhalten der Helden in den homerischen Epen erscheint geradezu archetypisch, einem ethnologischen Musterbuch früher Kriegergesellschaften ähnlich. Schaut man auf die Kriegssprache der zeitgenössischen nahöstlichen Monarchien, etwa in Ägypten oder Vorderasien, so findet man eine ähnliche Rhetorik und ähnliche Spielregeln des Verhaltens. Auch der ägyptische Pharao oder die Großkönige Vorderasiens dröhnten von ihrem gerechten durch ihre Götter geheiligten Zorn, der sie Kriege führen und siegen ließ. Auch sie entwickelten eine durchaus kreative Sprache der Schmähungen, Übertreibungen und des Selbstruhmes. Natürlich kannten diese Herrscher auch die Formen der überhöhten Rechtfertigung des eigenen Sieges in der grausamen Beschreibung der Tötung ihrer Feinde und das Kräftemessen mit einem Raubtier. Das literarische Heldenschema scheint daher eine historische Basis in den älteren Mittelmeerkulturen gehabt zu haben. Nur bediente die Topik im Alten Orient eine politische Realität, indem sie als Teil einer ideologischen Rechtfertigung der alle Bereiche des Lebens umfassenden und auch räumlich weit ausgreifenden Alleinherrschaft fungierte.

Das war bei den Griechen nicht der Fall. Hier diente die Topik des Krieges den Statuskonflikten, die mit einer frühen Elitebildung einhergingen; sie formte Spielregeln und Umgangsformen. Es bildeten sich Verkehrsformen heraus, die die Ansprüche der Mitglieder dieser Elite kennzeichneten. Bei Zusammenkünften wurden Statusansprüche Einzelner, die eventuell von weit her gekommen und nicht persönlich bekannt waren, überprüft. Man erkannte sich in einem gemeinsamen Habitus wieder und anerkannte denjenigen, der sich auf bestimmte Umgangsformen und Spielregeln verstand. Der athletische Wettkampf, der Wettbewerb in kriegerischen Sportdisziplinen, entwickelte sich zu einem festen Bestandteil der Begegnungskultur und diente einem ritualisierten gegenseitigen Erkennen des gemeinsamen gehobenen Status (*Odyssee* 8, 131–223). Das Forum hierfür war das Fest, das zu besonderen Gelegenheiten ausgerichtet wurde, etwa als Teil eines großen Begräbnisses, wie jenes des Patroklos, das im 23. Gesang der *Ilias* beschrieben wird. Die festliche Gelegenheit konnte aber auch spontan bei der Ankunft eines Gastes ausgerichtet werden. Gesellige Teile des Festes waren die Gelage, der Sängervortrag sowie der Wettkampf. Das Gelage gehörte zu den internationalen Begegnungs- und Selbstdarstellungsformen, dessen exquisite Kultivierung in Zeremonie, Mobiliar und Trinkgeschirr viele Anregungen aus Vorderasien empfangen hat (Kistler 1998, 106–146).

Der Wettkampf als soziales Erkennungszeichen

5.3 Quellen und Vertiefung

5.3.1 Ein athletischer Wettkampf zu Ehren des Odysseus

Nachdem sie alle ihr Herz an den Wettspielen erfreut hatten, da sprach zu ihnen der Sohn des Alkinoos Laodamas:

> „Kommt Freunde und lasst uns den Gast fragen, ob auch er einen Wettkampf kennt und gelernt hat! An Wuchs erscheint er nicht schlecht: an

Schenkeln und Schienbein und beiden Armen darüber, an starkem Nacken und großer Gestalt. Auch an jungendlicher Manneskraft fehlt es ihm nicht, doch ist er von vielem Übel gebrochen. Denn es gibt nichts Schlimmeres als das Meer, sage ich, um einen Mann niederzuwerfen, auch wenn er noch so stark wäre." Darauf entgegnete ihm Euryalos und sagte: „Laodamas, dieses Wort hast du ganz nach Gebühr gesprochen. Gehe und fordere ihn selbst heraus und weise ihm das Wort." Als der tüchtige Sohn des Alkinoos dies vernommen, ging er hin und trat in die Mitte und sagte: Fremder Vater, komm und versuche auch du dich im Wettkampf, wenn du einen gelernt hast! Sieht es doch so aus, als ob du dich auf Kämpfe verstehst! Es gibt doch für einen Mann, solange er lebt, keinen größeren Ruhm, als das, was er mit seinen Armen und Füßen vollbringt! Also versuche dich nun und zerstreue die Kümmernisse in deinem Herzen. Denn nicht fern ist deine Abfahrt (Heimfahrt), das Schiff schon ins Wasser gezogen und bereit sind die Gefährten."

Darauf antwortete ihm der erfindungsreiche Odysseus: „Was fordert ihr dies von mir, Laodamas, und verhöhnt mich? Mir liegen die Sorgen mehr im Herzen als die Wettkämpfe, der ich zuvor so vieles erlitten und durchgestanden habe und jetzt in eurer Versammlung sitze, nach der Heimkehr verlangend und zu dem König flehe und zu dem ganzen Volk!"

Darauf antwortete Euryalos und beschimpfte ihn geradeheraus: „Nein Fremder, du scheinst mir wahrlich nicht wie einer, der sich mit Wettkämpfen auskennt, wie so viele unter den Menschen ausgeübt werden, sondern wie einer, der viel herumfährt auf einem Ruderschiff als Anführer von Schiffsleuten: das sind Händler, die auf Ladung bedacht und erpicht sind auf Rückfracht und Gewinn zu raffen! Einem Athleten aber gleichst du nicht!"

Da schaute ihn der erfindungsreiche Odysseus von unten herauf an und sagte zu ihm: „Gastfreund! Du redest nicht fein! Du scheinst mir ein unbesonnener Geselle! Aber die Götter geben freilich die Gaben der Anmut nicht allen Menschen gleich: weder an Wuchs noch an Verstand und Gabe der Rede. [...] Mir erregst du das Herz in der Brust mit deiner ungebührlichen Rede! Ich bin nicht unkundig in den Kämpfen, wie du da behauptest, sondern ich denke, dass ich, als ich noch auf meine Jugend vertraute und auf meine Arme, einer der Ersten war. Jetzt aber bin ich beladen mit Kummer und Not. Vieles habe ich erduldet in den Kriegen der Männer und den leidigen Wogen (des Meeres). Jedoch auch so, obwohl ich viel Schlimmes erlitten, will ich mich am Wettkampf versuchen! Denn ins Herz trifft mich dein Wort, und gereizt hast du mich, wie du gesprochen!"

Sprach es und sprang mit dem Mantel auf und ergriff einen Diskus, der größer und dicker und um vieles schwerer war als der, mit dem die Phäaken (vorher) geworfen hatten. Diesen wirbelte er herum und schleuderte ihn dann aus der wuchtigen Hand. Da sauste der Stein dahin und die ruderfrohen Phäaken, die schiffsberühmten Männer, mussten sich zur Erde nieder ducken unter dem Flug des Steins. Der aber überflog, leicht aus der Hand geschnellt, die Markierungen aller (vorherigen Diskuswerfer).

Odyssee, 8, 131–193 (Ü BP nach W. Schadewaldt und R. Hampe).

5.3.2 Fragen und Anregungen

Auf dem Markt beweisen sich die Besten unter den Phäaken, darunter die Söhne des Alkinoos, bei folgenden Wettkämpfen: Wettlauf, Ringen, Weitsprung und Diskuswerfen. Dann wollen sie wissen, ob Odysseus, der fremde, unbekannte Gast, auch wirklich zu ihnen gehört, ob er die bekannten Wettkämpfe kennt und sich darin zu bewähren weiß.

- Geben Sie die Reden der beiden Herausforderer mit eigenen Worten wieder. Wie geht man mit dem Fremden um? In welchen Idealen erkennen sich die Helden wieder? Wozu dient der Wettkampf?
- Vergleichen Sie die Reden. Warum ist der eine Redner höflich, der andere aber beleidigend? Warum muss Odysseus die Herausforderung annehmen?
- Suchen Sie Argumente zum Thema Umgangsformen und athletischer Agon als soziale Erkennungszeichen unter Gleichen. Warum kann ein Händler nicht dazu gehören? Oder gibt es hier einen Widerspruch zwischen Sein und Schein?

5.3.3 Lektüreempfehlungen

Popham, Mervyn/Touloupa, Evi/Sackett, L. H.: The Hero of Lefkandi, in: Antiquity 56, 1986, 169–174.
Ulf, Christoph: Die homerische Gesellschaft. Materialien zur analytischen Beschreibung und historischen Lokalisierung, München 1990 (*zu Personenverbänden, Abstammung; zur homerischen Begrifflichkeit und ihrer Übersetzbarkeit in die frühgeschichtliche Gesellschaft*).
Wees, Hans van: Status-Warriors. War, Violence and Society in Homer and History, Amsterdam 1992 (*zu den Spielregeln und Ambivalenzen des aggressiven Männerbildes als Gesellschaftsgrundlage bes. 61–166*).
Whitley, James: Style and Society in Dark Age Greece, Cambridge 1991 (*zur archäologischen Methode*).
Zeit der Helden. Die „dunklen Jahrhunderte" Griechenlands 1200–700 v. Chr. Katalog zur Ausstellung, hrsg. vom badischen Landesmuseum Karlsruhe, Darmstadt 2008 (*viele gut illustrierte und informative Aufsätze zur Archäologie der Dunklen Jahrhunderte*).

6 Grundformen des sozialen Lebens: Die Ordnung des Hauses und das gerechte Leben unter Nachbarn und Bürgern

6.1 Der Schweinemastbetrieb des Eumaios

6.1.1 Odysseus geht zum Gehöft des Eumaios

> Er (der als Bettler verkleidete Odysseus) aber schritt vom Hafen den steinigen Pfad zwischen den Hügelkuppen zu dem bewaldeten Platz hinauf, wo ihm Athene den göttlichen Sauhirten gewiesen hatte, der ihm am treusten für seine Hauswirtschaft sorgte unter den Hausleuten, die erworben hatte der göttliche Odysseus. Er fand ihn in der Vorhalle sitzend, wo ihm ein hoher Hof erbaut war auf einem Überblick bietenden Platz: ein schöner, großer Zaun lief rings um ihn. Den hatte der Sauhirt selbst erbaut für die Schweine, während der Herr in der Ferne war, und ohne die Herrin und den Greis Laertes (zu fragen), aus Findlingsbrocken und hatte ihn oben mit wildem Birnbaum eingefasst und außen durchgehend Pfähle eingerammt, hüben und drüben, dicht und gedrängt, nachdem er rings die Rinde von der Eiche abgespalten hatte. Drinnen im Hof aber hatte er zwölf Schweinekofen gebaut, nahe beieinander, als Lager für die Schweine, und in jedem waren fünfzig sich am Boden sielende Schweine eingepfercht, weibliche, die geboren hatten. Die männlichen lagerten draußen, (es waren) viel weniger, denn diese verminderten ständig die gottgleichen Freier, indem sie sie verzehrten. Dorthin sandte der Sauhirt von allen wohlgenährten Mastebern immer den besten, und sie waren (noch) dreihundertsechzig. Und bei ihnen lagerten ständig vier Hunde, wilden Tieren ähnlich, die der Sauhirt, der Herrscher der Männer, aufgezogen hatte. Der aber war damit beschäftigt, sich an die Füße Sohlen anzupassen, indem er eine schönfarbige Rindshaut schnitt. Die anderen Hirten waren hier- und dorthin unterwegs mit den Schweineherden: drei, den vierten aber hatte er zur Stadt geschickt, gezwungen einen Eber den gewalttätigen Freiern zuzuführen, damit sie ihn zum Opfer schlachteten und ihre Begierde an dem Fleische sättigten.
> *Odyssee* 14, 1–28 (Ü BP nach W. Schadewaldt und R. Hampe).

6.1.2 Erläuterungen

Diese Szene weist auf die Bedeutung des Hauses als herrschaftliche Ordnung hin. Aktuell lenkt sie den Blick auf die anarchischen Zustände im Haus des Odysseus. Dieser war gerade von den

Phäaken auf Ithaka abgesetzt worden, und zwar verborgen vor den in seinem Hause prassenden Freiern in einer kleinen, windgeschützten, nicht offen einsehbaren Bucht. Hier nimmt ihn Athene in Empfang und der letzte Teil seiner Heimkehr – die Rückkehr in sein von den Freiern besetztes Haus – beginnt mit Hilfe der Voraussicht und Planung der Göttin. Dazu bekommt Odysseus die Gestalt eines Bettlers. Er soll zuerst unerkannt seinen treuesten Diener, den Schweinehirten Eumaios, aufsuchen.

Haushaltung als herrschaftliche Ordnung

Die Szene, die Odysseus vorfindet, zeigt die in sich geschlossene gerechte Welt einer Haushaltung im Kleinen. Eumaios wird hier den Helden zugeordnet und als „göttlich" bzw. als „Herrscher der Männer" bezeichnet. Er herrscht in dem von ihm selbst kunstfertig angelegten Anwesen, d. h. er verwaltet es nach allen Regeln der Kunst der Schweinezucht. Haushaltung erscheint als Herrschaft im Kleinen. Herrschen bedeutete eigentlich ein Vorgehen nach der Ordnung, hier also nach den dem Arbeitsbereich entsprechenden Techniken. Eumaios versteht sich aber auch als ein untergeordneter Teil in der größeren gerechten Ordnung, die der Haushalt seines abwesenden Herrn darstellt. Den Gegensatz zu diesem Arbeitsfrieden, den der Schweinemastbetrieb mit seinem Herrn Eumaios verkörpert, stellen die Freier dar, d. h. Männer der Elite von Ithaka und den umliegenden Inseln, die sich weigern zu arbeiten. Sie brechen stattdessen willkürlich den Frieden im Hause des nun fast zwanzig Jahre abwesenden Odysseus, mit dem Ziel, in den Besitz von dessen Vermögen und der damit verbundenen Machtstellung in der Gemeinde zu kommen. Da das Gehöft des Eumaios zu diesem reichen „Haushalt" gehört, wird es bewusst geschädigt, indem den Freiern täglich einer der besten Zuchteber als Opfer und das heißt letztendlich als Braten zum Verspeisen geliefert werden muss. 360 Eber sind noch vorhanden; das Gut droht also in ca. einem Jahr verprasst zu sein.

Der Alltag des Eumaios wird in einer für die *Odyssee* typischen idealisierenden Milieuschilderung als Genrebild der Arbeit vorgestellt. Arbeit wird als spezialisierte Technik, d. h. als Können, beschrieben. Es zeichnet den arbeitenden Menschen in Entfaltung seiner Kenntnisse aus, zeigt ihn in einer ruhigen, konzentrierten Haltung als einen, der sich seine Welt selber schafft und zwar auf eine rechtschaffene, in die soziale Welt integrierte Weise. Eumaios war dennoch ein Unfreier, ein Sklave, der von Odysseus' Vater Laertes einst teuer eingekauft wurde, weil er als geraubter Königssohn von schöner Gestalt und guter Ausbildung war (vgl. Kap. 4.2). Der Text zeigt, dass nicht nur er als gekaufte Arbeitskraft unfreie Arbeit verrichtete. Am Anfang heißt es, dass alle Arbeitskräfte im Haus des Odysseus (*oikees*, „Hausleute") erworbene Kräfte sind. Das Gut des Odysseus erscheint als ein reicher, nach Arbeitsvorgängen differenzierter Großbetrieb, der von unfreien, aber spezialisierten Arbeitskräften, den sog. „Hausleuten", betrieben wurde.

6.2 Ordnung und Gerechtigkeit im Haus und im sozialen Leben

6.2.1 Das Haus als herrschaftliche Ordnung und Grundlage von Herrschaft in der *Odyssee*

Haus (gr. *oikos*, Mz. *oikoi*) bedeutet in diesem Zusammenhang etwas anderes als unser Sprachgebrauch annehmen lässt. Der Begriff bezeichnete das Haus als Behausung, Wohnung, aber auch als das Hauswesen und die Haushaltung. Er implizierte die Familie, die Arbeit von Mann und Frau, das Hab und Gut als das Vermögen eines Mannes. Der Begriff beschrieb die Einheit eines Besitzes im ökonomischen wie im rechtlichen Sinn (Schmitz 2007, 9–20). *Oikonomia* (Ökonomie) bedeutete ursprünglich Hauswirtschaft.

Begriffsfeld „Haus"

Das Haus, d. h. der Besitz des Odysseus, ist wirtschaftlich durch die Misswirtschaft, die die Freier betreiben, in Gefahr, und rechtlich durch die Unsicherheit der Erbfolge wegen der noch nicht erreichten Volljährigkeit des Telemachos. Die unsichere Situation wird von den Edlen Ithakas genutzt, um Penelope zu umwerben. Frauen waren im späteren griechischen Recht normalerweise nicht besitz- und erbberechtigt. Nach traditionellem Eherecht hätte Penelope aus ihrem eigenen elterlichen Haus heraus mit neuem Vermögen ausgestattet und wiederverheiratet werden müssen. Es geht den homerischen Freiern also um die Machtstellung des Odysseus, die mit dem Reichtum seines Hauses verbunden war. Vorherrschaft hatte derjenige, der aufgrund seines Vermögens in der Lage war, große Feste und Gelage auszurichten und über das Potential verfügte, andere durch Gaben an sich zu binden, d. h. eine informelle Herrschaftsordnung von Dominanz und Abhängigkeit zu erzeugen (Donlan 1981). Wegen eines unentschiedenen Rechtsstreits mit den Freiern aber kann Telemachos die Herrschaftsposition des

Der Streit um den Besitz des Odysseus

Odysseus bei den Ithakesiern informell festhalten, weil er für den Reichtum des Hauses weiterhin passiv einsteht (Od. 11, 184–187). Dies ist die spannende, auf Lösung drängende Situation kurz vor der Rückkehr des Odysseus. „Haus" bedeutete hier Herrschaft in zweierlei Sinn: die Herrschaft des gerechten Hausherrn im Inneren des Hauses und die Vor-Herrschaft des reichen Hauses nach außen durch Anerkennung der Gemeinschaft.

Im Zentrum der Geschichte von Odysseus' Heimkehr steht das Hauswesen, das er nach fast zwanzigjähriger Abwesenheit wiedergewinnen muss und das er auf Grund seiner besonderen Fähigkeiten, mit denen er ehemals als Hausherr wirkte, auch wiedergewinnen wird. Das Grundmuster dieser Erzählung war alt und gehörte zu den „einfachen Geschichten" (Märchen), d. h. diese Art von Geschichte – ein Held kehrt nach langer Abwesenheit aus dem Krieg zurück und kann gerade noch die Wiederverheiratung seiner Frau und den Verlust seines Hauses verhindern – lässt sich in ihrer Grundstruktur in unterschiedlichen Kulturen finden. In den homerischen Epen wird Odysseus aufgewertet und zu einem komplexen Charakter, der zeitgenössische Tugenden vertritt (vgl. Kap. 8.1). Seine Tugenden sind soziale Fähigkeiten; er weiß, was andere von ihm erwarten, nämlich im Konflikt den richtigen Ton zu treffen und auf Anhieb das rechte Wort zu finden. Die ersten Sätze der *Odyssee* (1, 3) führen ihn als den Vielwissenden, an Erfahrungen Reichen ein, der sich in sogar fremde Situationen hineinfinden kann. Klugheit ist die Gabe, die Athena ihm, Penelope und Telemachos schenkte. Es ist zugleich die Klugheit, die der Verwaltung des Hauses zugrunde lag.

Besitz und Wert von Arbeit

In den Gütern des Odysseus kann man das Ideal einer Hauswirtschaft auf einem wohlhabenden Landgut erkennen (Schmitz 2014, 15–31). Der Reichtum von Odysseus, aber auch der anderen homerischen Helden, basierte auf Agrarwirtschaft, d. h. auf Landbesitz (Hennig 1980). Die Schwierigkeit bei der historischen Auswertung der sehr konkreten Beschreibungen der *Odyssee* liegt darin, den Grad der Idealisierung richtig einzuschätzen. Eumaios beschreibt den Reichtum seines Herrn in Herden von Rindern, Schafen, Schweinen und Ziegen. Davon soll er Dutzende auf dem Festland und ein Dutzend auf der Insel Ithaka besessen haben, die von fremden Hirten ebenso versorgt würden wie von eigenen Hausleuten, etwa im Betrieb des Eumaios (Od. 14, 96–108). Rinder – nicht Landbesitz – dienten in den Epen als Wert-Indikatoren. Im

23. Gesang der *Ilias* werden Preise für den Wettkampf ausgelobt, wobei teilweise ihr Wert ausgerufen wird: Ein Kessel aus Metall wird mit dem Wert von einem Rind beziffert (885). Eine Frau, die „viele Werke weiß", hat einen Wert von vier Rindern (263). An anderer Stelle werden „Rinder einbringende Jungfrauen" (Il. 18, 593) genannt, d.h. es wird auf den Brautpreis rekurriert, den ein Vater bei der Verheiratung seiner Tochter erhielt, um für die verlorene Arbeitskraft entschädigt zu werden (Wagner-Hasel 1988). Im 6. Gesang der *Ilias* wird der ungleiche Waffentausch zwischen den Gastfreunden Glaukos und Diomedes belächelt: Die ehernen Waffen des Griechen Diomedes gegen die goldenen des Lykiers entsprächen umgerechnet neun Rindern gegen hundert (230–236). Dieser Tauschwert sozusagen in Naturalien steht im Gegensatz zu dem notierten Wert von Metallgewichten aus Vorderasien, der mit dem Fernhandel nach Griechenland kam (Lefkandi) und der beim Handel mit den Phönikern galt (Kap. 5.2). Unter den Griechen, so kann man schließen, bedeutete Wert in erster Linie den Wert von bäuerlicher Arbeit und ihren Ertrag. Das Rind war für den Bauern ein Arbeitstier. Der Wert von Frauen wurden nach ihren „Werken" bemessen, d.h. der Herstellung von Textilien, die für die Hauswirtschaft von großem und dauerhaftem Wert waren. Über Decken und Mäntel zu verfügen, bedeutete Wohlstand (Od. 3, 346–351).

Auch der Wert von Metallen wurde in ihren „Arbeitswert" umgerechnet: Eine Scheibe aus gegossenem reinen Eisen wird unter den Kampfpreisen im 23. Gesang der *Ilias* (832–835) ausgelobt: Ihr Besitzer werde an ihr einen Vorrat für fünf Jahre haben, um Werkzeug für seine Hirten und Pflüger zu stellen, die dafür nicht in die Stadt gehen müssen (Vgl. Kap. 12.3). Die Eisenscheibe im Besitz des Helden schafft persönliche Abhängigkeit zwischen dem Gebenden und dem Bedürftigen. In der Stadt kann man Bedarf und Dienste etwa beim Schmied erwerben. Er gehört zu den *demiourgoi* („in der Gemeinde wirkende", freie Männer), die als Schmiede, Baumeister, Ärzte, Seher der Gesamtheit zur Verfügung standen und auch Rohstoffe lieferten (Od. 17, 380–387).

Auffällig sind die detailgenauen Beschreibungen von einzelnen Arbeitsvorgängen der *Odyssee*. Selbst der Kyklop Polyphem geht ähnlich wie Eumaios sehr gewissenhaft seiner Arbeit als Schafhirt sowie Milch- und Käseproduzent nach (Od. 9, 244–250). In der *Ilias* finden sich vergleichbare auf wenige Verse verkürzte Arbeitsbilder in Gleichnissen und als Teile der ausführlichen Bild-

Arbeitstechniken, Arbeitsbilder: Die Ordnung des Hausherrn

beschreibung des Achilles-Schildes (18, 550–589). Hier handelt es sich um die vielfältige landwirtschaftliche Arbeit auf einem dem Besitz des Odysseus vergleichbaren „Königsgut". Mit Hilfe dieser Bilder lassen sich die unterschiedlichen Arbeitsvorgänge der Zeit dokumentieren, dazu gehörten die Bewirtschaftung von Feldern und Wiesen, Obstbaum- und Waldwirtschaft, Fischerei (Fisch war die hauptsächliche Fleischnahrung, Fleisch von Schweinen oder Rindern dem Opfer und Gelage vorbehalten) sowie die eigentliche Hauswirtschaft, Mahlen und Bereiten der Feldfrüchte, das Spinnen der Wolle und das Weben der Textilien. Der Reichtum und die Organisation eines „königlichen" Hauses wie das des Phäakenkönigs Alkinoos wird in einem besonderen Arbeitsbild hervorgehoben: „Sie (fünfzig Frauen) weben Gewänder und drehen den Faden der Spindel, reiheweise sitzend wie die Blätter der Pappel" (Od. 7, 105 f.). Heute erinnert das Bild an eine Manufaktur. Aber der Gleichklang der arbeitenden Frauen sollte an etwas anderes denken lassen, an den Gehorsam, mit dem sich die vielen Frauen in die große herrschaftliche Ordnung des Hauses fügten. Arbeit wird in diesen Bildern zu einem idealisierten Genre. Sie bedeutet Können und Technikbeherrschung, aber auch Organisation und damit verbunden, ein Sich-Einfügen in die Ordnung des Hauses. Als Garant für das Funktionieren all dieser Werke steht der Hausherr ein, dessen Sorge um das Haus den kleinen, gewinnbringenden Kosmos am Laufen hielt. Eumaios, der in der *Odyssee* quasi als erster Berichterstatter über das Hauswesen des Odysseus auftritt, formuliert dieses Funktionieren und seine eigene Rolle und Erwartungen etwa so (Od. 14, 62–66): Odysseus – den er an dieser Stelle nichtsahnend betrauert – würde eines Tages seine Mühe vergolten und ihm ein eigenes Haus und eine Frau gegeben haben. Das versteht er nicht als Lohn, sondern als Ehrung für den Anteil seiner Arbeit am Gedeihen bzw. „Mehren des Hauses" (gr. *oikophelie*). Das ideale Hauswesen der *Odyssee* beruht auf einem direkten Verhältnis zwischen der Arbeit der abhängigen Hausleute und der (Für-)Sorge des Herrn. Wenn dieser Funktionszusammenhang stimmt, ist dem Haus der göttliche Segen gewiss: Es mehrt sich und sorgt für alle seine Mitglieder (vgl. Kap. 10.2).

6.2.2 Ideal und Wirklichkeit

Eumaios gehörte, wie gesagt, zu den erworbenen Arbeitskräften (Kap. 4.2), den Unfreien bzw. Sklaven. Allerdings hat dieser Begriff nur begrenzten Aussagewert. Der später geläufige griechische Begriff „Sklave" (gr. *doulos*) wird in den Epen nicht verwendet, die Kräfte des Hauses werden unter dem allgemeinen Begriff für Gesinde (gr. *dmoes*) zusammengefasst. Auf dem Landgut etwa, das Odysseus' Vater Laertes als Alterssitz bewirtschaftet, gibt es „gezwungene Knechte" und eine alte Frau aus Sizilien, die den Alten betreut (Od. 24, 205–212). Als Unfreie (Sklaven) wird man diejenigen Menschen in den Epen bezeichnen müssen, die von Außen herkamen, zumeist wohl als Raubgut oder durch Kauf. Allerdings lassen sich in vorstaatlichen, d. h. rechtlich nicht geregelten, Verhältnissen auch die sozialen Stellungen von Unfreien gegenüber freien Personen, die weder über Besitz noch Verwandtschaftsbeziehungen verfügten, kaum unterscheiden. Von der verächtlichen Stellung des Tagelöhners oder des Bettlers in der *Odyssee* (11, 489–491; 18, 1–4) unterschied sich die geachtete Stellung eines Sklaven wie Eumaios. Wenn er für seine Arbeit von seinem Herrn ein Haus und eine Frau als Lohn erhofft, entspricht das dem späteren Akt der Freilassung. In der Forschung ist die Diskussion um den Status der Sklaven in der homerischen Dichtung kontrovers (Wickert-Michnat 1986). Ursache ist die idealisierende Tendenz der Heldendichtung. In die euphemistische Darstellung des Hauses als geschlossene, wohlorganisierte und reibungslos funktionierende herrschaftliche Einheit fügen sich diese unfreien, lebenslang treu ergebenen Hausgenossen als die idealen Arbeitskräfte ein (Schmidt 2006). Mit dem „ganzen Haus" haben wir ein Gesellschaftsideal vor uns, das für die gesamte Antike galt, ein segregiertes System, in das sich jeder nach seinem Personenstand einzufügen hatte.

Zu dieser beschönigenden Tendenz gehören auch die Übertreibungen bei den Besitzangaben der einzelnen Heldenvermögen – man kann vermuten, dass alle angegebenen Zahlenangaben zu den dichterischen Übertreibungen zählen. Dass das Vermögen ausschließlich durch Besitz von Herdenvieh und nicht den Ernteertrag bemessen wird, deutet auf die Anfänge dieses Sozialwesens im halbnomadischen Hirtenwesen hin. Auch die luxuriös ausgestatteten Häuser der Helden sucht man vergeblich (Ulf 1990, 185–187). Im Mittelpunkt der poetischen Beschreibungen stehen die großen

Hallen dieser Häuser. Hier zechen die Freier, schlafen die Knechte des Laertes, arbeiten die Weberinnen bei Alkinoos. In diesen Hallen lassen sich also noch die typischen Mehrzweckräume der frühgriechischen Bauernhäuser wiedererkennen, in denen Männer und Frauen (noch) zusammen verkehrten und in denen jede Tätigkeit, die einen Innenraum verlangte, ausgeführt werden konnte. Auch das Vieh wurde in solchen Räumen versorgt; Menschen und Tiere lebten in kleinen Verhältnissen in einem Raum zusammen. Nach dem archäologischen Befund handelte es sich um freistehende Langhäuser und Ovalhäuser, aus Holz und Lehm, selten aus Stein gefertigt. Wohlhabende Gehöfte bestanden aus mehreren Häusern und umringten einen Hof. Die Größe der Langhäuser variierte, sie reichte von 5m bis 14m Länge. Der Grundriss der Langhäuser teilte sich in Vorhalle, Halle und Apsis (Halbrundabschluss an der Schmalseite) auf und glich dem Tempelbau (Lang 1996, 78–87, 104–108). Die Größenunterschiede der Häuser einer Siedlung waren graduell, hervorstechende Unterschiede fallen nicht auf (Lang 1999). Das wiederum legt nahe, dass die Grenzen zwischen reichen und mittleren Bauern fließend waren, dass die gesellschaftliche Schichtung durchlässig und in beschränktem Maße offen war. Repräsentiert wurde mit dem symbolischen Reichtum der eher seltenen aus dem Nahen Osten erworbenen Prestigeobjekte und durch die nach außen sichtbare Großzügigkeit beim Ausstatten von Festen und Gastmählern. Jeder, der sich dies leisten konnte, galt in den Augen der Zeitgenossen der Elite zugehörig.

Das Haus des Bauern bei Hesiod Grundlage der homerischen Idealvorstellungen war die hohe Wertschätzung bäuerlicher Arbeit. Im Mittelpunkt eines anderen zeitgenössischen Epos, den *Erga kai Hemerai* (*Werke und Tage*, vgl. Kap. 2.2.3) Hesiods, stand ebenfalls die bäuerliche Arbeit, aber unter einem grundlegend anderen Aspekt, der Armut des Kleinbauern. Als Quellen für die *Erga* dienten Bauernregeln beziehungsweise Arbeitsregeln, d. h. Spruchweisheiten, die das Bauerleben und damit den landwirtschaftlichen Ertrag vor allen denkbar möglichen Gefahren schützen sollten, von Jahreszeiten- und Wetterregeln angefangen bis hin zu Anweisungen für die Haushaltung. Grundlage dieser Regeln war das prekäre Leben des von Not bedrohten bäuerlichen Hauses (Schmitz 2014, 31–42). Dieses Haus stellte kein auf perfekte Weise organisiertes System dar. Im Mittelpunkt stand durch die alltägliche Knappheit bedingtes pragmatisches, vorsichtiges und misstrauendes Handeln. Ein Mann sollte zuerst ein Haus, dann eine Frau, dann einen Ochsen zum Pflügen erwerben und darauf das übrige Gerät (*Erga*, 405–407). Die Arbeit für den bäuerlichen Betrieb beruhte auf der Zusammenarbeit von Mann und Frau (367–381, 694–704). Als Knechte und Mägde dienten Tagelöhner, die temporär zum Haus gehörten und dieses nicht belasteten (600–608). Eine Frau musste gut ausgewählt, besonders auf ihre Arbeitsfähigkeit, Sparsamkeit und Treue überprüft werden. Von großer Bedeutung war der Tausch bzw. das Verleihen von Gütern. Dabei war Geben besser als Nehmen, denn Letzteres bringe Abhängigkeit und verschlimmere den ohnehin prekären Status (352–363). Das Verhältnis zu den Nachbarn und die nachbarschaftliche Hilfeleistung wurden hoch eingeschätzt (342–351, vgl. unten 3.2). Die Dorfgemeinschaft bildete damit eine eigene Welt nutzbringender sozialer Bezüge. Die Gemeinschaft der auf sich gestellten, auf gerechte Weise wirtschaftenden Männer gehörte ebenfalls zu den sozialen Idealen der Griechen. Es sollte auf lange Sicht eine progressivere Wirkung entfalten, als das Ideal der (haus)herrschaftlich organisierten Hausgemeinschaft (vgl. Kap. 10.2).

6.2.3 Das gerechte Leben unter Nachbarn und Bürgern in Hesiods *Erga kai Hemerai*

Hesiod zeigte die frühgriechische soziale Welt aus der Perspektive der Bauern- und Dorfkultur. Die Welt der *Erga* war die Gegenwart Hesiods. Sein älteres Werk, die *Theogonie*, beschreibt die Entstehung der Welt in einer zeitlichen Folge von Göttergenerationen mit dem Ziel, die Ordnung der menschlichen Gegenwart als die des Zeus und der olympischen Götter zu definieren, als eine Welt, die unter dem Gesetz und der Gerechtigkeit des Zeus stand. Die *Erga* führten umgekehrt direkt in diese Gegenwart hinein und stellten sie unter harte Bedingungen. Dazu gehörte die von Zeus geschaffene Einrichtung der Haus- und Ehegemeinschaften und die damit begründete Arbeit. Das erklärte ein bekannter Mythos (*Erga*, 90–105. Zum Text vgl. Kap. 10.1): Zeus schenkte dem Bruder des Prometheus, Epimetheus, die schöne Braut Pandora, die eigens von den Göttern geschaffen worden war, um für den Raub des Feuers, das Prometheus den Menschen gebracht hatte, Rache zu nehmen. Damit kamen Ehe, Mühsal und Arbeit in das Leben der Menschen.

Marginalie: Hesiods Welterklärung

Die Erga Hesiods

Die *Erga* beginnen mit einem Musenanruf in Form einer Hymne: Die Musen sollen Zeus preisen, denn er mache die Schwachen stark, drücke die Starken zu Boden und gemahne die Menschen, sich an das Recht zu halten (1–9). Nach dieser Hymne beginnt Hesiod mit seinem eigenen Anliegen: Er will seinem Bruder Perses (bittere) Wahrheit verkünden (10). Wir hören von einem Erbstreit, den Hesiod mit diesem Bruder führte. Er sei um einen Teil seines Erbes betrogen worden, weil der Bruder die Richter des Ortes (die „Könige" *basilees*) mit Gaben bestochen habe (37–39). Perses' Armut aber sollte ihn dazu anhalten, nicht weiter zu streiten und zu betrügen, sondern zu arbeiten. Wir finden diesen Perses in verschiedenen Situationen (unter den *basilees*, als arbeitenden Bauern und als Seefahrer), die zu entsprechenden Mahnungen führen und die in ihrer Verschiedenartigkeit zeigen, dass es sich hier nicht um die Biographie eines einzigen Mannes handelte, sondern um Typen, die verschiedene Existenzoptionen repräsentieren. All dies steht unter einer Frage: Wie sollen sich Menschen, deren Alltag von Armut und Not beherrscht wird, verhalten, um auf gerechte Weise zu gedeihen? Armut steht hier für die Grundbedingung des Lebens. Ein jeder muss für seinen Wohlstand arbeiten, weil Nichtstun zu Armut führt. Armut und der Kampf gegen sie sind bei Hesiod das Gesetz, unter dem das menschliche Leben steht, die konkrete Wahrheit, die sein Gedicht trägt (zum Aufbau vgl. Nicolai 1964).

Arbeit als Lebensgrundlage

Diese Wahrheit galt für alle, denn auch die Reichen konnten arm werden, wenn sie diese Wahrheit missachteten. Das Gedicht stellt also nicht nur eine Sammlung von Bauernregeln dar, sondern entwickelt einen durchstrukturierten Gedankenzusammenhang über Arbeit und gerechtes Handeln unter der Bedrohung der Armut. Es ermahnt die Mitglieder der Elite (die *basilees*) gerecht zu handeln, und stellt die Notwendigkeit von Gerechtigkeit im Streit unter Bürgern und Nachbarn heraus. Hesiod spricht von zweierlei Arten des Streits (Eris): einem Streit, der zerstöre, und einem, der fördere (Erga 11–26). Letzterer sei der ursprüngliche (ideale) Streit, der ehrliche Wettstreit. Wenn Nachbarn mit Nachbarn um den Wohlstand streiten, steige die Lust an der Arbeit und bringe einen gerechten Gewinn. Damit stellt Hesiod den Wettstreit (*agon*) der Elite in die Arbeitswelt der Zimmerleute, Töpfer, Bettler und Sänger (25 f.), die einander als Nachbarn in einer alltäglichen, auf Verbindlichkeit beruhenden sozialen Welt begegnen. Diese Verbindlichkeit, die weder auf Verwandtschaft noch auf Freundschaft beruhte, ist nach neuerer Forschung möglicherweise die Grundstruktur, die das Bindungswesen der Bürger der griechischen Städte prägte (Schmitz 2014, 39 f.).

6.3 Quellen und Vertiefung

6.3.1 Bäuerliche Verhaltensregeln

Mit dir aber meine ich es gut und sage dir, Perses du großer Narr: Das Schlechte kann man haufenweise gewinnen, denn glatt ist der Weg und immer liegt es so nahe! Vor das Gutsein jedoch haben die unsterblichen Götter den Schweiß gesetzt, und lang und steil ist der Pfad dorthin und am Anfang auch steinig, doch hast du die Höhe erreicht, dann wird es leicht, so schwierig es anfangs auch war.
Derjenige steht allen voran, der selbst alles einsieht und bedenkt, was danach und bis zum Ende das Beste. Tüchtig ist aber auch der, der gutem Rat folgt. Wer aber weder selbst denkt noch anderen Rat hört und sich zueigen macht, der Mann ist nicht zu gebrauchen!
Du aber denke stets an meine Ermahnung:
Arbeite Perses, von göttlicher (erlauchter) Geburt, dass dich der Hunger hasse, Demeter aber, die schön bekränzte würdige Göttin, dich liebe und dir mit Nahrung den Speicher fülle!
Hunger ist doch immer des Trägen treuer Kumpan. Und dem, der in Trägheit hinbringt den Tag, dem zürnen Götter und Menschen, denn er gleicht den stachellosen Drohnen, die die mühsam gelesene Tracht der fleißigen Bienen in Trägheit vertilgen.
Du aber verrichte gern das Maß deiner Arbeit, dass dir der Jahreszeiten Ertrag mit Nahrung die Speicher fülle. Arbeit macht die Männer reich an Herden und Habe, und wer zupackt bei der Arbeit ist viel lieber den unsterblichen Göttern. Arbeit ist keine Schande, aber Nichtstun ist Schande. Wenn du fleißig bist, wird rasch dich der Träge beneiden, wenn du reich wirst. Den Reichtum begleitet Würde und Ansehen. Was immer dein Los ist, Arbeit ist das beste für dich, wenn du das törichte Herz von fremden Besitztümern abkehrst und hinwendest zur Arbeit und sorgst für dein Brot, wie ich dir rate.
Scham ist der Begleiter des bedürftigen Mannes. Scham, die mächtig schadet und auch nützt den Menschen, Scham begleitet die Armut, Frechheit aber geht mit dem Reichtum. Nicht die geraubten Güter gedeihen, sondern die von den Göttern gegebenen. Wer sich mit der Hände Gewalt Reichtum verschafft oder ihn auch mit seinen Worten erbeutet, wie es ja vielfach hier vorkommt, wenn Gewinnsucht den Verstand der Menschen ganz und gar verführt und Scham von Unverschämtheit besiegt wird: leicht stürzen einen solchen die Götter und lassen sein Haus schwinden, und kurze Zeit nur bleibt ihm der Reichtum.

Gleichen Frevel begeht, wer einen Schützling und wer einen Fremden misshandelt oder wer das Ehebett seines Bruders besteigt oder wer sich ohne Bedenken an hilflosen Waisen vergeht, wer seinen greisen Vater am schlimmen Ende des Lebens schmäht und schilt, ihn mit harten Worten misshandelt, diesem, glaub mir, zürnt Zeus selbst, und sucht ihn am Ende heim mit drückender Vergeltung.
[...]
Wer dein Freund ist, den lade zum Mahl und unterlass es beim Feind. Den aber lade am meisten zum Mahle der nahe dir wohnt. Denn wenn unverhofft ein Unglück auf dem Hof dir begegnet, dann kommen gurtlos (d. h. im Hemd) die Nachbarn (zur Hilfe), die Vettern müssen sich erst noch gürten. Schlechter Nachbar ist ein Kreuz, ein Segen der gute. Geltung wird dem zuteil, dem ein guter Nachbar zuteil ward. Und kein Rind kommt dir abhanden, wenn der Nachbar kein Schelm ist. Gut lass dir zumessen von Nachbarn und gut auch gib ihm wieder im gleichen Maß, und wenn du vermagst, auch reichlicher, dass du in Zeiten der Not später gefällig ihn findest.
Suche keinen schlechten Gewinn, denn schlechter Gewinn ist wie Schaden. Sei Freund dem Freunde, und steh dem bei, der dir beisteht. Gibt dem, der dir gibt, und gibt nichts dem, der dir nichts gibt. Gebern gibt man gern, Nichtgebern gibt niemand. Geben ist gut, Raub aber schlecht, denn er bringt Tod und Verderben. Denn gibt einer gern – und ist es auch Großes –, dann freut ihn die eigene Gabe und schenkt seinem Herzen Frohsinn. Nimmt einer aber, von Unverschämtheit geleitet, und ist es auch noch so gering, erkaltet sein Herz. Wenn du auch nur ein Geringes zu einem Geringen hinzufügst und dies häufiger tust, wird bald ein Großes daraus. Wer zum Vorrat hinzulegt, verdrängt den brennenden Hunger. Auch schafft der Vorrat im Haus dem Mann keine Sorge. Besser im Haus das Gut, denn leicht bringt Schaden das Draußen.

Hesiod, *Erga* 286–365 (Übersetzung BP nach Walter Marg).

6.3.2 Fragen und Anregungen

- Fassen Sie den Text zusammen. Welche Themenfelder finden Sie? Welche Sprichwörter lassen sich finden? Welche gelten auch heute und in wie fern? Beschreiben Sie das Grundprinzip dieser Verhaltensregeln. Wo handelt es sich um traditionelle Moral, was ließe sich besser in Gesetze fassen?
- Wie stellt sich die Alltagswelt der *Erga* im Gegensatz zu dem Idealbild der *Odyssee* dar? Wie erklären Sie sich den Mangel an sozialer Stabilität in der sozialen Welt der *Erga*? Woher rühren die Konflikte und lässt sich die soziale Ordnung durch Hesiods Mahnungen stabilisieren? Oder dienen die Mahnun-

gen eher der Anklage und dem Ruf nach einer neuen rechtlichen Ordnung? Definieren sie den Unterschied zwischen moralischen Verhaltensregeln und Recht.
- Beschreiben Sie die sozialen Funktionen von Haus und Nachbarschaft in den *Erga*.
- Erläutern Sie die Bedeutung räumlicher Nähe unter Nachbarn. Worin liegt der Grund für nachbarschaftliche Hilfe? Welche Begründungen werden für das Verhalten gegenüber Nachbarn gegeben? Wie entsteht Verbindlichkeit unter Nachbarn?

6.3.3 Literaturempfehlungen

Millett, Paul: Hesiod and his World, in: Proceedings of the Cambridge Philological Society 30, 84–115 (*zu Hesiods Epen als Spiegel der griechischen Bauernkultur*).

Schmidt, Martin: Die Welt des Eumaios, in: Luther, Andreas (Hrsg.): Geschichte und Fiktion in der homerischen Odyssee, München 2006, 117–138 (*die idealisierende Welt der Odyssee gegengelesen*).

Schmitz, Winfried: Die griechische Gesellschaft. Eine Sozialgeschichte der archaischen und klassischen Zeit, Heidelberg 2014 (*15–56 zu Homer und Hesiod als gesellschaftsgeschichtlichen Quellen*).

Schmitz, Winfried: Nachbarschaft und Dorfgemeinschaft im archaischen und klassischen Griechenland, in: Historische Zeitschrift 268, 561–597.

Strasburger, Hermann: Der soziologische Aspekt der homerischen Epen, in: Gymnasium 60, 1953, 97–114 (*grundlegendes Anschauungsmaterial*).

Ulf, Christoph: Die homerische Gesellschaft, München 1990 (*175–212 zu den Grundstrukturen des Hauses mit vielen Belegstellen*).

Wickert-Micknat, Giesela: Die Frau. Archaeologia Homerica III R, Göttingen 1982 (*grundlegendes Anschauungsmaterial*).

7 Städtebilder

7.1 „Stadt im Frieden" vs. „Stadt im Krieg"

Zu den neuen Waffen, die Hephaistos im 18. Gesang der *Ilias* für Achill in seiner Werkstatt auf dem Olymp schmiedete, gehörte ein prächtiger Rundschild. Der Dichter beschreibt diesen Schild so, dass man „sieht", wie der Schmiedegott den Schild zusammenfügt und darauf Bildwerke entwirft. Das Rund inspiriert den Gott zu einer Darstellung des ganzen Kosmos. Auf den Rand setzt er die Erde, den Himmel, das Meer, die Sonne, den Mond, die Sterne und die Bewegung der Sternzeichen. Den Kosmos der Griechen platziert er in typischen Bildern menschlichen Lebens auf dem Rund. Zu diesen Bildern gehören die aufeinander folgenden gegensätzlichen Bilder der „Stadt im Frieden" und der „Stadt im Krieg".

7.1.1 Die Stadt im Frieden

> Und auf ihm machte er auch zwei Städte von sterblichen Menschen, schöne. In der einen waren Hochzeitsfeiern und Gelage: Da führten sie Bräute aus den Kammern beim Schein der Fackeln durch die Stadt, und vielstimmig erklang das Brautlied. Jünglinge drehten sich im Tanz und der Klang von Aulosflöten und Leiern erhob sich. Staunend standen die Frauen, eine jede hervorgetreten vor ihre Tür.
>
> Das Volk aber war auf dem Markt versammelt. Dort hatte sich ein Streit erhoben. Zwei Männer stritten um die Sühnung für einen erschlagenen Mann. Der eine gelobte, dass er alles erstattet habe, und tat es dem Volke dar, der andere leugnete: nichts habe (oder: nichts wolle) er empfangen. Und beide begehrten beim Schiedsmann einen Entscheid zu erlangen. Und das Volk schrie beiden zu, hüben und drüben als Helfer. Und Herolde hielten das Volk zurück. Die Ältesten aber saßen auf geglätteten Steinen im heiligen Kreis. Und sie hielten die Stäbe von den Herolden, die mit ihren Rufen die Lüfte durchtönen, in den Händen und sprangen mit denen (den Stäben) dann auf und taten abwechselnd ihren Spruch. In der Mitte aber lagen zwei Talente von Gold, um sie dem zu geben, der unter ihnen am geradesten Recht spräche.

7.1.2 Die Stadt im Krieg

Um die andere Stadt aber lagen zwei Heere von Männern in Waffen strahlend. Und denen gefiel ein zweifacher Rat: Ob sie zerstören die Stadt oder halb und halb alles teilen, soviel an Habe die liebliche Stadt im Innern verwahrte. Die aber gaben noch nicht nach, sondern rüsteten heimlich zu einem Überfall. Auf der Mauer standen ihre Frauen und jungen Kinder und schützten sie, und mit ihnen Männer, die vom Alter gebeugt.

Sie aber eilten, und ihnen voran schritten Ares und Pallas Athene, beide ganz aus Gold und mit goldenen Gewändern angetan. Schön und groß mit Waffen wie Götter alles überragend, und die Männer darunter waren kleiner.

Und als sie nun dorthin gelangten, wo es ihnen zum Hinterhalt recht schien, dort am Fluss, wo die Tränke war für das Weidevieh, da ließen sie sich nieder, umhüllt von funkelndem Erz. Und entfernt von den Männern setzten sich zwei Späher abwartend, wann sie die Schafe sähen und die krummgehörnten Rinder. Die kamen bald, zwei Hirten folgten der Herde, nichts ahnend von dem Trug und erfreuten sich am Flötenspiel. Die aber, sobald sie sie sahen, stürzten hervor und hatten schnell die Herden der Rinder und den schönen Haufen der weißschimmernden Schafe für sich abgetrieben und töteten die Hirten. Wie nun die anderen, die bei der Versammlung saßen, den Lärm bei den Rindern vernahmen, bestiegen sie sogleich ihre leichtfüßigen Gespanne und fuhren rasch hin zu der Stelle. Und aufgestellt kämpften sie den Kampf an den Ufern des Flusses und warfen gegeneinander die erzbeschlagenen Lanzen. Eris (der Streit) war unter ihnen und Kydoimos (das Schlachtengetümmel) und auch die verderbliche Ker (die Todesgöttin). Die fasste einen frisch verwundet, einen anderen unverwundet, einen anderen tot und schleifte sie an den Füßen durch das Gewühl. Und ihr Gewand um die Schultern war tiefrot vom Blut der Männer. Und sie machten sich miteinander zu schaffen wie lebende Menschen und kämpften und entrissen einander die Toten, die dahingegangenen.

Ilias 18, 490–540 (Übersetzung BP nach W. Schadewaldt und R. Hampe)

7.1.3 Die Stadtbelagerung als Bildmotiv

Abb. 7: Fragment einer phönikischen Silberschale: Durchmesser 18 cm, aus einem Grab in Amathus auf Zypern.

Das Bildprogramm der Silberschale (Abb. 7) bedient sich sowohl der ägyptischen (innen) als auch der assyrischen Ikonographie (außen). Auf dem äußeren Fries sieht man das typische Bild einer Stadtbelagerung: Die Stadt, erkennbar gemacht durch die Ziegelmauern der Häuser und der aufragenden Türme der Stadtmauer, wird von zwei Seiten her von Angreifern auf Leitern attackiert, während von beiden Seiten das Heer heranprescht. Rechts kommen die Fußsoldaten, gefolgt von den Bogenschützen und den Streitwagen; links werden die Obstbäume und Dattelpalmen bereits von den Feinden abgeholzt, dahinter nähert sich die feindliche Kavallerie. Die Türme der Stadt werden von den Bewohnern verteidigt, über den Häusern erscheint in Andeutung der Kopf einer Frau, als Zeichen für die Bedrohungssituation der ungeschützten und bedrohten Bewohner, der Frauen, Kinder und Alten. Die Trachten der Heeresteile sind assyrisch. Dasselbe gilt für das Bildthema, dessen Prototypen sich auf den historischen Reliefs der neuassyrischen Paläste des 8. und 7. Jh.s finden lassen. Ähnliche Schalen sind in Etrurien und Griechenland gefunden worden in (Olympia, Delphi, Samos und Athen). Die Schale von Delphi zeigt eine ähnliche, weniger ambitioniert ausgeführte Belagerungsszenerie.

7.2 Die Stadt (*polis*) bei den frühen Griechen

7.2.1 Sinnbilder und ihre politische Aktualität

Die Aussage von Bildern

Die Schildbeschreibung im 18. Gesang der Ilias gilt als erste literarische Bildbeschreibung. Sie stellt zugleich die erste Reflexion darauf dar, auf welche Weise Inhalte durch Bilder vermittelt werden (Primavesi 2002). Der Dichter hatte wahrscheinlich die Bildgestaltung phönikischer Schalen als Beispiele vor Augen (Fittschen 1974, 7–9). Auch die Bildformel der Stadtbelagerung, die er als Einleitung für seine Beschreibung der „Stadt im Krieg" verwendet, weist auf diese Vorbilder hin. Alle Bilder der Schildbeschreibung stellen menschliche Grundsituationen dar und werden so in Szene gesetzt, dass sie allgemein verständliche Gefühlsäußerungen hervorrufen. Die „Stadt im Frieden" zeigt zwei Ereignisse, ein Hochzeitsfest in den Straßen und einen Rechtsstreit auf dem Markt. Es handelt sich um typische Szenen aus dem Leben in einer griechischen Stadt.

Der Rechtsstreit als Sinnbild für die Stadt

Ausführlich beschrieben wird die Szene auf dem Marktplatz. Zwei Männer, der Angehörige eines Erschlagenen und der des Totschlags Schuldige, streiten um die Entschädigung. Eine im Text nicht exakt zu ermittelnde und daher kontrovers diskutierte Frage unter den Interpreten ist, ob der Angehörige die Entschädigung generell ablehnt, oder ob er sie bei dem Beklagten eingeklagt, während dieser behauptet, bereits gezahlt zu haben. Auf jeden Fall geht es um eine hochemotionale Situation: Das Volk (gr. *demos*) ist hin- und hergerissen und unterstützt beide Parteien lautstark. Herolde müssen die Menschen zurückdrängen. Ein Schiedsmann steht da und verweist auf den Spruch der Ältesten. Die sitzen in einem rituellen Steinkreis, wobei einer (nach dem anderen) aufspringt, um mit dem Heroldsstab in der Hand seinen Spruch zu verkünden. Wir sehen eine Momentaufnahme, eine im Augenblick gefangene Handlung: einen Rechtsstreit im Moment höchster und kontroverser Emotion. Die Lösung kennen wir nicht; sie wird nicht „erzählt". D. h., das Bild zielt nicht auf Dokumentation eines Hergangs, sondern auf Betroffenheit, die in der Erscheinung des Hin- und Hergerissenseins des Volkes auf dem Markt unmittelbar in Erscheinung tritt.

Eine Gefühlslenkung anderer Art findet sich in der Szenerie der „Stadt im Krieg" Eindeutig ist der orientalische Bildtyp der belagerten Stadt. Daneben aber finden wir eine nicht zur Belagerung passende Situation. Die viel größer dargestellten goldenen Figuren der bewaffneten Götter Ares und Athene gehen Kriegern voran, die anscheinend aus der umzingelten Stadt entwichen sind und die Herden der Gegner (einer Nachbarsiedlung?) angreifen wollen, und es kommt zum Streit. Dieses Streitbild leitet über zu einer emotional aufgeladenen Bildmetapher auf die Schrecken des Krieges: Die göttlichen Personifikationen des Streites (Eris) und des Schlachtengetümmels (Kydoimos) sowie Ker (die Todesgöttin) waten durch das Blut der Toten und noch lebenden Verletzten.

Bilder und Gefühlslenkung

Klagen über die zerstörte Stadt mit dem Gegenbild der Stadt im Frieden gehören zum ältesten literarischen Genre und wurden bereits im Alten Orient geprägt. Der Iliasdichter hat das verbreitete allgemein verständliche Bildschema übernommen: Die Bilder der Schildbeschreibung von der Hochzeit für die prosperierende Stadt und das der Stadtbelagerung entsprechen der alten Metaphorik. Eine Abweichung allerdings stellt der ausführlich beschriebene Rechtsstreit dar. Streit als Bild für Frieden ist den älteren Vorbildern unbekannt. Aber gerade dieses Bild scheint der homerischen Beschreibung wichtig zu sein; das weist auf die Bedeutung des Rechtsstreits vor versammeltem Volk für die frühe griechische Gemeindebildung hin.

7.2.2 Städte bzw. Stadtstaaten im Nahen Osten

Städte gehörten im Nahen Osten zu den ersten staatlichen Gebilden. Als organisatorische Einheiten sind sie aus den technischen Erfordernissen der Bewässerungslandschaften des Persischen Golfes und des Nils in Ägypten hervorgegangen. Das ertragrei-

Frühe Stadtstaaten im Alten Orient

che Land konnte nur durch umfangreiche jährliche Organisation und organisierte Arbeit erhalten und erweitert werden. Grundlage dieser Städte war die zentrale Organisation zur Verteilung und Hierarchisierung der Arbeit und Distribution der Erträge, die eine umfangreiche Verwaltung und Schriftkultur hervorbrachte. Organe waren entweder der Tempel oder der Palast; an der Spitze standen entweder ein Priester oder ein König sowie eine Gesellschaft von hochgestellten Schreibern/Beamten. Dem Schutz der Bevölkerung galt eine differenzierte Gesetzgebung. Es gab den Gedanken der Gerechtigkeit ebenso wie eine Mythologie, die dem Priesteramt bzw. dem Königtum göttliche Rechtfertigung verlieh (Van de Mieroop 2003, 20–28). Den Begriff des „Staates" auf diese „Stadtstaaten" zu übertragen, fällt nicht schwer, da sich der organisatorische Überbau leicht erkennen lässt. Auch die Städte Syrien-Palästinas im 2. und 1. Jahrtausend gehörten zu diesem Typ. Es handelte sich um ummauerte, räumlich organisierte Einheiten handwerklicher Produktionsstätten und Handelshäuser, die einem Palast, d. h. dem König und seiner hochgestellten Verwaltung, unterstellt waren. Zum Bild einer phönikischen Stadt gehörten die Stadtmauer und Stadttore, die Handelsstraßen und Häfen mit den Märkten im Inneren der Stadt verbanden (Morstadt 2015, 78–85). Geprägt wurde die Stadt vom Tempel der Stadtgottheit und von Palästen der Königsfamilie, die auch die Oberschicht sowie Verwaltung und Archive des Handels beherbergten. Um diese Mitte gruppierten sich die Viertel mit den Straßen und Häusern der Handwerker. Die Bauernbevölkerung war nicht Teil der Stadt, sondern stand unter ihrem Schutz und war abgabepflichtig (Van de Mieroop, 205–215).

7.2.3 Die Anfänge der griechischen Städtegeschichte und die homerischen Epen

Die Städte der homerischen Epen scheinen äußerlich dem gerade beschriebenen Städtetyp zu gleichen. Sie besaßen aber eine völlig andere innere Organisation, der auch eine andere Vorstellung von städtischer Gemeinschaft zugrunde lag. Scheria, die sagenumwobene Stadt der Phäaken, wird in der *Odyssee* als gegründete Stadt mit einer stattlichen Umfassungsmauer, zwei Häfen, Häusern und einem mit Steinen eingefassten Markt in der Nähe des Poseidontempels beschrieben (Od. 6, 7–10, 262–267). Beim Troia der *Ilias* fällt die Mauer und der Burgberg, besetzt von dem Tempel der Athene und den Häusern der Familie des Priamos (Il. 6, 242–250, 313–317), in den Blick. Aber Ithaka, der Heimatort auf der Insel des Odysseus, besaß keine Mauer, sondern nur einen Markt oder besser einen Versammlungsplatz (Od. 2, 6–10). Auf dem versammelten sich sogar die Menschen der umliegenden Inseln.

Betrachten wir zum Vergleich die archäologischen Befunde, so stellt sich ein verwirrendes Bild ein (Kolb 1984, 58–112). Es finden sich unterschiedliche Arten von Stadtmauern, die verschiedenen Zwecken dienten. Die meisten Orte waren nur zum Teil der geographischen Lage entsprechend durch eine Mauer gegen feindliche Nachbarn oder – im Falle der Inseln – gegen Piraten geschützt (Lang 1996, 21–54). Die bekannten Städte des griechischen Festlandes wie Athen, Korinth oder Argos glichen eher dem Zusammenschluss einzelner Dörfer; sie besaßen anfangs, d. h. oft bis weit ins 6. Jahrhundert hinein, keine monumentale Architektur. Sie übten jedoch, ähnlich wie Ithaka, eine Zentralfunktion für die Dorfbewohner des Umlandes aus. Auf der Insel Samos sticht der große Hera-Tempel mit seiner fortschrittlichen Bauweise und dem reichen Schatzhaus hervor. Die geographische Lage und der natürliche Hafen machten diese Insel zu einem Zentrum von Handel und Verkehr. Das Leben der Siedlungen blieb ländlich und auf die agrarische Produktion ausgerichtet; allerdings versammelten sich die Samier an zentraler Stelle in der Nähe des Heiligtums und bildeten auf diese Weise eine „Stadt".

Frühe griechische Städte

Athen zeigte als Zentrum Attikas zunächst keine hervorstehenden architektonischen Merkmale. Die Akropolis – der Burgberg aus Mykenischer Zeit – bot sich als Fixpunkt für die neuen zentralen Funktionen der Stadt als Gemeinschaft der Bewohner des Territoriums an. Die darunter liegende Fläche (gr. *agora*, Pl. *agorai*) die zuvor vor allem als Friedhof diente, wurde gegen Ende des 8. Jahrhunderts freigeräumt und fungierte dann als Versammlungs- und Festplatz. Diese Art der Stadtwerdung hatte nichts mit Urbanisierung im modernen Sinn zu tun. Die Entwicklung der Agora in Athen zu einem architektonischen städtischen Zentrum wird erst als Resultat der Stadtwerdung im 6. Jahrhundert und später sichtbar. Mauern zum Schutz der Stadtbevölkerung und der ländlichen Bevölkerung Attikas wurden erst im 5. Jahrhundert infolge der Perserfeldzüge hochgezogen. Diese Stadtmauern trennten – anders als im Falle der phönikischen Städte – keine städtische Bevölkerung,

Die Agora als Mitte der Gemeinde

die Handwerk und Handel betrieb, von abhängigen und zinspflichtigen Bauern, die im Umland lebten. Im Gegenteil: Bei den griechischen Städten gehörten Stadt und Land zusammen und bildeten eine Gesamtbevölkerung, den *demos* (Volk/Gemeinde), der das typisch griechische Gemeinwesen im Innern ausmachte. So gehörten zu den phönikischen Städten mehrere Marktplätze, die hinter den Stadttoren und Häfen lagen. Die griechischen Versammlungsplätze, die man gerne mit „Markt" bezeichnet, wurden erst später auch zu Marktplätzen; ursprünglich waren sie öffentliche Räume (Hölscher 1998, 29–45; Hölkeskamp 1997).

Das bedeutete allerdings nicht, dass Stadtplanung und Mauerbau des altorientalischen Städtewesens keinen Einfluss auf die griechischen Stadtanlagen ausgeübt hätten. Die Mauern des kleinasiatischen Alt-Smyrna (Izmir) sind nahöstlichen Vorbildern nachgebildet (Lang 1996, 49). Dem Stadtplan von Megara Hyblea auf Sizilien liegt eine geometrische Strukturplanung zugrunde, d. h. das Straßenmuster und die Einteilung der Parzellen beruhten auf Messungen, deren technische Grundlagen auf phönikische Städteplanungen hinweisen. Als Vorbilder können Planstrukturen aus dem gegenüberliegenden Karthago gedient haben, das im 8. Jahrhundert angelegt wurde (Kistler 2015, 403 f.). Beide Städte waren Neugründungen. Besiedelt waren die Gebiete auf Sizilien und auch in Nordafrika bereits von ansässigen Bevölkerungsgruppen sowie von Phönikern und Griechen.

Anfänge der Gemeindebildungen

Die Anfänge der griechischen Städte im Mutterland sind nicht auf Einflüsse aus den auswärtigen „Gründungen" zurückzuführen. Städtebau und Gründungsakte waren vielmehr Ergebnisse eines sich nach außen abgrenzenden lokalen Identitätsbewusstseins, das sich in den verschiedenen Landschaften Griechenlands und seiner Umgebung im 8. Jahrhundert entwickelte. Die Anfänge der frühgriechischen Städte stellen sich als ein Prozess dar, der im späten 8. Jahrhundert begann und unter dem Einfluss von verschiedenen identitätsbildenden Faktoren in Bewegung gesetzt wurde. Dazu kann in den Gebieten außerhalb Griechenlands ein wachsendes Konkurrenzbewusstsein zu den Phönikern und zu den ansässigen Bevölkerungsgruppen beigetragen haben (vgl. Kap. 4.2). Ebenso wird ein allerdings nicht genauer quantifizierbares Bevölkerungswachstum in verschiedenen Gegenden des griechischen Mutterlands zu lokalen Zusammenschlüssen und der Bildung von neuem Gemeinschaftsbewusstsein angeregt haben.

Bei der frühen griechischen Stadt handelte es sich also nicht um ein geregeltes Machtgebilde, einen Staat, wie im Falle der altorientalischen oder der phönikischen Städte, und auch nicht um einen genau definierten „urbanen" Siedlungstyp, dessen Bevölkerung und Produktionsweise sich von dem ländlichen unterschied. Sie lässt sich für heutige Betrachter äußerlich nicht von den älteren größeren Siedlungen und Dörfern der sog. Dunklen Jahrhunderte unterscheiden. Der Unterschied zu den altorientalischen Stadtstaaten bzw. zum modernen Stadtbegriff besteht darin, dass am Anfang nicht der Bau einer Stadt und die Gründung eines gesicherten Herrschaftsgefüges stand, sondern dass die Bevölkerung eines größeren Territoriums sich an einem zentralen Ort sozusagen als Interessengemeinschaft zusammenfand. Die Wahl des Ortes orientierte sich entweder an günstigen geographischen Gegebenheiten oder an der Existenz älterer prominenter Besiedlungsspuren bzw. eines Kultortes. Dieser Versammlungsplatz (Agora) wurde durch Grenzsteine oder Pflasterungen als besonderer Raum markiert (Lang 1996, 63–68). Der prozessuale Anfang der frühen griechischen Städte lag damit nicht in einem neuen Typ urbaner Siedlung, sondern in einem lokalen Identifizierungsprozess in einer größeren Idee von Gemeinschaft.

Zentrale Orte

7.2.4 Die frühgriechische Stadt (*polis*) als „Idee" und Begriff

Stadtmauern gehörten nach dem archäologischen Befund nicht unbedingt zur griechischen Stadt. Sie besaßen aber eine große symbolische Bedeutung. Der Iliasdichter griff oft zu dieser Symbolik. Sie gehört zum (Belagerungs-)Krieg um Troia und ist als Bild auf dem Schild des Achill präsent. Das Beiwort der „gut ummauerten Stadt" wurde im Zusammenhang mit Städtenamen etwa im sog. Schiffskatalog (Kap. 3.3) gern verwendet. Eine Stadtbelagerung als Teil der Kriegsführung erscheint, wie gesagt, für die Verhältnisse der Zeit eher untypisch. Jedoch schafft kaum eine andere Situation eine ähnlich prägnante Vorstellung von einem Gemeinwesen. Die Verteidigung der Stadtmauern begründet auf starke emotionale Weise die Idee des Schutzes, dessen ein Gemeinwesen bedarf. Das Bild der Städtebelagerung war also eine sprechende Bildvokabel für den Gemeinsinn, der einer frühgriechischen Stadt zugrunde

Die belagerte Stadt als Sinnbild

liegen sollte. Einbegriffen in diesen Gemeinsinn waren die Frauen, Kinder und Alten als Teile der Bevölkerung, die es zu schützen galt.

Die Stadt als „Idee"

Diese Inhalte werden in der *Ilias* besonders mit Hektor und seiner Familie verbunden. Hektor gilt hier als der Beschützer Troias schlechthin. Mit ihm stehen und fallen die Stadt und ihre Bewohner. Das wird im 24. Gesang bei seiner Totenklage ausführlich von Andromache (seiner Frau), Hekabe (seiner Mutter) und Helena (der Schwägerin) dargestellt. Seinen Sohn, der ursprünglich den Namen Skamandrios trug, sollen die Troer zu Ehren Hektors Astyanax (Schützer der Stadt; Il. 6, 402 f.) genannt haben. Hektors Rolle und Selbstauffassung als Verteidiger der Stadt und umgekehrt die Not der Stadtbewohner werden in einem Gespräch zwischen ihm und Andromache im 6. Gesang der *Ilias* breit ausgefächert. Hektor erklärt Andromache, ruhmvoll zu handeln auch im Sinne seines Vaters bedeute für ihn, in der vordersten Reihe der Troer zu kämpfen. Jedoch nicht in erster Linie der eigene Ruhm bzw. der Beste zu sein, treibe ihn an, in den Krieg zu ziehen, sondern die „Scham vor den Troern und den Troerinnen" (441–446). Hier steht ein Held ganz im Dienst seiner Gemeinde und nicht der eigenen Ehre. Andromache ahnt den Untergang der Stadt voraus und erklärt damit, welches Gut es zu verteidigen gilt: Den Menschen, allen voran ihr und ihrem Sohn, drohe der Verlust der Freiheit und ein Leben als Kriegssklaven (454–465, bes. 455). Die Zugehörigkeit zur städtischen Gemeinschaft garantiere die Freiheit der einzelnen Menschen. Beim deren Verlust sei ihnen die Arbeit als Unfreie an einem fremden Ort bestimmt.

Die Funktion der Hektorfamilie in der Ilias

Hektor, Andromache und Astyanax besitzen in der Erzählung der *Ilias* eine einzige Funktion: Sie sind auf Seiten Troias mit den Folgen des Achilleszornes direkt verbunden. Hektor tritt als der wichtigste Gegner der Achäer auf, er ist siegreich, tötet Patroklos im Kampf und wird dafür von Achill getötet. Mit seinem Tod ist das Schicksal Troias besiegelt. Hektor und seine Familie gehörten nicht zu dem traditionellen „Heldenpersonal" der Troia-Epik und werden in Zusammenhängen, die in früheren Kriegsjahren spielten, nicht erwähnt. Es ist wahrscheinlich, dass sie vom Iliasdichter eigens für seine Erzählung geschaffen wurden (Kullmann 1961, 182–188). Damit wäre der Inhalt des Gespräches zwischen Hektor und Andromache von authentischem Wert und als zeitgenössische Aussage für das, was man als „Idee der Stadt" bezeichnen möchte, zu werten. Deren Hauptaussage wäre die Schutzfunktion, die die

Stadt für ihre Bewohner erfüllte und zwar nicht nur für Leib und Leben, sondern auch für ihren Status als Freie.

Die Bezeichnung für „Stadt" ist in der Sprache der homerischen Epen gewöhnlich *polis*. In den Epen wird *polis* in unterschiedlichen Zusammenhängen gebraucht. Das Wort kann eine befestigte Höhe, eine Burg bezeichnen. Manchmal unterscheidet der Dichter „Stadt" und „Land", wie in der *Odyssee*, wo das friedliche Leben des Eumaios auf dem Lande gegen das von den Freiern verursachte Unwesen in der Stadt abgesetzt wird. In diesem Fall bezeichnet der Begriff den zentralen Ort der größeren Gemeinde, den Raum, in dem Verkehr und Kommunikation stattfanden. Polis bezeichnete aber auch die ganze Gemeinde, d. h. einschließlich der Landbevölkerung, im Sinne von Herkunft bzw. Vaterstadt. In diesem Sinne werden auch die Bewohner des phönikischen Sidon „Sidonier" genannt. An einigen Stellen werden die Bewohner der Polis auch als *polites* („Bürger") bezeichnet.

Begriff der Polis

In der wissenschaftlichen Literatur wird der Begriff als historisierendes Kunstwort verwendet. Dieser Begriff der Polis meint die typische antike griechische Stadt und orientiert sich an den Kennzeichen der Verfassung Athens in klassischer Zeit. Er wurde bereits im 19. Jahrhundert verwendet, um das Typische am griechischen Staat zu bezeichnen, nämlich den Staat der Bürger (Gawantka 1985). In ihn eingegangen war der neuzeitliche und daher anachronistische Begriff des Staates als eine den Menschen übergeordnete Ordnungsmacht. Im späten 19. Jahrhundert wurde der Polis-Begriff zu einem kulturgeschichtlichen Systembegriff, der das politische Leben der Griechen als besondere Staatsform hervorhob. Heute wird mit dem Begriff „das Politische" als Charakteristikum besonders der athenischen Demokratie hervorgehoben. Dabei werden mit dem Begriff der Polis die historischen Grundbedingungen gesucht, die zu einem Gemeinwesen geführt haben, in dem Macht und Orientierung nicht durch eine Ordnungsmacht, sondern durch den täglichen (Wett-)Kampf der Worte und Interessen hervorgebracht wurden.

Sucht man also nach der „frühen Polis" in den homerischen Epen, so geht es auch um die Vorformen dieser Konstellation. Man sieht territoriale Gemeinschaften entstehen, die zentrale Orte, d. h. lokal übergeordnete Versammlungsplätze, herausbilden. Den literarischen Texten entnehmen wir, dass die Verteidigung der Bevölkerung, die Wahrung der Freiheit der Personen sowie der

Die Anfänge der Polis in den frühgriechischen Epen

Rechtsstreit eine zentrale Rolle spielen. Das praktizierte Recht war ungeschriebenes und größtenteils auch noch undefiniertes Recht, das aus Gewohnheiten und Konventionen hervorging. Im Zentrum der Auseinandersetzungen standen das Besitzrecht und die Verteilung von Land. Eine Verhandlung musste nach festen Regeln ablaufen. Im zweiten Gesang der *Odyssee* beruft Telemachos, der Sohn des Odysseus, eine Volksversammlung auf der Agora ein (Od. 2, 1–38). Seit Odysseus' Abreise soll keine solche Versammlung mehr stattgefunden haben, da der Anführer der Gemeinde fehlte. Das ist natürlich der Erzählung geschuldet und kein Abbild eines realen Geschehens. Aber wir erfahren, dass der Vorgang der Einberufung der Versammlung geregelt war. Herolde mussten den *demos* (das Volk) zur Versammlung aufrufen, den Aufruf jedem zu Gehör bringen. Die Sitzordnung war bestimmt, der Anführer eröffnete, dann folgten nach der Ordnung die Redner. Ein jeder, der zur Rede aufgefordert wurde, nahm den Stab zum Zeichen der Autorität seiner Worte. Es gab drei Gründe für die Einberufung einer Versammlung: zum einen, wenn ein fremdes Heer die Stadt oder ihr Territorium bedrohte und ein eigenes Heer aufgestellt werden musste; die Volksversammlung war zugleich eine Heeresversammlung. Zum anderen gab es sozusagen zivile Gründe: Dinge, die die ganze Gemeinde betrafen (etwa Brunnen), oder – wie im Falle des Telemachos – das Hausrecht eines Einzelnen. In diesem speziellen Fall klagt der Geschädigte (Telemachos), die Freier wegen Hausfriedensbruchs an.

7.3 Quellen und Vertiefung

7.3.1 Die gerechte und die ungerechte Stadt in Hesiods *Erga*

> Die aber rechten Bescheid geben Fremden und Einheimischen gerade und schlicht und sich nirgends vom Pfad des Rechts entfernen, denen gedeiht die Stadt und die Leute blühen in ihr. Friede herrscht im Land und nährt die Jugend und niemals verhängt der weitblickende Zeus leidvollen Krieg über sie. Nie wird der Hunger gerade richtende Männer begleiten, nie der Schaden; sie vollbringen ihr Werk für festliche Freuden. Reiche Nahrung trägt ihnen die Erde, die Eiche am Berghang trägt in der Krone die Früchte und unten (im Stamm) die Bienen. Unter der Last ihrer flockigen Wolle schwanken die Schafe und die Frauen gebären den Eltern gleichende

Kinder. Ständig gedeihen ihnen die Güter; und nicht auf Schiffen fahren sie hinaus, sondern Frucht bringt ihnen der Korn spendende Acker.

Doch denen das schlimme Unrecht gefällt und Freveltaten, denen bringt Zeus, der weitblickende Kronide, strenges Gericht. Und oft schon trug eine Stadt die Schuld des schlechten Mannes, der frevelte und schändliche Dinge ersann. Denen schickte Zeus vom Himmel herab schweres Leid: Hunger und Seuche und es sterben die Leute und die Frauen gebären nicht mehr, und nach dem Ratschluss des Zeus, des Olympiers, verderben die Häuser, oder der Kronide vernichtet strafend ihr starkes Heer, oder ihre Mauern, oder er versenkt ihre Schiffe auf dem Meer.

Ihr Könige, ach wollet auch ihr von euch aus solches Gericht bedenken! Denn inmitten der Menschen sind die Unsterblichen nah und geben acht, wenn Männer mit krummen Bescheiden einer den anderen peinigt und das Auge der Götter nicht scheut. Denn dreimal zehntausend sind auf der nährenden Erde die unsterblichen Wächter des Zeus über die sterblichen Menschen. Die überwachen die Wege des Rechts und schändliche Taten, dicht in Nebel gehüllt überall unterwegs im Land. Da ist auch sie, die Jungfrau Dike (das Recht), Zeus' eigene Tochter, die her und geachtet ist bei den Göttern, die auf dem Olymp wohnen. Verletzt sie nur ein Mensch und kränkt sie mit frechen Worten, dann setzt sie sich sogleich zu ihrem Vater, zu Zeus dem Kroniden, hin und erzählt ihm vom Trachten der rechtlosen Menschen, damit das ganze Volk die Frevel der Herrschenden büße, die verderblichen Sinnes das Recht beugen mit krummen Bescheiden. Davor hütet euch wohl, ihr Könige, fällt gerade Sprüche und schlagt euch die krummen aus dem Sinn, ihr (bestechlichen) Gabenschlucker! Selbst bereitet sich Schlimmes, wer anderen Schlimmes bereitet, und der schlimme Rat ist für den, der geraten, am schlimmsten. Alles erblickt das Auge des Zeus und alles bemerkend, und wenn er denn will, bleibt auch dies ihm nicht verborgen: Welches Recht diese Stadt im Innern beherbergt. So wie es jetzt steht, mag sogar ich selbst nicht gerecht leben unter den Menschen und auch nicht mein eigener Sohn. Denn schlimm ist es als Gerechter zu leben, wenn das größere Recht dem Ungerechten zuteil wird. Doch dazu wird es, so glaube ich, der ratsinnende Zeus nicht kommen lassen!

    Hesiod, *Erga* 225–272 (Ü BP nach Walter Marg und O. Schönberger)

7.3.2 Fragen und Anregungen

- Fassen Sie den Text in eigenen Worten zusammen uns strukturieren Sie ihn. Vergleichen Sie ihn mit dem Bild der beiden Städte auf dem Achilleus-Schild: Welche Gemeinsamkeiten lassen sich herausstellen, welche Unterschiede?

- Was wird über die Ordnung des Zeus und was über Dike (das Recht) gesagt? Was bedeutet Recht beziehungsweise Gerechtigkeit? Wie funktioniert Rechtsprechung? Welche Konsequenzen hat die manipulierte Rechtsprechung? Wer wird hier angeklagt?
- Was bedeutet „Stadt" bei Hesiod? Erläutern Sie das Verhältnis von Recht und Gemeinschaft.
- Welche Rolle wird der Oberschicht (d. h. den „Königen") zugewiesen?
- Nehmen Sie Stellung zu der These, dass der Konflikt um das Recht im Zentrum der frühgriechischen Stadt steht. Wird die Gemeinde durch den Streit gefestigt oder geschwächt? Nennen Sie Gründe für ihre These.

7.3.3 Lektüreempfehlungen

Hölscher, Tonio: Öffentliche Räume in frühen griechischen Städten, Heidelberg 1998.

Kolb, Frank: Die Stadt im Altertum, München 1984 (*generell zur Raumvorstellung und zur Archäologie der frühgriechischen Städte*).

Meier, Christian: Die Entstehung des Politischen bei den Griechen, Frankfurt am Main 1980 (*zur These, dass der öffentliche Streit - das Politische - den Wesenskern der griechischen Stadt ausmacht*).

Mitchell, Lynette G./P. J. Rhodes (Hrsg.): The Development of the Polis in Archaic Greece, London/NY 1997 (*eine Sammlung neuerer einflussreicher Aufsätze zur Definition der frühgriechischen Polis*).

Murray, Oswyn/S. Price (Hrsg.): The Greek City from Homer to Alexander, Oxford 1991.

Osborne, Robin/Barry Cunliffe (Hrsg.): Mediterranean Urbanization 800–600 BC, Oxford 2005 (*Aufsatzsammlung zu allgemeinen Merkmalen der griechische Stadt in zeitlicher Perspektive*).

Welwei, Karl-Wilhelm: Die griechische Polis. Verfassung und Gesellschaft in archaischer und klassischer Zeit, Stuttgart 1998 (*mit detaillierter Belegstruktur*).

8 Die „Könige" (*basilees*) und die Bedeutung von Konsens stiftender Redekunst

8.1 Die Redekunst als eine königliche Gabe

8.1.1 Odysseus der Held der überzeugenden Rede

> „Denn schon einmal kam der göttliche Odysseus hierher, um deinetwillen als Gesandter zusammen mit dem aresgeliebten Menelaos. Die nahm ich gastlich auf und bewirtete sie in meinen Hallen und lernte der beiden Gestalt und dichte Gedanken kennen. Als sie sich darauf unter die versammelten Troer mischten, ragte im Stehen Menelaos mit den breiten Schultern hervor, wenn sie aber beide saßen, war Odysseus der Ehrwürdigere. Sobald sie aber Worte und Gedanken webten vor allen, wahrlich, da sprach Menelaos nur Weniges und geläufig, doch mit sehr klarer Stimme, denn er war, obwohl von Geburt der Jüngere, nicht wortreich und kein nichtiger Schwätzer.
>
> Sobald sich aber der erfindungsreiche Odysseus erhob, stand er da und schaute nach unten, den Blick auf den Boden geheftet, und bewegte den Stab nicht rückwärts und nicht vorwärts, sondern hielt ihn starr in der Hand, einem linkischen Mann gleich; leicht hättest du sagen können, dass er stumpf sei und unverständig. Aber sobald er die gewaltige Stimme aus der Brust entsandte und Worte gleich einem winterlichen Schneegestöber, da hätte es mit Odysseus kein anderer Sterblicher aufgenommen. Und wir wunderten uns nicht mehr so sehr über Odysseus' äußere Erscheinung."
>
> *Ilias* 3, 205–224 (Ü BP nach W. Schadewaldt und R. Hampe).

Priamos, Antenor und Helena schauen von der Mauer Troias herunter auf das Schlachtfeld, wo sich die Helden der Achäer befinden. Beim Anblick des Odysseus erinnert sich Antenor an eine frühere Gesandtschaft, bei der Menelaos und Odysseus in Troia vorsprachen, um den Konflikt um Helena friedlich beizulegen.

8.1.2 Ungleiche Gaben

> Ihre Gaben der Anmut verteilen die Götter nicht gleich unter den Männern, weder an Wuchs noch an Verstand. Der eine ist zwar von wenig ansehnlichem Äußeren, doch ein Gott erfüllt ihn mit der Kraft der Worte und alle blicken mit Freude auf ihn. In der Versammlung spricht er treffend und

sicher mit einnehmender Scheu und ragt hervor aus der Menge; wenn er durch die Stadt geht, blicken sie auf ihn wie auf einen Gott. Ein anderer gleicht an Gestalt den unsterblichen Göttern, doch fehlt ihm die Kraft der Worte, so wie auch du ein strahlendes Aussehen hast – schöner könnte es ein Gott nicht schaffen – doch dein Verstand ist hohl!

Odyssee 8, 167–177 (Ü BP nach W. Schadewaldt und R. Hampe).

Dieser pointierte Vergleich des Athleten mit dem Redner ist Teil der Rede des Odysseus, die auf Euryalos' schmähliche Herabsetzung bei den Wettspielen der Phäaken zielt (vgl. Kap. 5.3).

8.1.3 Die Redekunst als Gabe der Musen an die „Könige"

Denn sie (die Muse Kalliope, die „Schönstimmige") begleitet auch die ehrwürdigen Könige. Und wem die Töchter des Zeus, des gewaltigen Gottes, von den zeusgehegten Königen Ehre erweisen und wen sie ansehen bei seiner Geburt, dem träufeln sie süßen Tau auf die Zunge und ihm fließen gewinnende Worte aus dem Mund. Und alle Leute schauen auf ihn, wie er die Satzungen abwägt und gerades Urteil fällt. Er spricht sicher und beendet schnell auch den gewaltigsten Streit mit kundigem Wissen. Darin besteht die Klugheit der Könige, dass sie den Leuten, die Schaden erlitten, auf dem Gerichtsplatz das Geschehene zum Guten wenden, ganz leicht mit freundlichen Worten überredend. Wenn ein solcher König zur Versammlung schreitet, dann wenden sich ihm alle mit Ehrfurcht und Scheu wie einen Gott zu. Und hervor ragt er unter den Versammelten. Solcher Art ist der Musen heilige Gabe an die Menschen.

Hesiod, *Theogonie* 80–93 (Ü BP nach W. Marg und O. Schönberger).

8.1.4 Erläuterungen

Ein neuer Heldentypus

Die Helden der *Ilias* repräsentieren unterschiedliche körperliche und charakterliche Typen und die dazu gehörenden Tugenden: Achill und Aias etwa sind die tapfersten und stärksten. Die Alten, wie Nestor, taugen nicht mehr zum Kampf und zeichnen sich als weise Ratgeber aus. Ein Held aber, Odysseus, der noch nicht zu den Alten zählt, steht für den öffentlichen Redner, der bei Versammlungen und Gesandtschaften mit Worten überzeugt. Dieser neue kommunikative Heldentypus passt nicht zu dem älteren antagonistischen Ideal des Kriegeradels, dessen Tugenden in Wettkämpfen unter Beweis gestellt wurden und als gegenseitige elitäre Erkennungszeichen galten. Die neuen Helden mussten sich mittels der Rednergabe vor der Versammlung und das heißt vor allen bewähren. In Hesiods *Theogonie* wird eine mythische Begründung gegeben für diese „königliche" Gabe des Vermittelns und der Rechtsprechung. Die Musen sind nicht nur diejenigen, die dem epischen Dichter die Fähigkeiten der Wort- und Gesangeskunst verleihen, sondern sie schenken auch den „Königen" die Gabe des Redners. Daran ist etwas bemerkenswert. Denn die Musen garantieren nicht, wie man es bei Monarchen annehmen sollte, dass jeder „König" kraft Geburt auf diese Gabe Anspruch habe, sondern sie versehen den einen bei seiner Geburt mit ihrer Gabe, den anderen aber anscheinend nicht. Wie bei den Helden der *Ilias* handelt es sich um eine persönliche Fähigkeit, die den einen „König" vor den anderen auszeichnet, die ihm Charisma verleiht. Seine Erscheinung strahlt nahezu göttliche Autorität aus und seine Worte vermögen Streit zu schlichten, Recht zu sprechen, das Volk zu beruhigen. Kraft seiner Erfahrung und daraus gewonnener Klugheit ist dieser redebegabte Held in der Lage Konsens herbeizuführen.

8.2 Die frühgriechischen „Könige" und die Begründung ihrer Autorität

8.2.1 Der *basileus* und die *basilees* in der *Ilias*

Obwohl die Übersetzung mit „König" leicht fällt, da der Begriff *basileus* in späterer Zeit einen Monarchen, etwa den persischen Großkönig, bezeichnete, ist er im Bezug auf die homerische Gesellschaft irreführend. Denn in den frühgriechischen Epen finden sich keine Alleinherrscher, sondern stets Gruppen von *basilees*, von Aristokraten also, unter denen die Anführerstellung potentiell umstritten ist (Ulf 1990, 85–125). Agamemnon, der oberste Heerführer der Achäer, gebietet über die Heere aller Achäer, die von einzelnen gleichrangigen Helden angeführt werden. Der Konflikt zwischen Agamemnon und Achill, der am Anfang der *Ilias* steht, wird bereits in der Versammlungsszene im ersten Gesang als typischer Statuskonflikt zwischen Gleichrangigen vorgestellt. Der Streit entzündet sich an einem Ehrgeschenk (gr. *geras*), das Agamemnon in Anmaßung seiner Autorität von Achill zurückfordert. Es handelt sich um die Königin Briseis aus Lyrnessos, die bei der Eroberung ihrer Stadt

Die „Könige" der Ilias

von Achill geraubt und ihm später in der Heeresversammlung als Ehrgeschenk zuerkannt wurde. Agamemnon forderte sie als Ersatz für die eigene Ehrgabe, die Tochter des Apollon-Priesters Chryses, die auf demselben Kriegszug geraubt wurde. Der Priester hatte sie unter der Androhung, dass Apollon sonst die Pest in dem Heer der Achäer grassieren lassen würde, zurückgefordert. Bei dem Streit geht es den Männern aber nicht um die Frauen, sondern um die Ehre bzw. um die Ehrengabe, die ihnen als Königen vom gesamten Heer zugestanden wurde. Agamemnon hat zwar den Oberbefehl inne, das war bei Musterung der Flotte in Aulis festgelegt worden (2. 339–347); aber Achill macht geltend, dass der oberste Heerführer auf seine Fähigkeit im Kampfe bei der Erfüllung des gemeinsamen Zieles, Troia zu erobern, nicht verzichten kann, und daher seinen gleichen Anspruch auf Ehre bzw. das Ehrgeschenk respektieren müsse.

Ehr- und Autoritätszeichen

Ein solches Ehrgeschenk war das zeremonielle Zeichen einer Machtposition, das zu verschiedenen Anlässen eingefordert werden konnte. Beim Konflikt zwischen Achill und Agamemnon handelte es sich um das Recht auf Beutezuteilung unter den Heerführern nach einem Kriegszug, eine Zuteilung, die vor dem ganzen Heer ausgeführt wurde (Il. 1, 126). *Geras* bedeutete aber auch die Ehre eines Sitzes im Rat für die Ältesten. Ein Ehranteil konnte die Zuteilung der größeren Portion an Fleisch und Wein bei einer Mahlzeit sein, und ebenso der Anteil des Mahles, der dem Gott als Opfer zukam. In allen Fällen hat die Zuteilung der Ehrgabe einen unmittelbaren positiven Effekt. So kann sich Agamemnon durch eine solche Ehrung, die er dem Kreter Idomeneus zuteilt, sofort dessen Loyalität sichern. Im Hintergrund der Gemeinschaft der Helden in den homerischen Epen lässt sich ein Regelwerk von Zeremonien und zeremoniellen Geräten finden, die dazu dienen, Machtpositionen auszuhandeln und die Gesellschaft der „Könige" zu ordnen. Dazu gehören auch die Stäbe (Zepter), die die Könige tragen. Sie sind Zeichen einer Würde, die von Zeus stammt und die daher zur Pflege des Rechts und zur Wahrung der Satzungen verpflichten (Il. 1, 234–239). Eine vergleichbare Autorität verleihende Funktion haben die Stäbe der Herolde und die Stäbe, die in Rat und Versammlung von den Rednern aufgenommen werden. Nach ethnologisch vergleichender Forschung handelt es sich um äußere Zeichen von Autorität in frühen Formen der Gesellschaftsbildung. Die Gesellschaft der Helden der *Ilias* wäre dann eine diesem einfachen Zustand übergeordnete Form der Gemeinschaftsbildung, in der einzelne Anführer mit ihren je eigenen lokalen Ansprüchen auf Autorität zusammentreffen.

8.2.2 Die „Könige" und das Volk

Alle „Könige" trugen als Attribut den Stab zum Zeichen ihres von Zeus herkommenden Wissens um die gerechten Satzungen innerhalb ihrer Gemeinde (Il. 2, 206). Damit war in der frühen Gemeinde die Bindung des Anführers an seine Umgebung und seine Funktion, Frieden zu stiften, ausgedrückt. Das Zepter des Agamemnon aber war etwas Besonderes und sollte seine Machtposition über die eigene Gemeinde (Mykene) hinaus im Heer der Achäer verkörpern. Es soll von Hephaistos selbst gefertigt und Zeus übergeben worden sein. Der wiederum hatte es dem Götterboten Hermes ausgehändigt, der es zu Pelops trug. Von diesem ging es über auf Atreus, den Stammvater des Geschlechtes, dem Agamemnon angehörte, und gelangte in Generationenfolge zu diesem, auf dass er „über viele Inseln und über Argos gebiete" (Il. 2, 101–108). Diese ausführliche mythologische Begründung königlicher Autorität geht weit über unser ethnologisches Modell hinaus und scheint sich auf einen echten Monarchen zu beziehen.

Die Stellung Agamemnons

Aber die Figur des Agamemnon erscheint zugleich wie das verfehlte Abbild eines Monarchen. Er versagt nicht nur mit seiner Autoritätsanmaßung gegenüber Achill als Heerführer, sondern auch eklatant mit seiner auf den Streit mit Achill folgenden Rede in der Heeresversammlung. Er erkennt die Abhängigkeit des Heeres von Achill, dem besten Krieger, nicht an, und will vor dem Heer das eigene Charisma unter Beweis stellen. Von Zeus mit einem falschen Traum fehlgeleitet, prüft er die Heere und fordert sie zum Schein auf, den Krieg um Troia aufzugeben und ohne Sieg heimzukehren. Das allerdings stachelt nicht, wie intendiert, das Ehrgefühl und die Kriegsleidenschaft der Soldaten an, sondern diese laufen tatsächlich zu den Schiffen, um sie flott zu machen, so dass Chaos und Anarchie drohen. Agamemnon versagt also vor dem ganzen Kriegsvolk.

Autorität

Eine Wende kommt erst durch das Einschreiten der Göttinnen Hera und Athene zustande. Sie fordern Odysseus, den „dem Zeus gleich wiegenden an Einsicht" (169), auf, die einzelnen Männer

Das Zepter geht an den Fähigen

„mit sanften Worten" (180) zur Umkehr zu bewegen. Odysseus ergreift das Zepter des Agamemnon als Zeichen der Autorität und schafft es tatsächlich, Ordnung in den Tumult zu bringen. Allerdings gelingt ihm das nicht nur mit „sanften Worten", sondern indem er den Herrscherstab auch für Schläge gegen Uneinsichtige einsetzt. Hier geschieht etwas sehr Ungewöhnliches und in einer Monarchie kaum Denkbares bzw. etwas, das einem Staatsstreich gleichkäme. Denn das Herrschaftszeichen wird einem Fähigeren übergegeben. Das Zepter gelangt von Agamemnon, dem rechtmäßigen, d. h. von Zeus eingesetzten und genealogisch bestätigten, Inhaber, zu Odysseus, dessen Fähigkeit der anstehenden Aufgabe am besten entspricht. Das geschieht immerhin im Auftrag der Göttinnen und mit der lapidaren Begründung, dass die Situation diesen Schritt erfordere.

Verallgemeinert könnte das Folgendes bedeuten: Es gab wohl eine Position der Herrschaft, die im Mythos und dem zeremoniellen Zeichen des Zepters ausgedrückt wurde. Diese versagte jedoch in der kritischen Situation, in der mehrere Personen mit ähnlichem Herrschaftsanspruch aufeinandertrafen. Gefordert waren in diesen Situationen Fähigkeiten und nicht traditionelle Ansprüche und deren Autoritätszeichen. Eine neue Form der Autorität lag in einem sich Bewähren durch kommunikative sprachliche und intellektuelle Fähigkeiten. Einem, der sich auf diese Weise bewährte, konnten die Götter sozusagen neu mit dem Zepter in das Amt einführen.

8.2.3 Die homerischen Epen als Erfahrungs- und Bildungsgrundlage

Epos und Gesellschaft

Aber woher sollten diese Fähigkeiten kommen? Wer hätte diese Redner ausbilden können? Vielleicht diente die Ependichtung als Grundlage dieses Austauschs von Erfahrungen und Wissen und gab sogar eine sprachliche Matrix für die Sprache der öffentlichen und rechtlichen Rede und damit einer neuen Problemlösungskultur vor. Nicht von ungefähr sinnierte Platon später, dass Nestor und Odysseus in ihren Mußestunden vor Troia eine erste „Technik der Rhetorik" entworfen hätten (Phaidros 261b).

Die frühgriechischen Epen vermittelten, wie gezeigt (vgl. Kap. 4), geographisches und ethnographisches Wissen. Es konnte es sich aber auch um politisches Wissen handeln. Wie gefährlich das Wissen eines epischen Sängers sein konnte, zeigt die Geschichte vom Schicksal des bei seiner Heimkehr ermordeten Agamemnon. Sein Nachfolger und neuer Ehemann der Klytaimnestra verbannt den Sänger von seinem Hof und will ihn auf einer Insel dem Tod überlassen (Od. 3, 267–271), denn die Usurpation sollte unter den Griechen nicht zum Gegenstand des Gesanges werden. In den Irrfahrtenerzählungen des Odysseus finden sich neben Fiktivem ebenfalls Elemente politischer Selbst-Reflexion: Die eigene Lebensweise zeichne sich durch „Versammlungen und Satzungen" aus im Gegensatz zu der primitiveren patriarchalischen Ordnung der Kyklopen (Od. 9, 112–115. Vgl. oben Kap. 4.2).

Darüber hinaus kann man in den homerischen Epen aber auch, ähnlich wie in den Epen Hesiods, didaktische Züge erblicken. Bei Hesiod steht die Belehrung im Vordergrund; sie wird vom Dichter (im Auftrag der Musen) direkt gegeben. In den homerischen Heldenliedern wird sie indirekt, durch die epische Handlung, vermittelt. Deren Darstellung bedient sich nicht nur des Konfliktes, sondern führt diesen in Form von oft weitläufigen argumentativen Auseinandersetzungen vor. Themen dieser Auseinandersetzungen sind Recht und Gerechtigkeit sowie die Frage nach einem angemessenen, Konsens stiftenden Reden und Verhalten. Hier sind wir wieder bei den „sanften Worten" des Odysseus angelangt. Deren Gegenteil ist ein „nicht nach der Ordnung Sprechen" (vgl. 9.2.4). Diese Ausdrucksweise wird dem Thersites zugeschrieben, der vom Dichter der *Ilias* zur Karikatur eines Helden gemacht wird, indem er ihn Agamemnon in jener anarchischen Heeresversammlung mit aufgeregt schriller Stimme beschimpfen lässt (2, 212–270). Es gibt also einen Stil der Rede, den der Iliasdichter als Vorbild hervorhebt und vermitteln will, den er besonders Nestor und Odysseus zuschreibt.

Didaktische Funktion

Die erste Rede Nestors in der *Ilias* (1, 254–84) soll im Streit zwischen Agamemnon und Achill vermitteln. Nestor wird als Redner mit „heller Stimme", dessen Worte „süß wie Honig fließen" eingeführt, als einer dem man gerne zuhört und positiv geneigt ist. Am Ende wird ihm Agamemnon zugestehen, dass er „nach Gebühr" gesprochen habe. Nestor beginnt seine Rede „mit Bedacht" und er setzt zu Anfang sogleich Effekte: Wie werden die Gegner reagieren, wenn sie vom Streit der Besten im Heer der Achäer hören? Dann verweist er auf seine Kompetenz als Ratgeber und führt seine frü-

Redekunst

heren Begegnungen mit mythischen Helden, sein Alter und seine Erfahrung an. Im Besitz dieser Autorität vergleicht er die Positionen und Ansprüche der beiden Streithähne miteinander (274–284): Agamemnon soll Achill das von der Heeresgemeinschaft zugeteilte Ehrgeschenk lassen, Achill umgekehrt aber nicht mit Agamemnon streiten, da die Position des „stabtragenden" Königs unvergleichbar sei. Dieser besitze ein Mehr an Macht, weil er über mehr Volk gebiete. Beide aber sollen ihren Zorn bändigen.

Friedensstiftung   Diese Rede gibt wie viele andere in der *Ilias* Einblick in die Redetechnik, die durch Auseinanderlegen der Positionen und Ansprüche in einem Streit einen gerechten Ausgleich zwischen den Parteien zu schaffen versucht. Der Streit zwischen Achill und Agamemnon wird an dieser Stelle aber nicht beigelegt. Agamemnon gibt erst nach, nachdem er erfährt, dass er ohne Achill nichts gegen die immer weiter vordringenden Troer ausrichten kann. Dann aber schlägt Achill dessen Versöhnungsangebot und Schuldeingeständnis aus. Das muss er bekanntlich mit dem Tod des Freundes Patroklos bezahlen, woraufhin die Versöhnung der Helden dann endgültig eingeleitet wird. Bei diesem Anlass wiederum hält Odysseus die Versöhnungsrede, die eine deutliche Reflexion nicht nur auf die Redetechnik, sondern auch auf die sprachlichen Möglichkeiten, Erfahrung in gerechtes Handeln umzusetzen, verrät (Il. 19, 181–183). Odysseus definiert hier eine neue soziale Tugend: die Empathie mit dem Gegner. Nach Beilegung dieses Streites, so Odysseus, könne Agamemnon vor allen (und vor der Nachwelt) als noch gerechter (*dikaioteros*) erscheinen. Er zeige dann, dass auch ein König sich mit einem Mann versöhnen könne, der ihn vorher beleidigt habe. Das setze nämlich voraus, dass dieser König einsieht, dass der Anspruch des anderen durchaus auch berechtigt gewesen ist.

Diese Worte des Odysseus setzen dem Prinzip des Statuskonflikts unter den Helden, nämlich der Notwendigkeit zu streiten (Kap. 5.2), ein anderes, die Gemeinschaft erhaltendes und Frieden stiftendes Prinzip entgegen (Donlan 1979). Das ist nicht singulär. Auf ähnlichem Reflexionsniveau befinden sich Odysseus' Entgegnungen gegen den Phäaken Euryalos. Die ausgleichende, die Ehren sozusagen gerecht verteilende Haltung lässt sich zuweilen auch im Verkehr der Helden untereinander finden. Bei den Wettkämpfen zu Ehren des verstorbenen Patroklos zeigt sich der jugendliche Sohn Nestors, Antilochos, als wahrer Sprössling seines Vaters. Er hatte beim Wagenrennen mit verwegener Technik vor Menelaos gewonnen, worauf ein Streit um die Ehrung des Siegers entbrennt. Antilochos sieht den Grund für den Zorn des Ranghöheren ein, versöhnt ihn mit konzilianter Rede und dem Hinweis auf das Vorrecht des Älteren (23, 589–595).

8.2.4 Der Streit der „Könige" Ithakas

Beim Streit der „Könige" geht es nicht nur um die Position des Ersten, nicht nur um den Statuskonflikt innerhalb ihrer Gruppe, sondern er betrifft die Gemeinschaft jener, die von den „Königen" abhängig sind. In der *Ilias* handelt es sich um die Heeresgemeinschaft und deren gemeinsames Kriegsziel vor Troia. Dieses gemeinsame Anliegen ist im Streit zwischen Agamemnon und Achill in Gefahr, so dass die Friedensfindung zwischen den Helden immer auch mit dieser gemeinschaftlichen Zielsetzung verbunden ist.

Streit in den homerischen Epen

In der *Odyssee* geht es um einen Streit zwischen den „Königen" Ithakas, zwischen Odysseus auf der einen und den Freiern, der Elite der Gemeinde, auf der anderen Seite. Bedroht ist dabei sozusagen die zivile Ordnung innerhalb der Gemeinschaft aller Ithakesier. Diese leben auf mehreren Inseln im Ionischen Meer und bilden den Personenverband „Ithaka", dem Odysseus vorsteht (Il. 2, 631–634). Zu diesem Groß-Verband, dem *demos* (Volk) zählen die Mitglieder der Elite, die die Inseln der Umgebung bewohnen (Od. 1, 245–248) und eine jeweils mit ihnen verbundene Anhängerschaft. Der heimkehrende Held muss seine Herrschaftsstellung unter diesen „Königen" und in der Groß-Gemeinde Ithaka beweisen, die nach dessen fast zwanzigjähriger Abwesenheit im Zerfall begriffen ist. Das gesamte Volk, das unter ihm vereint war, löst sich in die Machtbereiche der einzelnen Anführer – den Freiern der Penelope – auf und Anarchie droht.

Die Geschichte von der Heimkehr des Odysseus, der wahrscheinlich eine ältere Kriegsheimkehrergeschichte mit vielen Märchenmotiven, etwa der Weblist der Penelope oder der Bogenprobe der Freier um eine Braut, zugrunde liegt, wird in der *Odyssee* zu einem Exempel für einen neuartigen politischen Konflikt gemacht. Die Moral der Zuhörer der ursprünglichen einfachen Erzählung war ganz auf Odysseus' Seite. Der (gerechte) Mord an den Nebenbuhlern durch den spät heimkehrenden Mann im Moment höchster Not entspricht der moralischen Wucht eines Märchens und löst große

Erweiterung der Heimkehrergeschichte ins Politische

Befriedigung aus. Nicht so in der *Odyssee*, in der diese einfache Geschichte in die Realität einer frühen Polis gestellt und in der das häusliche Thema zu einem politischen wird. Gleich zu Anfang, genauer im 2. Gesang der *Odyssee*, wird der Konflikt, der durch die Abwesenheit des Odysseus zwischen seinem Haus und den Freiern entstanden ist, in Form eines Rechtsstreites vor der Volksversammlung der Ithakesier auseinandergelegt. Dieser Streit, in dem es um eine ungewöhnliche Pattsituation geht, wird mit rechtlichen Argumenten geführt; es ist aber bisher nicht gelungen, einen einheitlichen rechtlichen Rahmen für den Zusammenhang der Argumente der beiden Parteien zu finden. Es handelt sich wohl um einen didaktischen Idealfall, ersonnen vom Odysseedichter, um auf die politische Praxis seiner Zeit zu reflektieren.

Telemachos' Streit mit den Freiern

Telemachos beruft die Volksversammlung ein (Od. 2, 41–79). Sein Anliegen ist es, das Haus seines Vaters und das eigene Erbe zu schützen, das im Begriff steht, durch die aufwendigen Mahlzeiten der Freier materiell ruiniert zu werden. Seine und seiner Mutter Strategie war es bis dahin, das Haus, d. h. den ganzen Besitz des Odysseus, zu bewahren, bis dieser entweder zurückkehrt oder bis Telemachos' Volljährigkeit im Alter von 20 Jahren erreicht ist, so dass er den Besitz des Vaters als rechtmäßiger Erbe übernehmen kann. Penelope, die als Frau nicht erbberechtigt ist, wollte solange unverheiratet bleiben, um das Erbe des Sohnes stellvertretend zu schützen.

Die Herrschaft des Odysseus

Als Hintergrundinformation lässt sich der *Odyssee* entnehmen, dass das Königtum bzw. die Vorherrschaft des Odysseus in Ithaka durch seinen immensen Reichtum gesichert war (Od. 14, 98 f.), aber auch – und das spielt in der Dichtung eine größere Rolle – durch seine „königlichen" Fähigkeiten, Recht zu schaffen sowie klugen, überzeugenden und befriedigenden Rat zu geben und das Volk zu versöhnen. Das Geschlecht des Odysseus galt daher als „das königlichste im Volk Ithakas" (15, 533 f.). Diese Fähigkeit war allen Mitgliedern der Familie von Athena geschenkt worden, allen voran Penelope und Telemachos, der sich bereits in dieser ersten Volksversammlung als ein kluger und vernünftig argumentierender Redner auszeichnet.

Dem Herrschaftsanspruch, der mit dem Reichtum des Hauses des Odysseus verbunden war, gilt die unausgesprochene Strategie der Freier mit folgender Begründung: Da Odysseus verschollen ist (2, 85–128) pochen sie auf der Konvention, die auch im späteren

Recht verschiedener griechischer Städte bezeugt ist, dass eine verwitwete Frau nicht unverheiratet bleiben darf. Damit begründen sie ihre Zechgelage, mit denen sie wiederum den Reichtum und damit eine Grundlage der Vorrangstellung des Verschollenen ruinieren. Es geht um die Nachfolge der vakanten Herrscherposition; in ihren Reihen hat sich bereits einen Anwärter positioniert: Eurymachos, der sich als der „königlichste" (*basileutatos*) unter allen präsentiert, und auf den das Volk bereits „wie auf einen Gott" blickt (15, 520).

Die verschiedenen Positionen werden in dieser ersten Volksversammlung auf Ithaka in einzelnen Reden vorgetragen. Die Redner werden unterschiedlich charakterisiert, und zwar durch die Form der Rede, ihre Argumente und auch durch Hinweise auf Reaktionen sowohl der Götter als auch im Volk. Telemachos spricht überlegt mit emotionalem Gestus und bewegt die Zuhörerschaft (80–81). Die Freier dagegen ergießen sich in Provokationen und Beschimpfungen: Besonders frevelhaft geht jener Eurymachos gegen den Seher Halitherses vor, der in den Flügen zweier Adler über der Versammlung und den Häusern des Volkes ein Zeichen des Zeus erkennt und richtig die bevorstehende Heimkehr des Odysseus ankündigt (177–207). Der Dichter lenkt das Urteilsvermögen der Zuhörer mit Hilfe dieser äußeren Zeichen und der Form der Reden. Man folgt der Partei des Telemachos und dem Götterzeichen. Dennoch endet die Versammlung ergebnislos. Mentor, der Odysseus nahe steht und dem jener sein Haus anvertraut hatte, ruft das Volk zur Stellungnahme auf. Aber das Volk bleibt stumm. Leokritos, ein Freier, lacht ihn aus. Die Menge solle er nicht aufwiegeln, denn gegen die könne selbst ein Odysseus nichts ausrichten (243–251).

Die Reden vor der Versammlung

8.3 Quellen und Vertiefung

8.3.1 Volkes Stimme schweigt

Nachdem die ersten Argumente und Gegenargumente zu Penelopes Neuverheiratung ausgetauscht sind, antwortet Telemachos dem Antinoos:

> „Nein Antinoos! auf keine Weise kann ich die, die mich geboren und mich aufgezogen hat, gegen ihren Willen aus dem Haus verstoßen, während

mein Vater irgendwo lebend oder tot ist auf der Erde! Auch ist es schwer für mich, dem Ikarios[1] (die Mitgift) zurückzuzahlen, wenn ich aus eigenem Entschluss die Mutter fortschicken wollte. Von ihrem Vater erfahre ich Böses, und ein weiteres wird der Daimon geben, wenn die Mutter die bösen Erinyen (Rachegöttinnen) anruft, da sie aus dem Haus fortgeschickt wird, und schlimme Nachrede wird mir hier vor dem Menschen werden. Daher werde ich dieses Wort nie zu ihr sagen! – Doch wenn ihr noch Scheu empfindet vor diesem: Geht mir heraus aus den Hallen, besorgt euch andere Gelage, verzehrt eure eigenen Güter. Wenn es euch aber richtiger und besser erscheint, die Güter eines Einzelnen ohne Entgelt zu verzehren, dann tilgt sie aus! Ich aber werde zu den Göttern rufen, den immer seienden: Ob Zeus wohl gewährt ein Werke der Wiedervergeltung. Ohne Bußgeld würdet ihr dann in den Häusern drinnen zugrunde gehen!"

So sprach Telemachos. Da ließ der weitumblickende Zeus zwei Adler hoch her vom Gipfel des Berges zu ihm fliegen. Und sie flogen beide zuerst einher mit dem Wehen des Windes nahe beieinander und breiteten die Flügel aus. Doch als sie in der Mitte über der vielstimmigen Versammlung angekommen waren, da kreisten sie und schlugen schnell mit den Flügeln und strichen über die Köpfe aller und kündeten Verderben. Und mit den Krallen hackten sie sich die Wangen und Hälse und schwangen sich dann nach rechts über deren Häuser und Stadt. Die aber staunten über die Vögel und ahnten im Sinne, was sich später auch wirklich erfüllen sollte. Da sprach der alte Heros Halitherses, des Mastor Sohn, zu ihnen, denn er allein von den Altersgenossen kannte den Vogelflug und konnte das vom Schicksal Bestimmte künden. Der meinte es wohl und sprach zu ihnen und sagte: „Hört mich jetzt Männer von Ithaka, was ich sage! Den Freiern vor allem zeige ich es an und sage ihnen: Ein großes Unheil wälzt sich auf sie heran; nicht mehr lange wird Odysseus den Seinen fern bleiben, sondern er ist schon nah und plant denen allen Tod und Verderben. Doch auch vielen anderen, die wir die weithin sichtbare Ithaka bewohnen, wird er zum Unheil werden. So lasst uns beizeiten überlegen, wie wir ihnen Einhalt tun. Auch sie selber mögen innehalten, denn auch für sie wäre es das beste. Als Seher bin ich nicht unerfahren, sondern einer, der wohl weiß. [...]"

Da antwortete ihm des Polybos Sohn Eurymachos, : „ Alter, wenn du nach Hause gehen und deinen Kindern prophezeien wolltest, damit sie später kein Übel erleiden! Doch das hier weiß ich besser als du zu deuten! Viele Vögel kommen und gehen unter den Strahlen der Sonne, nicht alle sind aber Vorbedeutung! Odysseus ist in der Ferne zugrunde gegangen und wärest doch auch du mit ihm vergangen! Dann würdest du nicht so viel sprechen und weissagen und den Telemachos nicht so sehr in seinem Zorn aufreizen, weil du für dein Haus ein Geschenk von ihm erwartest! Aber ich sage dir gerade heraus und das wird sich erfüllen. Wenn du – der du

---

1 Vater der Penelope, der die Tochter mit neuer Mitgift aus seinem Haus wiederverheiraten müsste.

durch das Alter viel weißt – den jüngeren Mann mit Worten beredest und zum Zorn aufstachelst, dass er lästig wird, wird es ihm zuerst nur noch beschwerlicher werden und er wird damit nichts ausrichten können. Dir aber, Alter, werden wir Buße auferlegen, die zu entrichten, dir zum Kummer wird und zur Last. Dem Telemachos aber rate ich selber vor allen hier: Seine Mutter soll er anweisen, zu ihrem Vater heimzukehren, dass sie ihr dort die Hochzeit richten und das Brautgut bereiten, soviel sich für die Tochter als Mitgift ziemt. Denn die Söhne der Achäer werden nicht absehen von der leidigen Brautwerbung; zu fürchten haben sie niemanden, auch nicht den Telemachos, mag er auch noch so wortreich reden, und auch nicht das Götterzeichen, das du, Alter, vergeblich verkündet und dich damit nur noch verhasster gemacht hast. [...]."

Da stand unter ihnen Mentor auf, der ein Gefährte des untadeligen Odysseus war – der hatte ihm, als er zu Schiffe ging, sein ganzes Hauswesen übergeben, dem greisen Laertes zu gehorchen und alles gründlich zu bewahren. Der meinte es wohl mit ihnen und sprach: „Hört mich jetzt, Männer von Ithaka, was ich euch sage! Niemals soll ein zepterntragender König mehr von Herzen milde und freundlich sein noch auch das Rechte in seinem Sinne wissen, nein immer hart soll er sein und frevelhafte Dinge üben! Denn keiner hier gedenkt des göttlichen Odysseus von den Männern des Volkes, über die er Herr war, und er war doch so freundlich wie ein Vater! Wahrhaftig den mannigfachen Freiern will ich es nicht verargen, wenn sie gewalttätige Werke üben mit dem bösen Ränkesinn ihres Geistes. Denn sie setzen doch die eigenen Köpfe aufs Spiel, wenn sie das Hausgut des Odysseus mit Gewalt verzehren und meinen, dass er nicht wiederkehre. Dem anderen Volke verarge ich es aber, wie ihr alle zusammen stumm da sitzt und die wenigen Freier nicht mit Worten angeht und ihnen Einhalt tut, ihr seid doch so viele!"

Da antwortete ihm Leokritos, Euenors Sohn: „Mentor, du Heilloser und Geistesgestörter! Was sagst du und treibst sie an, uns Einhalt zu gebieten! Es wäre wohl schwer, mit Männern – und gar mehreren – um eine Mahlzeit zu kämpfen! Denn käme auch selbst Odysseus der Ithakesier herzu und wollte die in seinem Hause schmausenden edlen Freier aus seiner Halle werfen: dann würde die Frau, die so sehr sein Kommen herbeisehnt, sich nicht mehr freuen, denn er fände an Ort und Stelle ein schmähliches Ende, wenn er mit mehreren kämpfen wollte! Das hast du nicht nach Gebühr gesprochen! [...]"

Odyssee 2, 129–251 (Ü BP nach W. Schadewaldt und R. Hampe).

8.3.2 Fragen und Anregungen

- Charakterisieren sie die Reden der verschiedenen Parteien: wie unterscheidet sich deren Redeverhalten gegenüber der Zuhörerschaft:

- Welche Argumente führt Telemachos an? Werden sie von Eurymachos widerlegt?
- An welchen Stellen wird ein Bezug auf die Meinungsbildung der Versammlung deutlich? Lassen sich die Reaktionen des Volkes indirekt beschreiben und erklären: Welchen Hinweis geben die Götterzeichen? Warum schweigt das Volk am Ende dennoch? Warum kann Leokritos mit der Reaktion des Volkes drohen?
- Beschreiben Sie die Fundamente der Macht eines „Königs". Welchen Hinweis gibt die Beschreibung der „Volks-Psychologie" auf den Zustand der Verfassung der Gemeinde?

8.3.3 Lektüreempfehlungen

Cobet, Justus: Art. König, Anführer, Herr, Monarch, Tyrann, in: Welskopf, Elisabeth C. (Hrsg.): Untersuchungen ausgewählter altgriechischer sozialer Typenbegriffe, Berlin 1981, 11–66 (*bes. 11–44. Textorientierte Begriffsbestimmungen, Funktionen, Voraussetzungen der einzelnen Titel*).

Donlan, Walter: The Structure of Authority in the Iliad, in: Arethusa 12, 1979, 51–70 (*zum Verhältnis von Autorität und Konsensfindung*).

Hammer, Dean: The Iliad as Politics: The Performance of Political Thought, Oklahoma 2002.

Ulf, Christoph: Die homerische Gesellschaft, München 1990, 85–125 (*genaue und anschauliche Zusammenführung der Textstellen unter den Themen Macht, Konflikt, Demos, soziales Ansehen*).

Walter, Uwe: An der Polis teilhaben. Bürgerstaat und Zugehörigkeit im archaischen Griechenland, Stuttgart 1993 (*29–88, bes. 29–44 zur Odyssee*).

9 Literarische und dokumentarische Quellen, oder: Was ist unter dem frühgriechischen Staat zu verstehen?

9.1 Frühes Verfassungsrecht

9.1.1 Die sog. Verfassungsinschrift von Dreros auf Kreta

Abb. 8: Inschrift aus Dreros/Kreta, um 630 v. Chr. datiert.
Dorisch-kretischer Dialekt, die Zeilen links- und rechtsläufig.
< ← θιός ολοιον >

← ἅδ' ἔϝαδε | πόλι'| ἐπεί κα κοσμήσει | δέκα ϝετίον | τὸν ἀ-
→ ϝτὸν | μὴ κόσμεν· | αἰ δὲ κοσμησίε, | ὁ [π]ε δικακσίε, | ἀϝτὸν ὀπῆλεν | διπλεῖ |
καϝτὸν
← ἄκρηστον | ἦμεν, | ἆς δόοι, | κὄτι κοσμησίε | μηδὲν | ἤμην.
← Χ ὀμόται δὲ | κόσμος |κοὶ δάμιοι | κοὶ ἴκατι | οἱ τᾶς πόλ[ιο]ς.

DOI 10.1515/9783110468779-009

Gott möge gnädig sein (?). So hat entschieden die Polis (= Versammlung): Wenn einer Kosmos (= Oberbeamter) gewesen ist, soll für zehn Jahre derse|lbe nicht (wieder) Kosmos sein. Wenn er (doch) als Kosmos amtiert: gleich, was er geurteilt hat, soll er (an Strafe) schulden ein Doppeltes, und er | soll für das Amt unbrauchbar sein, solange er lebt, und was er als Kosmos verfügt hat, soll nichtig sein. vacat | Eidesleister sollen sein der Kosmos und die Damioi (= Finanzbehörde?) und die Zwanzig (= der Rat?) der Stadt. vacat[1]
(Umschrift des griechischen Textes nach: Jeffery, 1990, 413, zu Tafel 59.1a.; Seelentag, 2009, 69; Übersetzung: Wolfgang Günther, aus: Brodersen/ Günther/Schmitt, 1992, S. 3, mit freundlicher Genehmigung der WBG).

9.1.2 Erläuterungen

Die Fundumstände

Dreros war eine befestigte frühgriechische Stadt im Nordosten Kretas, von Bedeutung bes. vom 8. bis zum 6. Jahrhundert. Auf der Anhöhe südwestlich der Agora befand sich der Apollon-Tempel, einer der frühesten bekannten steinernen Bauten, dessen erste Bauphase bereits gegen 750 begann und der bis ins 3. vorchristliche Jahrhundert im Gebrauch war. Vermutlich zur Ost-Mauer dieses Tempels gehörten Steinquaderfragmente, die sich zu acht verschiedenen Inschriften zusammenfügen ließen, die ins späte 7./6. Jahrhundert datieren. Eine dieser Inschriften ist das oben dokumentierte sog. Verfassungsgesetz der Stadt. Es ist das erste Zeugnis seiner Art im frühen Griechenland. Das wiederum deutet auf die allgemeine Fortschrittlichkeit Kretas in jener Zeit hin. Die Insel lag im Zentrum des ostmediterranen Verkehrs und Kulturaustauschs. Die ältesten Zeugnisse für die Übernahme der Alphabetschrift von den Phönikern stammen aus Kreta.

Die Inschrift

In der Inschrift werden zum ersten Mal die Befugnisse eines obersten Amtsinhabers, d. h. seine Befugnis zur Ausübung von Macht, etwa bei der Rechtsprechung, bezeichnet und begrenzt. Diese Befugnis war auf die Zeit von einem Jahr beschränkt und konnte erst nach zehn Jahren wieder aufgenommen werden. Wer dem zuwider handelte, wurde bestraft und durfte das Amt nicht mehr ausüben, selbst wenn er dabei kein anderes Unrecht getan hatte. Die Verfügung wurde beeidigt und öffentlich an der Wand des Tempels, der über der Agora gelegen war, ausgestellt. Die Stadt,

---

1 | = Zeilenumbruch; Vacat = Leerstelle

das Gemeinwesen (*polis*), stellte die verfügende Instanz dar. Der Inschrift lässt sich außerdem entnehmen, dass es verschiedene andere städtische Amtsorgane gab. Der *kosmos* (eine Art Oberbeamter, Pl. *kosmoi*) gehörte vielleicht einem Gremium der *kosmoi* an. Darauf jedenfalls weist der Vergleich mit späteren Verfassungen kretischer Städte hin. Über einen genauer definierten Amtsbereich ist nichts bekannt. Der Begriff leitet sich von *kosmos* („Ordnung") ab. Die Haupttätigkeit lag wahrscheinlich in der Rechtssprechung. Außerdem wird in der Inschrift ein Rat der Zwanzig genannt. Das war wohl ein aus den Mitgliedern der Elite zusammengesetzter Rat, der auf zwanzig Personen begrenzt war. Die *damioi* hingegen waren, wie der Name nahelegt, wohl vom Volk gewählte Verwalter; eventuell vergleichbar mit den *demioi* der Odyssee (8, 259), die bei den Wettkämpfen auf Scheria als neun vom Volk gewählte Schiedsrichter der Spiele für Ordnung sorgen.

9.2 Die Quellen zur frühen Verfassungsgeschichte der griechischen Städte

9.2.1 Die sog. Verfassungs-Inschrift von Dreros als historisches Dokument

Diese Inschrift unterscheidet sich als Quelle von den literarischen Zeugnissen, wie sie die Epen Homers und Hesiods darstellen. Es handelt sich bei der Inschrift um ein Dokument bzw. einen Überrest, der direkt aus dem materiellen Leben der historischen Zeit stammt. Von den übrigen archäologischen Quellen, die als Gegenstände der materiellen Kultur (vgl. Kap. 12) ebenfalls Überreste darstellen, unterscheidet sich die Inschrift dadurch, dass sie eine sprachliche, unmittelbar interpretierbare Mitteilung enthält.

Für die historische Einordnung der Inschrift von Dreros war die Rekonstruktion der Fundzusammenhänge förderlich (Seelentag 2009). Die Beschreibfläche, der Steinblock, auf dem sich die Inschrift befand, ließ sich der Außenmauer des Tempels von Dreros zuordnen. Dieser Tempel wiederum stand in einem direkten räumlichen Verhältnis zu der unter ihm liegenden, durch Stufen erreichbaren viereckigen und recht großen (ca. 40x20m), mit Steinen eingefassten Agora der Stadt. Auf Grund dieses gegenständlichen Befundes wird die Inschrift als Teil des größeren, die Blicke auf

Historische Einordnung der Inschrift

sich ziehenden Tempels selbst zu einem sprechenden Monument, welches sich an die Versammlung auf der Agora richtet. Mit ihrem Text ordnet sich die Inschrift direkt in die politische Lebenspraxis der Stadt ein, den Personenverband der Bürger von Dreros. Die Inschrift veröffentlichte einen Beschluss der Polis, bzw. des ganzen Demos und stellte den Beschluss damit unter dessen Kontrolle, indem sie an den Eid erinnerte, durch den das Gesetz beurkundet wurde (Hölkeskamp 2000).

Das Besondere an diesem Befund lässt sich aus dem Vergleich mit dem idealisierten Königtum der frühgriechischen Epen entwickeln. Die Idee der im politischen Handeln und Urteilen eines Königs liegenden Legitimation (Kap. 8.1) wurde durch eine rechtliche Bestimmung eingehegt. Nicht mehr im Charakter und den Fähigkeiten des Machthabers sollte die Gerechtigkeit liegen, sondern in einem Gesetz, das Macht als übertragbare Gewalt eines Amtsträgers verstand, der von der ganzen Polis eingesetzt und dessen Einsetzung zeitlich begrenzt wurde. Machtausübung war nun nicht mehr eine durch Konvention vermittelte Stellung einer herausragenden Persönlichkeit aus dem Kreis der Elite, sondern Machtausübung wurde übertragbar und mittels des Gesetzes definiert und kontrolliert. Erinnert sei hier an die Übertragung des Zepters Agamemnons im 2. Gesang der *Ilias*, das erst in den Händen des fähigeren Odysseus seine die Gemeinde ordnende Macht entfaltet (vgl. Kap. 8.2.2).

Frühe Gesetze

Die Regelungen des Gesetzes bestanden im Unterschied zur Konvention aus konkreten Formulierungen. Sie waren einklagbar und erzwingbar. Sie bestimmten den Sachverhalt und sie wurden von einer bestimmten Gemeinde zu einer bestimmten Zeit in Kraft gesetzt und dokumentiert. In einer vornehmlich mündlich kommunizierenden Gemeinschaft wie der im frühen Dreros war die Inschrift nicht nur ein Dokument, sondern zu allererst ein sichtbares Monument, das vor die Augen aller auf der Agora Versammelten trat (Hölkeskamp 2000).

Verfassungsbegriff

Wird diesem frühen Inschriftentext durch Zuordnung zum großen Interpretationsfeld von Staat und Politik vielleicht zuviel zugemutet (vgl. Seelentag 2009)? Wenn man nämlich den Begriff „Verfassungsgesetz" für dessen Inhalt einsetzt, geht man doch weit über das (wenige) in dem Text Beurkundete hinaus. Er wird dann im Sinne eines aktuellen historischen Interesses bzw. Verstehens interpretiert, das sich aus der modernen Lebenspraxis ableitet.

Unter Verfassung versteht man heute die differenziert aufgebaute rechtliche Ordnung des modernen Verfassungsstaates. Diese auf das 19. Jahrhundert zurückgehende Staatsform bildete in der Forschung vielfach die Messlatte für historische „Staatlichkeit". Dabei stellt sich die Frage, ob die frühgriechischen Quellen durch das moderne, konkrete und rechtlich differenzierende Begriffssystem überhaupt erschlossen werden können (Walter 1998). Die frühgriechischen politischen Inschriften waren nicht Teil eines systematisch aufgebauten obrigkeitlichen administrativen Systems, welches heute der Begriff des Staates umfasst. Sie gingen aus einzelnen die Gemeinschaften betreffenden Konflikten hervor. Dabei wurde die Ausführungsmacht, die in öffentlichem Handeln lag, im Einzelfall problematisiert, festgelegt und begrenzt (Gehrke 1993). Das war nötig, weil die Anführer in den Gemeinden bisher ihre Funktion bei Bedarf und ohne zeitliche Befristung wahrgenommen hatten. Dem Amtsträger wurde die Machtbefugnis für einen definierten beschränkten Zeitraum von der Polis oder dem Demos verliehen. Dieser Personenverband, d. h. das ganze Volk, wurde damit zum Rechtssubjekt.

9.2.2 Frühe Staatlichkeit

Die Begriffe von Staatlichkeit und Vorstaatlichkeit werden im Zusammenhang mit der frühgriechischen Geschichte verwendet, um die Geschichte der frühen Gemeinschaftsbildungen in eine historische Entwicklung einzuordnen. Man sucht nach einer aus verschiedenen Faktoren sich zusammensetzenden charakteristischen Genese des typisch griechischen sog. Polisstaates. Für die innere Organisation der griechischen Siedlungen in der Zeit vom 11. bis zum 9. Jahrhundert wird der Begriff „vorstaatlich" verwendet. Man nimmt an, dass es in den frühen Siedlungen wenig ausdifferenzierte Organisations- und Führungsstrukturen gab: dass Personenverbände nach Familien organisiert waren bzw. dass sich größere Clanstrukturen gebildet hatten, aus deren Mitte im Laufe der Zeit einzelne Führungspersönlichkeiten hervorgetreten waren. Hierbei handelt es sich um Modelldenken, das als Hilfsmittel zur Analyse der archäologischen Befunde der frühen Begräbnisstätten und Siedlungen dient. Dieses modellhafte, durch Beobachtungen von Verhältnissen in „primitiven" Ethnien des 20. Jahrhunderts

Vorstaatlichkeit

geschulte Rekonstruieren wird durch die Schriftquellen, besonders aber durch die frühgriechische Epik begrifflich bereichert. Man kann die Kriegergesellschaft und ihre Konflikte theoretisch auf die frühen vorstaatlichen Verhältnisse beziehen, das Konflikt- und Rechtsdenken der Epen aber der frühen „Staatlichkeit" zuordnen. Mit den frühen Inschriften hingegen und der Trennung von Amt und Macht sowie der Definition des Subjektes, welches diese Macht verleiht und kontrolliert, ist die Zuordnung zur Staatlichkeit zweifelsfrei gegeben. Daher spricht man im Bezug auf die frühen öffentlichen Inschriften aus der Zeit des späten 7. und frühen 6. Jahrhunderts von „Staatlichkeit" (Walter 1998; Gehrke 2013).

Anfänge der Staatlichkeit

Aber was heißt das konkret? Die Inschrift aus Dreros ist als erstes Dokument dieser Staatlichkeit in jener Zeit fast singulär. Es gibt nur eine ähnlich früh datierbare vergleichbare Inschrift aus Tiryns. Dazu ist zu bedenken, dass archäologische Funde Zufallsbefunde darstellen, man also nicht weiß, wie viele unentdeckte derartige Dokumente es noch gibt. Es ist anzunehmen, dass es zu dieser Zeit fast überall im griechischen Raum ähnliche Konflikte und Tendenzen zur Ordnung der Gemeinwesen gab. Durch Beschreibung, Regelung und Verstetigung im Ansatz bereits vorhandener konventioneller Gremien, wie des Ältestenrates oder der Heeresversammlung, konnten gemeinsame Beschlussinstanzen geschaffen werden und damit die Polis als das übergeordnete Subjekt dieser Gemeinschaften Kontur gewinnen. Das lässt sich allerdings nicht mit dem Akt einer Staatsgründung im modernen Sinn vergleichen. Es wurde kein verfassungsgründendes Gremium eingesetzt, das eine Verfassung als ein staatsrechtlich differenziertes ideelles Gebäude entwerfen sollte. Die Vorstellung von einem Staat als einem rechtlich durchdrungenen Konstrukt gab es nicht. Die Evidenz der frühen Inschriften zeigt vielmehr ein auf den einzelnen Konflikt bezogenes vorantastendes Vorgehen (Seelentag 2015). Daraus konnte sich ein erfahrungsbasiertes gesetzgeberisches Wissen entwickeln, das später als besonderes Wissen der Nomotheten (Gesetzgeber) in den Konflikten einzelner Poleis zur Anwendung kam.

9.2.3 Die frühgriechischen Epen als literarische Quellen und ihr Nutzen für die historische Einordnung von Dokumentquellen

Das Konfliktpotential, das am Anfang der frühen Staatsbildung (also der frühen Polis) stand, und die Ideen, die mit diesen Neuschöpfungen verbunden waren, lassen sich nicht direkt aus der gegenständlichen Überlieferung erschließen, weil diese das gedankliche Umfeld, welches das Handeln der Menschen bestimmte, nicht wiedergibt. Es muss stattdessen zu einer anderen schriftlichen Quellengattung gegriffen werden, den sogenannten Traditionsquellen. Diese Quellen berichten bzw. tradieren die Gedanken, Motivationen, Absichten und Hoffnungen von Zeitgenossen in Form von Selbstzeugnissen, etwa Briefen oder Tagebüchern bzw. Reportagen und Berichten. Für die Zeit der frühen Griechen, in der die Kommunikation vornehmlich in mündlicher Form verlief, gibt es zwar keine solchen auf den historischen Alltag bezogenen Quellen. Aber man kann fragen, ob eine mündliche Dichtung in Form der Epen Homers und Hesiods in einer überpersönlichen allgemeinen Form eine derartige Überlieferung zeitgenössischen Denkens enthält. Tatsächlich wurden hier die literarischen Quellen bereits in dieser Form interpretiert – und zwar aufgrund der Annahme, dass diese Dichter nicht nur darauf abzielten, ihr Publikum zu unterhalten, sondern dass sie es belehren und gedanklich wie sprachlich fördern wollten.

Frühe Konflikte und literarische Quellen

Dabei ist hervorzuheben, dass es außer dieser mündlichen Dichtung kein anderes Medium der Wissensverbreitung und Wissensvermittlung in der Gesellschaft des frühen Griechenlands gab. Die Annahme liegt nahe, dass die oft weitgereisten Sänger/Dichter als weise Männer, die über ein ungleich höheres Sprachvermögen verfügten als ihre Zeitgenossen, sich als Medium der Kommunikation und der Bildung zu diesem Zwecke anboten. Daher nimmt es nicht Wunder, dass in den Epen, auf verschiedene Weise ausgedrückt, typisierende Darstellungen der frühstaatlichen Konflikte und darüber hinaus eine gemeinsame Idee des Staates (der Polis) zu finden sind. Von unterschiedlichen Herangehensweisen ist auszugehen, weil die Gattungen – Heldenepos und Weisheitsepos – unterschiedliche ideologische Ansätze bedienten. Das Heldenepos sprach die Elite in ihrem Ehr- bzw. Statusdenken direkt an. Es war inhaltlich wohl auch auf den Erhalt dieser Elite ausgerichtet. Die

Epische Dichtung und zeitgenössische Wissensvermittlung

Epen Hesiods, in denen es – der Weisheitsliteratur gemäß – um das ganze Leben als gutes Leben ging, forderten Gerechtigkeit als Grundlage des Glücks der ganzen Polis, unbesehen der Ansprüche einzelner Schichten. Hier wird die Kritik an der Elite (den *basilees*) deutlich ausgedrückt. Diese anti-aristokratische Tendenz findet sich bei genauem Lesen aber auch in den homerischen Epen (Donlan 1973). Allem Anschein nach haben die beiden Dichter von *Ilias* und *Odyssee* in didaktischer Absicht auf ihr Publikum eingewirkt und durch Pointierungen innerhalb ihrer Erzählungen die politische Problematik ihrer Zeit eingefangen.

9.2.4 Die Polis als Idee und die homerischen Epen

Politische Aussage

Die Epen Homers und Hesiods können „politisch", d. h. bezogen auf das Gemeinwohl und die innere Herrschaftsproblematik der frühen Polis, gelesen werden. Im Mittelpunkt dessen steht der Rechtsfrieden, der eine „politische", d. h. eine alle Männer der Stadt betreffende, Bedeutung hatte. Dabei handelte es sich nicht um eine passive Bedeutung, bei der das „Volk" eine Gerechtigkeit „von oben" erwartete und dankbar annahm, sondern das Volk scheint nach Ausweis der epischen Quellen aktiv am Prozess der Rechtsfindung teilgenommen zu haben. Diese Beteiligung ließ sich als emotional engagiert definieren. Beispielhaft für die emotionale Qualität des Rechtskonflikts in den frühgriechischen Gemeinden war die Gerichtsszene auf dem Achilles-Schild im 18. Gesang der Ilias (vgl. Kap. 7.1), Die Bilder des Schildes zeigten Szenen griechischen Lebens; geprägte und typische Bilder also, die allgemeingültig sein sollten. Die Gerichtsszene wird als öffentliche Veranstaltung dargestellt, die auf der Agora stattfand. Das umstehende Volk bezieht für beide Streitparteien lauthals Stellung. Mit seiner Parteilichkeit schien es eine Art Vor-Abstimmung zu bewirken, die wohl die Annahme eines der Sprüche, die die Ältesten formulierten, beim Schiedsmann präjudizierte (18, 501 f.).

Aristokratie-Kritik

Die Heeres-/Volksversammlung im 2. Gesang der *Ilias* wird ebenfalls als emotionale Situation dargestellt. Ausgelöst hat sie der schlechtberatene „König" Agamemnon, der die Folgen seiner Worte nicht einzuschätzen vermochte und gegen seine Absicht das Heer in großem Tumult zu den Schiffen und zur Abfahrt trieb. Diese emotionale Verunsicherung wird von Thersites ausgenutzt

(Il. 2, 121–242). Er wird von Odysseus als Redner des Volkes bzw. als Versammlungsredner (*agoretes*) bezeichnet (246). Der missgestaltete Mann wird lächerlich gemacht und als eine Art Populist gekennzeichnet, seine Redeweise als Schmähkunst gebrandmarkt und seine Stimme im Gegensatz zu der „sanften" des Odysseus als hohes Kreischen beschrieben. Dabei kann es sich durchaus um die abwertende Karikatur eines elite-kritischen Redens aus dem Volk handeln. Der Dichter unterscheidet hier eine emotionale „schlechte" Rede von einer überlegten „guten", d. h. formvollendeten Rede der die Oberschicht darstellenden „Könige" (*basilees*). Thersites hat aber ein gewichtiges Argument: die Taten der „Könige" fallen auf das (Heeres-)Volk zurück. Indem sie nach dem eigenen Besitz und der eigenen Ehre strebten, brächten sie als Führer Unglück über das ganze Volk (234). Dabei wüssten sie ganz genau, dass sie in ihrem Tun von dem Beistand des Volkes abhängig seien (238). Der gescholtene Redner ist also sehr wohl in der Lage, die Argumente der Gegenseite vernünftig zu formulieren (vgl. 8.2.2).

Ähnlich herrschaftskritisch wird auch der Helena-Mythos bewertet. In einer „gewaltig aufgeregten" Volksversammlung vor den Toren des Hauses des Priamos empfiehlt der „verständige" Antenor, Helena und die mit ihr von Paris geraubten Güter an Menelaos zurückzuerstatten, um der drohenden Niederlage zu entgehen (Il. 7, 345–353). Die Ältesten der Troer waren bereits vorher zu der Überzeugung gelangt, dass Helena zwar eine außerordentlich schöne Frau sei, dass man aber auch eine solche Frau zurückschicken sollte, wenn der Stadt und ihren Kindern Unheil drohe (3, 159 f.). Diese Mythenkritik aus übergeordneten, das Gemeinwohl betreffenden Gründen ist erstaunlich, denn man sollte meinen, dass ein Mythos höchste Autorität besitzt. Die Argumentation erschien den späteren Griechen aber so passend, dass sie diese Art der Helena-Kritik gerne aufnahmen und in Redeübungen aktualisierten (vgl. Kap. 13.2.4).

Kritik am Helena-Mythos

9.2.5 Ein drohender Bürgerkrieg in Ithaka

Auffallend war dagegen die Passivität des Volkes am Ende der gescheiterten Versammlung auf Ithaka in der *Odyssee* (vgl. Kap. 8.3). Die Freier deuten dieses Schweigen als Drohung, denn die Beteili-

Das Ende der Odyssee

gung der Vielen kann auch dem Stärksten gefährlich werden. Tatsächlich hatten sich, so berichtet Telemachos an späterer Stelle, viele im Volk bereits einem der Freier zugewendet, nämlich dem Eurymachos, auf den sie schon „wie auf einen Gott" schauten (15, 520). Diese Wende der Volksgunst soll sich nach Odysseus' Rache und Mord an den Freiern bemerkbar machen. Nach altem Glauben müssen deren Verwandte ihren Tod rächen, sonst finden die Toten keine Ruhe (23, 118–120). Zu diesen Verwandten gehört aber auch ein eigenes Gefolge, ein Heeresvolk, das einen Teil des Volkes von Ithaka ausmacht, so dass nach Odysseus' Rückkehr in sein Haus ein Bürgerkrieg um die Herrschaft über Ithaka droht.

Diese Situation wird im letzten Gesang der *Odyssee* ausgeführt (24, 415–466). In dramatischer Schilderung verbreitet Ossa (von gr. *ossa*, das Gerücht) die Nachricht von dem (Massen-)Mord in der Stadt. Das aufgeregte Volk strebt zu einer weiteren Versammlung. Eupeithes, der Vater des ermordeten Antinoos, begründet dort in einer emotionalen Rede, warum es notwendig ist, in Waffen gegen Odysseus zu ziehen. Der Sänger Medon und der Seher Halitherses wägen daraufhin in besonnener Rede die Schuld der Freier gegen die des Odysseus ab. Halitherses macht dem Volk Vorwürfe, bereits bei der ersten Volksversammlung versagt und zu den Klagen des Telemachos nicht Stellung bezogen zu haben, zu dessen Unterstützung selbst Zeus Vogelzeichen gesandt hatte. Er warnt sie vor dem Unheil, das ein innerer Krieg über Itahaka bringen würde (24, 451–462). Nach dieser Rede „springt mehr als die Hälfte des Volkes mit Geschrei von den Sitzen auf". Den anderen aber gefällt die Rede nicht, sie stürmen zu den Waffen, raffen sich zusammen und scharen sich um Eupeithes, um mit ihm gegen Odysseus, Laertes und Telemachos zu ziehen 464–471). Eupeithes, der „Törichte" – so der Dichter –, wird in offener Feldschlacht von Laertes mit der Lanze getötet. Odysseus aber hätte in seinem Zorn das ganze gegnerische Heer geschlagen, wenn nicht die Götter, Zeus und Athene, eingegriffen hätten. Zeus verlangt den Frieden im Volk, um dann Odysseus als gerechten König von Neuem in sein Amt einzusetzen und das Königtum von Ithaka für immer mit seinem Haus zu verbinden.

9.3 Quellen und Vertiefung

9.3.1 Bürgerkrieg auf Ithaka

Ossa (das Gerücht) aber lief als Bote durch die Stadt und verkündete ringsum den grausigen Tod der Freier. Als sie es gehört hatten, gingen sie von hier und dort mit Ächzen und Stöhnen zum Haus des Odysseus und jeder trug seine Toten heraus, sie zu bestatten. [...] Sie selber aber versammelten sich auf der Agora. Und als sie nun versammelt waren, stand Eupeithes auf und sprach unter ihnen, denn es lag ihm um Antinoos, seinen Sohn, den Odysseus als erster getötet hatte, schwerer Kummer im Herzen und unter Tränen sagte er ihnen: „Freunde, ein gewaltiges Werk hat jener (Odysseus) den Achäern ersonnen. Viele Edle hat er zuerst mit den Schiffen entführt, dann hat er die hohlen Schiffe und dann auch die Männer zugrunde gerichtet. Und nun hat er die Edelsten unter den Kephallenen getötet. Aber wohlan! Bevor er schnell nach Pylos flieht oder ins heilige Elis, das die Epeier beherrschen, lasst uns gegen ihn ziehen, sonst werden wir immer gedemütigt sein. Es ist eine Schande auch für die Späteren, von uns zu hören, dass wir unsere Söhne und Brüder nicht gerächt haben. Da wäre es mir schwer im Herzen, am Leben zu bleiben, sondern lieber würde ich schnell gestorben sein und unter den Toten weilen! Aber auf gehen wir, dass er uns nicht zuvorkommt, das Meer zu durchqueren!" So sprach er Tränen vergießend und es jammerte die Achäer.

Da kam Medon, der göttliche Sänger [...] aus dem Haus des Odysseus und trat in ihre Mitte und Staunen erfasste einen jeden. Und Medon sprach zu ihnen mit verständigem Sinn: „Hört mich an Männer von Ithaka! Nicht gegen den Willen der Götter hat Odysseus diese Werke ersonnen. Ich selber sah den unsterblichen Gott, wie er, Mentor in allem gleichend, neben Odysseus stand und ihm bald Mut spendete, bald gegen die Freier stürmen ließ und sie durch die Halle scheuchte, dass sie dicht beieinander fielen!" So sprach er, die aber ergriff blankes Entsetzen. Und unter ihnen sprach der alte Held Halitherses, der Sohn Mastors, der allein unter ihnen voraus- und zurückblicken konnte. Der sprach unter ihnen und meinte es wohl: „Hört mich, Männer von Ithaka, was ich euch sage. Durch eure eigene Verdorbenheit, Freunde, ist dies so gekommen. Denn ihr seid nicht mir, seid nicht Mentor, dem Hirten der Völker, gefolgt und habt dem sinnlosen Treiben eurer Söhne Einhalt getan, als die in schlimmer Verblendung ein gewalttätiges Werk verübten, indem sie die Güter verprassten und die Gattin des besten Mannes missachteten und meinten, dass er nicht heimkehre. Haltet es nun so, wie ich es euch sage: ziehen wir nicht gegen ihn, damit niemand ein selbstverschuldetes Unheil erleide!"

So sprach er. Da sprangen die einen, mehr als die Hälfte, mit lautem Geschrei auf. Die anderen blieben in der Versammlung, denn die Rede gefiel ihnen nicht, sondern sie folgten dem Eupeithes und stürmten sogleich zu den Waffen.

Odyssee 24, 413–466 (Ü BP nach W.Schadewaldt und R. Hampe)

9.3.2 Versöhnung und Friede

Athene aber sprach zu Zeus, dem Sohn des Kronos: „Unser Vater, Kronide, Höchster der Herrscher! Sage mir, da ich dich frage, was verbirgt dein Sinn im Inneren? Willst du wieder Krieg und schreckliches Gemetzel bewirken, oder zwischen beiden Seiten Freundschaft stiften?" Darauf antwortete und sagte zu ihr der Wolkensammler Zeus: „Mein Kind! was fragst du mich dies und forschst danach? Hast du nicht selbst in deinem Sinn beschlossen, dass Odysseus zurückkehren und es jene büßen lassen soll? Handle so wie du willst, doch sage ich dir, was recht ist. Nachdem sich der göttliche Odysseus an den Freiern rächte, soll man verlässliche Eidesopfer schlachten, dass er immer als König herrsche. Wir aber wollen bewirken, dass diese den Mord an den Söhnen und Brüdern vergessen und einander befreundet sein sollen wie früher, und es soll Reichtum und Friede in Fülle sein!" So sprach er und trieb Athene an, die es bereits drängte, und sie stürmte herab vom Olymp.

(Unten auf der Erde:)

Als die sich an der Mahlzeit erquickt hatten, da begann der vielduldende göttliche Odysseus unter ihnen zu sprechen: „Gehe doch einer hinaus und schaue, ob sie schon kommen". So sprach er und einer der Söhne des Dolios ging wie befohlen und als er die Schwelle betrat, sah er sie alle kommen und sagte zu Odysseus die geflügelten Worte: „Jetzt sind sie nahe, darum rüsten wir uns schleunigst!" So sprach er. Da erhoben sie sich und tauchten in die Waffen: um Odysseus vier und die sechs Söhne des Dolios und bei ihnen tauchten auch Laertes und Dolios in die Waffen, so ergraut sie waren, die Notlage machte sie zu Kämpfern. Als sie sich mit dem funkelnden Erz gewappnet hatten, öffneten sie die Türen und gingen von Odysseus geführt hinaus. Da trat nahe zu ihm heran Athene, die Tochter des Zeus, die dem Mentor glich an Gestalt und auch an Stimme. Als er sie sah, da freute sich der vielduldende göttliche Odysseus und sagte sogleich zu Telemachos, dem lieben Sohn: „Telemachos, da du nun dahin gekommen bist, wo im Kampfe der Männer sich die Besten messen, wirst du selber darauf achten, dass du dem Geschlecht deiner Väter keine Schande machst, die wir uns schon früher an Kraft und Mut weit über die Erde ausgezeichnet haben!" Darauf entgegnete ihm der verständige Telemachos: „Du sollst es sehen, wenn du denn willst, mein Vater, dass ich mit diesem Mut deinem Geschlecht keine Schande machen werde, so wie du mahnst!"

So sprach er. Da freue sich Laertes und sagte die Worte: „Welch ein Tag ist das für mich, ihr Götter! Gewaltig freue ich mich! Sohn und Enkel im Wettstreit um die Tapferkeit!"

Da trat die helläugige Athene (in Gestalt des Mentor) heran und sagte zu ihm (Laertes): „Sohn des Arkeisios, liebster unter den Gefährten, bete zu der helläugigen Jungfrau (Athene) und zu Zeus, dem Vater, und hole aus und schleudere ganz schnell die schattende Lanze!" So sprach Pallas Athene und beseelte ihn mit gewaltigem Mut. Da betete er zu der Jungfrau des großen Zeus, holte aus und schleuderte sehr schnell die schattende Lanze. Und traf den Eupeithes durch die erzene Wange des Helms, und dieser konnte den Speer nicht hindern und der bohrte sich durch das Erz. Da stürzte er dröhnend hin und es klirrten die Waffen an seinem Leib. Aber Odysseus brach mit seinem strahlenden Sohn in die Vorkämpfer ein und sie stießen mit den Schwertern und den doppelt gespitzten Lanzen zu, und da hätten sie alle vernichtet und ihnen die Heimkehr genommen, hätte nicht Athene, die Tochter des Zeus, des Aigishalters, mit ihrer Stimme gerufen und dem ganzen Volk Einhalt geboten: "Männer von Ithaka! „Haltet ein mit dem schrecklichen Streit und geht ohne Blutvergießen aufs schnellste auseinander!"

So sprach Athene. Die aber fasste das blanke Entsetzen, und den von Furcht Ergriffenen flogen die Waffen aus den Händen und fielen alle zu Boden beim Schall der Stimme der Göttin. Und sie wandten sich zur Stadt und fürchteten um ihr Leben. Gewaltig schrie nun auch der vielduldende göttliche Odysseus und stürmte geduckt heran wie ein hochfliegender Adler. Da entsandte der Kronos-Sohn (Zeus) einen rauchenden Blitz und er fiel hin vor der helläugigen Athene, der Tochter des gewaltigen Vaters. Da sprach sie zu Odysseus: „Zeusentsprossener Laertes-Sohn, reich an Erfindungen, Odysseus! Halte ein und höre auf mit dem Streit des Krieges, dem für alle verderblichen! Dass der Kronide, der weitumblickende Zeus dir nicht zürne!"

So sprach Athene, und er gehorchte und war froh in dem Gemüt! Danach vollzog Pallas Athene, die Jungfrau des Zeus, des Aigishalters, dem Mentor gleichend an Gestalt wie an Stimme, die Eidesopfer zur Versöhnung der beiden Seiten.

Odyssee 24, 472–486 und 526–548 (Ü BP nach W. Schadewaldt und R. Hampe).

9.3.3 Fragen und Anregungen

- Vergleichen Sie die Volksversammlung im letzten Gesang der *Ilias* mit der im ersten Gesang. Welche Parallelen finden sie und welche Antworten auf die in der ersten Versammlung dargestellte Konfliktsituation? Erläutern Sie, warum es für den Fortgang der Handlung wichtig ist, dass mehr als die Hälfte des Volkes sich dem Aufstand nicht anschließt.
- Erklären Sie die Bedeutung des Göttergesprächs und der Götterzeichen vor dem Ende der Schlacht: Vergleichen Sie die Worte des Zeus mit den Kennzeichen der „gerechten Stadt" in den *Erga* Hesiods (Kap. VII. 3).Was will Zeus? Stellen Sie dar, warum die beiden Götter Odysseus nicht einfach siegen und auf diese Weise seine Macht als König demonstrieren lassen.
- Warum ist die Versöhnung beider Kriegsparteien für den inneren Frieden der Stadt wichtig? Skizzieren Sie die Bedeutung der Eide. Erläutern Sie, ob Zeus ein Königtum einsetzt oder ob er eine Rechtsgemeinschaft begründet. Passt diese Textstelle zur „Idee" der Polis?

9.4 Lektüreempfehlungen

Gehrke, Hans-Joachim: Konflikt und Gesetz. Überlegungen zur frühen Polis, in: Jochen Bleicken (Hrsg.): Colloquium aus Anlass des 80. Geburtstages von Alfred Heuss, FAS Heft 13, Kallmünz 1993, 49–68 (*grundlegend für die Frage der frühen Polisbildung*).

Hölkeskamp, Karl-Joachim: Schiedsrichter, Gesetzgeber und Gesetzgebung im archaischen Griechenland, Stuttgart 1999 (*eine grundlegende Darstellung der Quellen*).

Jeffery, Lilian H.: The Local Scripts of Archaic Greece, reissued with a supplement, Oxford 1990 (*die bekannten Inschriften in Original, Umschrift sowie Fundumstände*).

Raaflaub, Kurt: Die Anfänge des politischen Denkens bei den frühen Griechen, in: Historische Zeitschrift 248, 1989, 1–32 (*zur Idee der Polis in den homerischen Epen*).

Raaflaub, Kurt: Homer to Solon: The Rise of the Polis. The Written Sources, in: Mogens Herman Hansen (Hrsg.): The Ancient Greek City State, Kopenhagen 1993, 41–105 (*Darstellung und vergleichende Betrachtung der literarischen Quellen*).

Seelentag, Gunnar: Das archaische Kreta. Institutionalisierung im archaischen Griechenland, Berlin 2015 (*zur frühen Polisbildung als eine „tastende" Einführung von Institutionen*).

10 Soziale Typologie in ungleicher Gesellschaft. Wie interpretiert man „idealisierende" literarische und bildliche Quellen?

10.1 Frauenbilder

10.1.1 Die Statue einer jungen Frau (Kore)

Abb. 9: Die sog. Frau von Auxerre (Kalkstein, um 630 v. Chr.).

DOI 10.1515/9783110468779-010

Bei der 65 cm hohen Kalkstein-Statue (Abb. 9) handelt es sich um eine Kore (griech. „Mädchen"). Diese Koren sind aus dem archaischen Griechenland bes. von der Akropolis von Athen bekannt; sie wurden als Grabdenkmäler für junge Frauen aufgestellt, die vor ihrer Hochzeit gestorben waren, oder sie dienten als Weihgaben der Familien dieser Frauen zu Ehren der Göttin Athene etwa auf der Akropolis Athens. Darauf weisen Inschriften hin, die an diesen Statuen angebracht sind und die Namen der Frauen und ihrer (wohlhabenden) Familien offenbaren. Auf der (verlorenen) Basis der Kore von Auxerre war vermutlich auch eine solche Inschrift angebracht.

Die Benennung „Frau von Auxerre" ist modern, sie stammt von dem Museum im mittelfranzösischen Auxerre, wo die Statue entdeckt wurde. Sie ist aber nicht mit den frühen Griechen nach Südfrankreich gekommen, sondern wohl am Ende des 19. Jahrhunderts als eines der ersten Fundstücke der Grabung von Gortyn auf Kreta. Die neueren Grabungen dort haben vergleichbare Fundstücke hervorgebracht, so dass die Statuette einer kretischen Handwerkerschule zugeordnet werden kann. Sie befindet sich heute im Louvre in Paris.

Die kleine Statue datiert um 630, also der Zeit der Inschrift von Dreros und ist eines der frühesten Beispiele ihrer Art. Die Figur war ursprünglich farbig; darauf weist die sorgfältige Ritz-Musterung des Kleides hin, dessen eng anliegendes Oberteil ein Schuppenmuster zeigt, während der Rock durch geometrische Mäander hervorgehoben wird. Die deutliche Kennzeichnung des Körpers im Oberteil und durch den engen Gürtel soll die verführerische Schönheit der Braut zeigen – das Lebensziel, das die junge Frau nicht mehr erreicht hatte. Dazu gehört auch die aufwendige Frisur. Sie ist in drei Teile geteilt, jeweils zwei zusammengebundene Zopfteile reichen über die Schultern nach vorne, einer liegt auf dem Rücken. Mit ihrer deutlich frontalen Ausrichtung scheint die Statue den Betrachter anzusprechen, der Gestus der rechten Hand ist ungeklärt; vielleicht handelt es sich um ein Zeichen der Anbetung.

10.1.2 Der Pandora-Mythos

Sogleich bereitete er (Zeus) als Ausgleich für das Feuer den Menschen ein Übel. Aus Erde formte der weitberühmte Hinkefuß (Hephaistos) nach den Plänen des Kroniden was einer ehrbaren Jungfrau glich. Es gürtete und schmückte sie mit silbernem Kleid Athene, die helläugige Göttin und vom Haupt herab zog sie ihr mit eigener Hand einen kunstvoll gestickten Schleier, ein Wunder zu schauen[1]. Und liebliche Kränze von frischen Wiesenblumen legte ihr Pallas Athene ums Haupt, und einen Goldreif, den der weitberühmte Hinkefuß selbst mit kundigen Händen gefertigt hatte, um Zeus dem Vater zu gefallen. Darauf waren viele Kunstgebilde geformt, ein Wunder zu schauen: Wilde Tiere, wie sie auf dem Land und im Meer gedeihen. Davon setzte er viele darauf und ein göttlicher Reiz umgab sie alle, staunenswert waren sie, lebendigen stimmbegabten Wesen gleich.
Und als nun Zeus das schöne Übel zum Ausgleich für das Gute geschaffen hatte, führte er sie hinaus zu den anderen Göttern und Menschen und sie prunkte im Schmuck der helläugigen Tochter des mächtigen Vaters. Staunen hielt da gefangen die unsterblichen Götter und die sterblichen Menschen beim Anblick des listigen Trugs: unbezwingbar für Menschen.
Von ihr nämlich kommt das verderbliche Geschlecht, die Stämme der Frauen, die zum großen Leid unter den sterblichen Männern wohnen, passende Gefährtinnen nicht in verhasster Armut, sondern nur im Überfluss: so wie die Bienen in gewölbten Stöcken Drohnen ernähren, die sich verschworen haben in schlimmem Tun. Die Bienen aber mühen sich Tag um Tag bis zum Untergang der Sonne und bauen die Waben mit weißem Wachs, die Drohnen aber bleiben im hohlen Stock und stopfen sich mit fremder Mühe die Bäuche voll. Gerade so hat der hochdonnernde Zeus zum Übel den sterblichen Männern die Frauen bestimmt, die verschworen sind zu schlimmem Tun. Und noch ein weiteres Übel setzte er fest zum Ausgleich für das Gute: Wenn einer die Ehe flieht und das schlimme Tun der Frauen und nicht heiraten will, der bleibt, wenn ihn das schlimme Alter heimsucht, ohne Pflege. Mancher hat zwar, solange er lebt, an Unterhalt keinen Mangel, wenn er aber stirbt, teilen ferne Verwandte seinen Besitz unter sich auf. Wer aber heiratet und eine achtsame Gattin besitzt, eine die recht gefügt in ihrem Sinn, auch dem hält sich Übles und Gutes beständig die Waage. Wer aber an die böser Art gerät, der lebt mit trostlosem Weh in der Brust, an Sinn und Herz, und das Übel ist nicht zu heilen.
Hesiod, *Theogonie* 570–612 (Ü BP nach W. Marg und O. Schönberger).

---

1 Der fast durchsichtige Schleier ist ein erotisches Attribut. Er gilt als Hochzeitsgabe der Aphrodite (Il. 22, 468 ff.) und wird bei den Ankleideszenen der Göttinnen hervorgehoben (Il. 14, 178 ff.; Od. 5, 130 ff.).

10.2 Haus und Stadt. Frühgriechische Epen als sozialgeschichtliche Quellen

10.2.1 Pandora

Die Erschaffung der Frau

Der Pandora-Mythos der Theogonie lässt sich durch die in den *Erga* (89–105) vorgetragene bekannte Erzählung von der Büchse der Pandora ergänzen, dem Gefäß, dessen Deckel die weibliche Kunstfigur öffnete, um alle Übel der Welt bis auf die Hoffnung herauszulassen. Die Tendenz der Pandora-Geschichte ist klar: Die Erschaffung der Frau war eine List des Zeus, um an Prometheus Rache zu üben, weil er den Menschen mit dem Feuer ein wichtiges Kulturgut brachte. Dafür wollte Zeus einen Nachteil schaffen, der den Vorteil übertreffen sollte. Das war der Grund für die schöpferische Erfindung der Frau und der Ehe als Grundlage der menschlichen Kultur. Der Mythos stellte die negative Verursachung in einer ironischen Form dar. Der blendenden und verführenden von Göttern geschaffenen Schönheit der Frau kann niemand entgehen. Sie ist ein Sinnbild für die Schönheit der Braut, die man ins Haus holt und mit der man leben muss. Ihr Dasein im Haus wird übertrieben als faules Drohnenleben[2] abgewertet, das sich auf das Stiften von Schaden beschränken soll. Selbst eine gute Frau sei immer noch ein halbes Übel. Aber der so vom Schicksal geschlagene Mann muss in der Ehe leben und einen Hausstand gründen, zur eigenen Versorgung und der seiner Nachkommen. Die Pointe zielt auf die Realität einer sozialen und ökonomischen Lebensform: Hinter der offen frauenfeindlichen (ironischen?) Attitüde steht das System der Versorgung einer menschlichen Gemeinschaft im Haus, das auf der Grundstruktur von Ehe und Familie, sowie der Arbeitsteilung und Segregation unter den Geschlechtern beruhte (vgl. Kap. 6.2.1).

---

[2] Die Geschlechtsbestimmung im Bienenvolk gelang erst Ende des 19. Jahrhunderts. Davor galten Drohnen als „faules Pack" im Vergleich mit Menschen beiderlei Geschlechts.

10.2.2 Quellenfragen

Es ist fraglich, ob man überhaupt eine Sozialgeschichte der Homerischen Zeit schreiben kann, wenn als Hauptquellen (nur) literarische Quellen wie die Epen Homers und Hesiods zur Verfügung stehen. Literatur ist fiktiv, aber sie kann auch lebensweltliche Sinnzusammenhänge wiedergeben, weil sie das Sinnverstehen ihrer Rezipienten berücksichtigen muss. Diese Voraussetzung ist, wie gesehen, besonders bei mündlicher Literatur in einer traditionellen Gesellschaft der Fall, in der ausdifferenzierte sprachliche Bildungsmedien noch nicht vorhanden sind. Allerdings wurde auch gezeigt, dass diese Quellen übertreiben und typisieren und zwar im Positiven wie im Negativen. Die Heldenepen „Homers" idealisieren im positiven Sinne. Sie beschreiben eine vorbildliche Gesellschaft der Heroischen Zeit, eine Gesellschaft, die in jeder Hinsicht besser gewesen sein soll als die der Zuhörer. Umgekehrt erscheint die menschliche Welt der Weisheitsliteratur Hesiods ausgesprochen negativ. Die menschliche Kultur ist nach Aussage des Pandora-Mythos unter der Missbilligung des Zeus entstanden. Prometheus' Geschenk des Feuers muss von den Menschen gebüßt werden in dem Zwang, ein arbeitsames Leben in der häuslichen Gemeinschaft von Mann und Frau zu führen, dem überdies Armut und andere Übel von außen drohen. Das ist ein Kulturgründungsmythos, der Kultur aus dem Mangel erklärt – ein Ansatz, der in der späteren griechischen Philosophie als Kulturerklärung von Bedeutung sein sollte. Während Homer für seine beispielhafte Welt eine Vergrößerung der Kultur der Elite seiner Zeit herstellte, suchte Hesiod seine Beispiele für eine Welt unter dem Zwang der Arbeit aus der vom Mangel geprägten Welt der Bauern seiner Zeit (vgl. Kap. 6.2.3).

Literarische Quellen und Sozialgeschichte

Allerdings muss die Zuverlässigkeit dieser literarischen Quellen aus dem Vergleich mit zeitgenössischen materiellen Zeugnissen überprüft werden. Die archäologischen Ausgrabungen der frühgriechischen Siedlungen und Begräbnisstätten korrigieren in vielen Fällen das unter dem Eindruck der homerischen Epen entstandene Bild einer Luxuswelt als Umgebung der homerischen Elite. Die Archäologie des agrarischen Lebens scheint recht deutlich die Armut der einfachen Bauern Hesiods zu bestätigen (Schmitz 2004, 27–104; 2014, 31–41). Tatsächlich lässt sich der Mangel an Ressourcen in einem von Gebirgen geprägten Land, in dem Agrar- und Weidewirtschaft betrieben wurde, nachvollziehen

Archäologische Quellen

und folglich die Mühe der mit wenig Technik betriebenen Landarbeit. Häuser, Scheunen und Ställe waren eins oder lagen nahe beieinander (Lang 1996, 78–108). Die Verarbeitung von Getreide, Obst, Oliven wurde von Hand betrieben. Landarbeit für Anbau und Ernte sowie Hausarbeit für die Verarbeitung und Vorratshaltung füllten die Tage der Menschen vollkommen aus (Burford 1993). Es wird angenommen, dass die Mehrheit der Bauern Subsistenzwirtschaft betrieb, eine „Wirtschaft der knappen Güter" (Schmitz 2004, 23–25), die mit ihren Ernteerträgen lediglich einen Vorrat für ein Jahr, jedoch kein darüber hinaus gehendes Kapital schaffen konnte. Weil diese Bauern über kein Vermögen verfügten, war ihr Besitz von Unglücksfällen, Missernten und anderen Naturkatastrophen besonders bedroht. Darüber hinaus führte die Erbteilung dazu, dass das Minimum an Landbesitz, das für eine solche Wirtschaftsweise nötig war, nicht aufrechterhalten werden konnte. Auswerten lassen sich diese Befunde am besten durch den Vergleich mit dem bäuerlichen Leben der vorindustriellen Gesellschaften Europas oder der heutigen sog. dritten Welt.

Archäologie der Gräber

Die Archäologie der Gräber kann mittels abstrakter Interpretationsmuster Daten zu demographischen Entwicklungen in einzelnen Gebieten liefern, etwa zu einem möglichen Bevölkerungswachstum im späten 8. Jh. in Attika und Mittelgriechenland. Allerdings befindet man sich hier auch an den Grenzen des Auswertbaren; denn archäologische Funde entstammen stets aus begrenzten, nicht selten zufällig entdeckten Fundzusammenhängen und lassen sich schwer quantifizieren. Ein wichtiger Quellenkomplex für die frühgriechische Sozialgeschichte wären urkundliche Quellen wie Gesetze, die das häusliche Leben und die Sicherung des häuslichen Besitzes betreffen. Diese Regeln gehörten in der Frühzeit zum Traditionsgut, d. h. sie prägten lokale Gemeinschaften als Ordnungswissen (sog. nomologisches Wissen). Sie wurden im Gedächtnis der Gemeinde bewahrt und galten für den lokalen Bereich als verbindlich.

Gesetzgebung als Quelle für frühe Konflikte

Aus der Funktion des Hauses als Zentrum von Wirtschaft und Versorgung erklärt sich die etwas später einsetzende detaillierte Gesetzgebung zum Ehe- und Erbschaftsrecht. Es ging darum, die landwirtschaftlichen Besitzverhältnisse auf die Art zu regeln, dass möglichst kein Schwund an Besitz, besonders Landbesitz, durch Erbteilung eintrat. Auch die Zurschaustellung von umfänglichen Besitz durch die Elite, etwa bei Begräbniszeremonien und aufwendigen Grabmälern wurde eingeschränkt (Engels 1998). Daraus lässt sich schließen, dass die ökonomischen Verhältnisse aus dem Ruder gelaufen waren, dass die Reichen immer reicher wurden und die Armen zum Teil unter dem Existenzniveau wirtschafteten und sich verschulden mussten (Hennig 1980; Link 1991). Das war eine Gefahr für den inneren Frieden vieler Städte der Archaischen Zeit, worauf im 6. und 5. Jahrhundert mit einklagbaren gesetzlichen Regeln geantwortet wurde, etwa in dem Gesetzeswerk Solons für Athen (um 600) oder dem aus Gortyn auf Kreta (um 500). Die Haus und Familie betreffende Gesetzgebung Solons sicherte den sozialen Frieden, und wurde zur Grundlage für die Prosperität der Stadt und nicht zuletzt für die ökonomische Sicherheit der freien Bauern, die die Mehrheit der Bürger ausmachte. Nach den von Solon eingeführten Schätzungsklassen waren die Reichen diejenigen, deren jährliche Erträge mehr als 500 Maßeinheiten zu je 52 Liter betrugen. Der Ertrag derjenigen, die als Reiter im Heer dienten, umfasste mehr als 300 dieser Maßeinheiten; die Subistenzbauern erwirtschafteten mehr als 200 Maßeinheiten Ernteerträge (Schmitz 2014, 59 f.). Diese Bauern verfügten etwa über einen Landbesitz von 20 ha; sie konnten die für Fußsoldaten übliche Rüstung stellen und dienten als Hopliten im Heer (schwerbewaffnete Kämpfer zu Fuß). Sie galten bis zum 5. Jahrhundert als „Ideal-Bürger" und Garanten für die soziale Stabilität der Polis. Diese Gesetze zum Besitz-, sowie Ehe- und Familienrecht sind zwar in Reaktion auf die sozialen Konflikte des 7. Jahrhunderts entstanden (Schmitz 2014, 57–69); ob sie aber umgekehrt als spätere Dokumente zur Aufschlüsselung der in den Epen erwähnten sozialen Realien dienen können, ist unsicher (Willett 1984, 103 f.).

10.2.3 Die soziale Typologie der frühgriechischen Gesellschaft

Die griechische Gesellschaftsgeschichte wird in Polis/Stadt und Oikos/Haus aufgeteilt. Zur Polis, d. h. zu dem ganzen Demos – denjenigen die Volksversammlung verkörperten –, gehörten die freien Männer. Auf die frühe Zeit bezogen, impliziert das die Frage, wie dieser Status festgestellt wurde, da es ein Bürgerrecht noch nicht gab. Die freien Männer bildeten das Heer: die Elite als Reiter, die Bauern als Hopliten. Das bedeutete, dass die teilnehmenden Bauern so wohlhabend waren, dass sie die entsprechende Ausrüstung

Sozialisationsformen

(Rundschild, Helm und Panzer) stellen konnten. Pferde dienten nicht als Arbeitstiere; sie und die dazugehörenden Prunk-Wagen besaßen nur die Reichen. Das Heer des Agamemnon wird an einer Stelle der *Ilias* (2, 326 f.) nach Phylen und Phratrien („Stämmen" und „Bruderschaften") aufgerufen. Allerdings sind beide Begriffe unklar; wahrscheinlich bezeichnen sie ältere Vergemeinschaftungen auf lokaler Grundlage, in denen tatsächliche oder auch nur vorgegebene Verwandtschaft eine Rolle spielte (Grote 2016, 226–242). Stammeszugehörigkeit und die leichter erkennbare Verwandtschafts- bzw. Sippenzugehörigkeiten werden das Hauptkriterium für die Zugehörigkeit zu den freien Bürgern gebildet haben, d. h. dass diese Zugehörigkeit durch den Leumund gesichert wurde und in Zweifelsfällen zu Konflikten führen konnte. Inwiefern Freie, die keinen oder nur einen kleinen Landbesitz besaßen und als Tagelöhner dienten, zum Demos gehörten und in Versammlung und Heer eine Rolle spielten, ist unbekannt.

Merkmale einer Schichtengesellschaft

Mit einer Durchlässigkeit der Schichten, von der Oberschicht zur Schicht der Bauern und zu den Besitzlosen ist gerade bei den prekären Verhältnissen der Frühzeit zu rechnen. Die Schichtenzugehörigkeiten waren nicht festgeschrieben, der Besitz, wie gesagt, von einschneidenden Verlusten wie Missernten u. a. bedroht. Gegen Verlust gesichert, waren eher die Eliten als die unteren Schichten. Der Einfluss eines Mannes in der Polis wird vom Umfang seiner Mittel, seiner Bildung und auch seinen persönlichen Fähigkeiten abhängig gewesen sein. Ein solcher Eindruck wird von Odysseus' fiktionaler Lebensgeschichte unterstützt, von „Odysseus dem Kreter" im 14. Gesang der Odyssee (191–359; vgl. Kap. 4.2.2). Dort beschreibt er sich als kretischen Halbedelmann, der sich dank seiner Fähigkeiten, obwohl vom Erbe ausgeschlossen, ein kleines Vermögen erwirtschaften konnte (199–215). Außerdem sei er kriegs- und abenteuerlustig gewesen und der Hauswirtschaft abgeneigt (244–246). Hier zeigt sich ein anderer Personentypus der Zeit: ein Mann, der nicht an einem Ort und in einem Haus sozialisiert war, sondern der sein Glück anderswo, bei Raubzügen und im Handel, suchte oder – wie nahöstliche Quellen nahelegen – als Söldner in den Heeren der Großkönige Assyriens oder Ägyptens bzw. beim lydischen Königs diente (Rollinger 2011).

Das Haus als grundlegende Sozialisationsform

Das Haus stellte dagegen die bevorzugte Sozialisationsform der Polis dar, da es als kleinere soziale und ökonomische Einheit deren Stabilität sicherte und die Menschen aneinander band (vgl. Kap.

4.2.1). Gewöhnlich gehörten alle Bewohner einer Stadt einem Haus an, d. h. die Frauen (als Ehefrauen), deren Kinder, die alten Eltern sowie das Gesinde aus Knechten und Sklaven. Das Haus stand unter der Herrschaft des Mannes, d. h. des Familienoberhauptes, der gewöhnlich zu den freien Männern der Polis gehörte, aber auch ein ansässiger Fremder sein konnte. Das Haus wird in der späteren politischen Theorie als der unterste Baustein des Staates verstanden, dessen Mitglieder auf dessen Verfassung hin erzogen werden mussten (Aristoteles Politik 1, 13, 1260b 11–20).

Von Haus (*oikos*), ist der moderne Begriff der Ökonomie abgeleitet (*oikonomia* war ursprünglich „Hauswirtschaft"). „Haus" bedeutete daher nicht nur das Haus als Wohnung, sondern bezeichnete die ganze Wirtschaft und alle Güter eines Hauses, die umfänglicher sein konnten (Kap. 6.2.1). Die Hauswirtschaft bildete den Mittelpunkt des Hauses und wies dessen Mitgliedern besonders der Ehefrau, ihre jeweilige Rolle im Rahmen der gemeinschaftlichen Arbeit zu. Daher ging die Heirat mit der Gründung oder der Übernahme einer Hauswirtschaft von dem sich aufs Altenteil zurückziehenden Vater einher. Die Eltern blieben, wenn sie nicht wie Laertes, der Vater des Odysseus, ein eigenes Gehöft für das Alter bewirtschaften konnten (Od. 11, 187–195), Teil der übergebenen Hauswirtschaft. Die Braut wurde gewöhnlich nach pragmatischen, besitzerhaltenden Kriterien ausgesucht. Der Wert der Arbeit von Frauen wurde hoch veranschlagt, dem Vater der Braut wurde eine Brautgabe zum Ausgleich entrichtet. Die Güter, die die Frau in die Ehe einbrachte, gehörten zu der Wirtschaft des neuen Hauses; sie mussten aber ihrem Vater zurückerstattet werden, wenn die Frau wegen Scheidung oder als Witwe in dessen Haus zurückkehrte und neu verheiratet werden musste (Schmitz 2007, 9–20). Hauswirtschaft

Die Grundlagen der sozialen Sicherung der Zeit lagen im Haus als Produktionsstätte landwirtschaftlicher und handwerklicher Güter. Das Haus bildete damit das Zentrum einer Wirtschaft, an der seine Mitglieder beteiligt waren und die diese möglichst gut versorgte. Die Mitte dieser Gemeinschaft machten der Mann und seine Frau aus. In großen, d. h. wohlhabenden, Häusern herrschte Arbeitsteilung zwischen draußen und drinnen. Die Männer arbeiteten draußen, so wie sie auch in der Versammlung auf der Agora verkehrten. Die Frauen verrichteten ihre Arbeit im Haus oder im Hof des Hauses. An Festtagen nahmen sie an den Kulten der Stadt teil. In wohlhabenden Häusern verwalteten sie die Güter und orga- Soziale Sicherung nisierten die Arbeit innerhalb des ganzen Hauses, den Vorrat an Lebensmitteln ebenso wie den Vorrat an Textilien, Schuhen etc. Der Schriftsteller Xenophon, ein Zeitgenosse Platons, hat in seiner im 4. Jahrhundert erschienenen Schrift *Oikonomikos* die Versorgungs- und Verwaltungsarbeit, die der Frau in einem wohlhabenden Haus oblag, sehr genau beschrieben (Audring/Brodersen 2008, 38–115). Die Ehefrauen standen auch den anderen Mitgliedern des Hauses vor: den Kindern, Alten, dem Gesinde und den Unfreien (Sklaven). In kleinen, d. h. ärmeren, Häusern wird diese organisierte Struktur der Arbeit und des Miteinanderlebens nicht möglich gewesen sein. Hesiod bemisst das Haus des Kleinbauern auf Mann und Frau mit einem Knecht (*Erga* 405–407). Auch die Zahl der Kinder sollte möglichst auf einen Sohn begrenzt sein (*Erga* 375 f.).

10.2.4 Der *Oikos* als Idee

Oikos und Polis

Die auf Arbeitsteilung und Segregation der Geschlechter bzw. Personenstände beruhende innere Ordnung des Hauses galt für das soziale Leben der gesamten Antike. Daher wurden die diesbezüglichen Idealisierungen und Typisierungen der Epen Homers und Hesiods von der Nachwelt gerne zitiert und zur Grundlage theoretischer Erörterungen gemacht. Der wohlhabende, nicht übermäßig reiche, aber auch nicht arme Bauer wurde zum Maßstab für den idealen Bürger der späteren Polis, die Organisation des Hauses durch den Hausherrn wurde darüber hinaus zum wirtschaftlichen und gesellschaftlichen Idealbild, auf dem die Polis der Bürger beruhte. Zudem galt das Haus, das man nicht als einen Ort des Privaten auffasste, sondern das unter der ständigen Beobachtung einer nachbarschaftlichen Öffentlichkeit stand, als Repräsentant des sittlichen Verhaltens seiner Mitglieder, besonders der Frauen, die auf diese Weise zu der moralischen Gemeinschaft der Polis gehörten.

Das „gute Leben"

In der politischen Philosophie des 4. Jahrhunderts wurde das Verhältnis der Ordnung der Polis zum Haus als Grundordnung des sozialen Lebens zur Basis für die Frage nach der Sicherung des politischen Lebens. Aristoteles führte die Diskussion systematisch zusammen, indem er die Ordnung des Hauses, seine Herrschaftsbeziehungen, die Charaktere und Fähigkeiten seiner Mitglieder als eine Lebensordnung beschrieb, deren Ziel die Arbeit an einem gemeinsamen Guten ist, das die Grundlage einer wirtschaftlich und moralisch gefestigten Polis der Bürger darstellt. Dieses gemeinsame Gute stellte für Aristoteles das „gute Leben" (*eudaimonia*) der Mitglieder des Hauses dar, das die Erfüllung ihrer persönlichen und materiellen Bedürfnisse gewährte, indem es ihnen ermöglichte, die ihrem Personenstand entsprechenden erlernten Fähigkeiten und Künste zu verwirklichen, die ihnen persönliche Anerkennung und Ehre einbrachten. Zu dem mit dem Begriff des „guten Lebens" beschriebenen Ideal gehörten also Hierarchie und Segregation als Koordinaten einer Ordnung der Unterschiede, die nicht als auferlegt empfunden wurde, sondern einem selbstgenügsamen Eigenwert (*autarkeia*) entsprang, der die soziale Identität der jeweiligen Personen ausmachte. Der Begriff kann als Leitbegriff für die Beschreibung der sozialen und wirtschaftlichen Grundlagen vormoderner Gesellschaften dienen, weil er in der Lage ist, Distanz zu modernen und d. h. anachronistischen Forderungen von personenstandsunabhängiger Gleichheit, Freiheit und Mitbestimmung herzustellen. Indem, kurz gesagt, jeder das Seine tut und sich mit seinem Lebens- und Arbeitsbereich in einem wohl organisierten, oft religiös bzw. mythologisch begründeten Kosmos befindlich definiert, fügt er/sie sich in eine starke und gleichzeitig weitreichende Welterklärung ein, die als Erfüllung eines Lebenskonzeptes (historisch erklärt) befriedigend sein kann (Nussbaum 1999).

10.3 Quellen und Vertiefungen

10.3.1 Odysseus' Hochzeitsspruch für Nausikaa

Mögen die Götter dir geben, alles was im Sinn du dir ausdenkst: Mann und Haus, und zu allem auch edles versöhnliches Denken. Denn nichts Stärkeres und Besseres gibt es, als wenn Mann und Frau mit gleicher Gesinnung in Eintracht walten im Haus, gar sehr zum Leid der Übelgesinnten und den Wohlgesinnten zur Freude. Doch am meisten spüren sie's selber.
Odyssee 6, 180–185 (Ü BP nach W. Schadewaldt und R. Hampe).

10.3.2 Frauen in der Welt der Bauern

> Selbst beim Bruder zieh, wenn auch mit Scherzen, einen Zeugen hinzu. Zutraun hat genau wie Misstrauen schon Männer zugrunde gerichtet. Lass dir den Sinn nicht von einer Frau, die listig den Steiß dreht, betören, wenn sie dich mit schmeichelnden Worten beschwatzt und auf den Vorrat im Haus aus ist. Denn wer einer Frau vertraut, der vertraut auch Betrügern. Nur einen Sohn sollst du haben, der den Besitz des Vaters sicher bewahrt, so wird der Wohlstand im Haus wachsen. Alt mögest du sterben und einen Sohn hinterlassen als Nächsten.
> *Erga* 371–377 (Ü BP nach W. Marg und O. Schönberger).

> Und im richtigen Alter führe eine Frau heim. Wenn du nicht mehr viel unter dreißig Jahren bist und noch nicht viel mehr darüber, dann passt das Alter zur Hochzeit. Aber die Frau sei vier Jahre schon mannbar und heiraten soll sie im fünften. Nimm eine Jungfrau zur Frau, dass du sie achtsame Sitten lehrst, und eine am besten, die nahe bei dir wohnt, und sieh dich genau um, sonst schaffst du den Nachbarn Vergnügen. Denn es kann ja der Mann nichts Besseres als eine gute Frau gewinnen, eine die etwas taugt, und doch nichts Schlimmeres als eine schlechte, fressgierige. Denn die versengt den stärksten Mann auch ohne Fackel vor der Zeit und macht ihn zum Greis!
> *Erga* 694–704 (Ü BP nach W. Marg und O. Schönberger).

10.3.3 Selbstgenügsamkeit (*autarkeia*) als Grundlage von Gemeinschaft

Die *Nikomachische Ethik* (NE) des Aristoteles (um 350 v. Chr.) stellt die Frage, wie die Suche nach dem Glück (*eudaimonia*) des Einzelnen als Ziel menschlichen Handelns vereinbar ist mit der dem Menschen „von Natur" gegebenen Bestimmung zum Zusammenleben im Haus und vor allem in der Stadt.

> Denn das vollkommen Gute scheint selbstgenügsam zu sein. Wir verstehen diese Selbstgenügsamkeit nicht nur für den Einzelnen, der für sich allein lebt, sondern auch für seine Eltern, Kinder, Frau und überhaupt seine Freunde und Mitbürger, da ja der Mensch seiner Natur nach in der Gemeinschaft lebt.
> (Aristoteles, *Nikomachische Ethik* 1, 5. Übersetzung Olof Gigon).

10.3.4 Das Hausrecht

Das Recht des Herrn und das des Vaters sind dem politischen Recht nicht gleich, aber ähnlich. Denn man kann nicht ungerecht sein gegen das, was schlechthin eigener Besitz ist; der Besitz aber und das Kind, solange es noch klein und nicht selbständig ist, ist wie ein Teil der eigenen Person. Niemand aber hat die Absicht, sich selbst zu schädigen. Darum gibt es auch kein Unrecht sich selbst gegenüber, also auch nicht das politisch Ungerechte oder Gerechte. Denn dies beruht ja auf dem Gesetze unter solchen, wo es der Natur nach ein Gesetz geben kann, also dort, wo eine Gleichheit des Regierens und des Regiertwerdens besteht. Darum gibt es eher ein Gerechtes der Frau gegenüber als den Kindern oder dem Besitz gegenüber. Dies ist das Recht der Hausverwaltung, und auch es ist vom staatlichen verschieden.

Aristoteles, *Nikomachische Ethik* 5, 10. (Übersetzung Olof Gigon).

10.3.5 Das Bindungswesen (Freundschaft) im Haus

[...] Es gibt nun auch eine andere Art der Freundschaft, die auf Überlegenheit beruht, wie die des Vaters zum Sohne und überhaupt des Älteren zum Jüngeren, des Mannes zur Frau und jedes Regierenden zum Regierten. Doch auch diese unterscheiden sich voneinander. Denn die Freundschaft der Eltern zu den Kindern und der Regierenden zu den Regierten ist nicht dieselbe, auch nicht die des Vaters zum Sohne und die des Sohnes zum Vater oder die des Mannes zur Frau oder die der Frau zum Manne. Denn jeder von diesen hat seine besondere Tüchtigkeit und Aufgabe, und es sind andere Dinge, um derentwillen sie lieben. Also werden auch Zuneigung und Freundschaft da verschieden sein. Hier leistet nun der eine dem anderen nicht dasselbe, und man darf es auch nicht erwarten. Wenn aber die Kinder den Eltern gewähren, was diesen zukommt, und die Eltern den Kindern, was sie ihnen schuldig sind, so ergibt dies eine dauerhafte und tugendhafte Freundschaft für sie. In allen auf Überlegenheit beruhenden Freundschaften muss die Zuneigung eine proportionale sein, so dass der bessere mehr geliebt wird, als er selbst liebt, und ebenso der Nützlichere usw. Denn wenn die Zuneigung der Würdigkeit entspricht, so ergibt sich eine gewisse Gleichheit, was eben der Freundschaft eigentümlich zu sein scheint.

Aristoteles, *Nikomachische Ethik* 8, 8. Übersetzung Olof Gigon).

10.3.6 Fragen und Anregungen

- Erläutern Sie die Idealisierung der Ehe in dem Segensspruch des Odysseus. Lässt sich ein Verhältnis zwischen dem Idealbild und der späteren Theorie herstellen?
- Erläutern Sie die materiellen Voraussetzungen für eine gute Heirat und Ehe bei Hesiod.
- Betrachten Sie die Aristoteleszitate unter den folgenden Gesichtspunkten:
- Beschreiben Sie die unterschiedlichen Beziehungen der Personen im Haus und suchen Sie diese zu erklären.
- Erläutern Sie, worin sich das Sozialgebilde des Hauses und der Beziehungen seiner Mitglieder untereinander von dem des Staates unterscheidet.
- Erläutern Sie das Prinzip des „guten Lebens" als Existenzsicherung der Mitglieder des Hauses.

10.4 Lektüreempfehlungen

Quellen Aristoteles: Die Nikomachische Ethik, griech.–deutsch, übersetzt von Olof Gigon, Düsseldorf/Zürich 2001.
Aristoteles: Politik, Buch 1, Über die Hausverwaltung und die Herrschaft des Herrn über Sklaven, übersetzt und erläutert von Eckart Schütrumpf, Berlin 1991.
Xenophon: Oikonomikos (Über die Haushaltsführung) in: Oikonomika. Quellen zur Wirtschaftstheorie der griechischen Antike, eingeleitet, herausgegeben und übersetzt von Gert Audring und Kai Brodersen, Darmstadt 2008, 38–115.

Forschung Gallant, Thomas W.: Risk and Survival in Ancient Greece. Reconstructing the Rural Domestic Economy, Stanford 1991.
Grote, Oliver: Die griechischen Phylen. Funktion – Entstehung – Leistungen, Stuttgart 2016.
Martin, Jochen: Zur Stellung des Vaters in antiken Gesellschaften, in: Süssmuth, Hans (Hrsg.): Historische Anthropologie, Göttingen 1984, 84–109.
Schmitz, Winfried : Haus und Familie im antiken Griechenland, München 2007.
Strasburger, Hermann: Zum antiken Gesellschaftsideal, Abhandlungen der Heidelberger Akademie der Wissenschaften, phil.-hist. Kl. 1976, 4. Abhandlung.

11 Mythen als historische Quellen

11.1 Die Herrschaft des Zeus

Abb. 10: Zeus und der Adler des Zeus. Lakonische Keramik, um 570, Höhe ca. 13 cm, Durchmesser ca. 18 cm. Die Trinkschale steht auf einem Fuß und diente beim Gelage zum Weintrinken. Die Sitte, in gelagerter Haltung zu speisen und aus Schalen zu trinken, wurde im späteren 7. Jahrhundert aus dem Nahen Osten übernommen.
Auf dem Innenbild der Schale befindet sich die Darstellung des Gottes, der als Herrscher auf einem Thron sitzt. Der Bart kennzeichnet ihn als alten ehrwürdigen Mann. Die armlos und unbewegt sitzende Figur ähnelt einer Statue; es könnte sich also um ein Kultbild handeln. In Zeichnung, Farbigkeit und Stil gehört die Trink-Schale zur lakonischen Vasenkunst, einer Ausdrucksform der aristokratischen Gesellschaft Spartas.

   Αὐτὰρ ἐπεί ῥα πόνον μάκαρες θεοὶ ἐξετέλεσσαν,
   Τιτήνεσσι δὲ τιμάων κρίναντο βίηφι,
   δή ῥα τότ' ὤτρυνον βασιλευέμεν ἠδὲ ἀνάσσειν
   Γαίης φραδμοσύνῃσιν Ὀλύμπιον εὐρύοπα Ζῆν
   ἀθανάτων· ὃ δὲ τοῖσιν ἑὰς διεδάσσατο τιμάς.

   Ζεὺς δὲ θεῶν βασιλεὺς πρώτην ἄλοχον θέτο Μῆτιν
   πλεῖστα θεῶν τε ἰδυῖαν ἰδὲ θνητῶν ἀνθρώπων.
   ἀλλ' ὅτε δὴ ἄρ' ἔμελλε θεὰν γλαυκῶπιν Ἀθήνην
   τέξεσθαι, τότ' ἔπειτα δόλῳ φρένας ἐξαπατήσας

αἱμυλίοισι λόγοισιν ἐὴν ἐσκάτθετο νηδὺν
Γαίης φραδμοσύνῃσι καὶ Οὐρανοῦ ἀστερόεντος.
τὼς γάρ οἱ φρασάτην, ἵνα μὴ βασιληίδα τιμὴν
ἄλλος ἔχοι Διὸς ἀντὶ θεῶν αἰειγενετάων.
ἐκ γὰρ τῆς εἵμαρτο περίφρονα τέκνα γενέσθαι·
πρώτην μὲν κούρην γλαυκώπιδα Τριτογένειαν
ἶσον ἔχουσαν πατρὶ μένος καὶ ἐπίφρονα βουλήν,
αὐτὰρ ἔπειτ' ἄρα παῖδα θεῶν βασιλῆα καὶ ἀνδρῶν
ἤμελλεν τέξεσθαι, ὑπέρβιον ἦτορ ἔχοντα·
ἀλλ' ἄρα μιν Ζεὺς πρόσθεν ἐὴν ἐσκάτθετο νηδύν,
ὡς δή οἱ φράσσαιτο θεὰ ἀγαθόν τε κακόν τε.

δεύτερον ἠγάγετο λιπαρὴν Θέμιν, ἣ τέκεν Ὥρας,
Εὐνομίην τε Δίκην τε καὶ Εἰρήνην τεθαλυῖαν,
αἵ ἔργ' ὠρεύουσι καταθνητοῖσι βροτοῖσι,
Μοίρας θ', ᾗς πλείστην τιμὴν πόρε μητίετα Ζεύς,
Κλωθώ τε Λάχεσίν τε καὶ Ἄτροπον, αἵ τε διδοῦσι
θνητοῖς ἀνθρώποισιν ἔχειν ἀγαθόν τε κακόν τε.

τρεῖς δέ οἱ Εὐρυνόμη Χάριτας τέκε καλλιπαρῄους,
Ὠκεανοῦ κούρη, πολυήρατον εἶδος ἔχουσα,
Ἀγλαΐην τε καὶ Εὐφροσύνην Θαλίην τ' ἐρατεινήν·
τῶν καὶ ἀπὸ βλεφάρων ἔρος εἴβετο δερκομενάων
λυσιμελής· καλὸν δέ θ' ὑπ' ὀφρύσι δερκιόωνται.

αὐτὰρ ὁ Δήμητρος πολυφόρβης ἐς λέχος ἦλθεν,
ἣ τέκε Περσεφόνην λευκώλενον, ἣν Ἀιδωνεὺς
ἥρπασε ἧς παρὰ μητρός· ἔδωκε δὲ μητίετα Ζεύς.

Μνημοσύνης δ' ἐξαῦτις ἐράσσατο καλλικόμοιο,
ἐξ ἧς οἱ Μοῦσαι χρυσάμπυκες ἐξεγένοντο
ἐννέα, τῇσι ἅδον θαλίαι καὶ τέρψις ἀοιδῆς.

Λητὼ δ' Ἀπόλλωνα καὶ Ἄρτεμιν ἰοχέαιραν,
ἱμερόεντα γόνον περὶ πάντων Οὐρανιώνων,
γείνατο, αἰγιόχοιο Διὸς φιλότητι μιγεῖσα.

λοισθοτάτην δ' Ἥρην θαλερὴν ποιήσατ' ἄκοιτιν·
ἣ δ' Ἥβην καὶ Ἄρηα καὶ Εἰλείθυιαν ἔτικτε
μειχθεῖσ' ἐν φιλότητι θεῶν βασιλῆι καὶ ἀνδρῶν.
αὐτὸς δ' ἐκ κεφαλῆς γλαυκώπιδα Τριτογένειαν
δεινὴν ἐγρεκύδοιμον ἀγέστρατον ἀτρυτώνην
πότνιαν, ᾗ κέλαδοί τε ἅδον πόλεμοί τε μάχαι τε,
Ἥρη δ' Ἥφαιστον κλυτὸν οὐ φιλότητι μιγεῖσα
γείνατο, καὶ ζαμένησε καὶ ἤρισε ᾧ παρακοίτῃ,
ἐκ πάντων τέχνῃσι κεκασμένον Οὐρανιώνων.

11.1 Die Herrschaft des Zeus

Als die seligen Götter die Mühsal des Kampfes zu Ende gebracht und sich mit den Titanen über Vorrechte und Ehren gewaltsam auseinander gesetzt hatten, da kam der Tag an dem sie Zeus, den weitblickenden Herrn des Olymp, nach dem Rat der Erde aufforderten, König zu sein und Herrscher der unsterblichen Götter. Und er verteilte gerecht unter sie Vorrechte und Ehren.

Zeus, der König der Götter, nahm Metis (die Klugheit) als erste zur Frau, da sie das Meiste unter den Göttern wusste und den sterblichen Menschen. Doch als sie die helläugige Göttin Athene gebären sollte, da hinterging er listig ihren Sinn in schmeichelnder Rede und tat sie hinein in seinen eigenen Leib nach dem Rat der Erde und des gestirnten Himmels. Das rieten sie ihm, auf dass nicht das Königsamt über die Götter, die fort und fort Seienden, ein anderer ergreife anstelle des Zeus. Denn von ihr (Metis), so war es bestimmt, sollten vollkommen kluge Kinder entstehen: Zuerst sollte sie eine Tochter gebären, die helläugige Tritogeneia (Athene), dem Vater gleich an Mut und klug planendem Willen, dann aber einen Sohn, einen König der Götter und Menschen, übervoll an Stärke des Geistes. Zeus jedoch kam dem zuvor und tat sie (Metis) hinein in seinen eigenen Leib, auf dass die Göttin mit ihm vereint dächte und künde Gutes und Schlimmes.

Als zweite führte er die glänzenden Themis (die Satzung) heim, die die Horen gebar, Eunomia (die gute Ordnung) und Dike (das Recht), und die blühende Eirene (den Frieden), die das Wirken der sterblichen Menschen bewachen. Und die Moiren (die Zuteilerinnen) gebar sie, die der sinnende Zeus aufs höchste ehrte: Klotho und Lachesis und Atropos und die teilen den sterblichen Menschen Schlimmes und Gutes zu.

Eurynome, des Okeanos Tochter von aufreizendem Aussehen, gebar ihm die drei schönwangigen Chariten: Aglaia (die Glänzende) und Euphrosyne (Frohsinn) und die liebliche Thalia (Festfreude). Aus ihren Lidern senden sie Blicke, strömt gliederlösendes Verlangen, so schön ist der Blick, den sie unter ihren Brauen entsenden.

Er aber kam zum Lager der Demeter, der vielnährenden, die ihm Persephone, die weißarmige, gebar, die Hades (der Gott) der Mutter raubte und das gewährte der sinnende Zeus.

Mnemosyne (Gedächtnis) begehrte er dann in Liebe, die schönhaarige, und von ihr entsprossen ihm die Musen mit goldenem Stirnband, neun an der Zahl, denen Gesang und Festfreude gefielen.

Leto aber gebar Apollon und Artemis mit den Pfeilen, die liebreichsten Nachkommen unter den himmlischen Göttern, dem Zeus, dem Träger der Aigis, in Liebe gesellt.

Als allerletzte erkor er die blühende Hera zur Gattin, und die gebar Hebe (die Jugend) und Ares (Dämon des Krieges) und Eileithyia (Geburtshelferin) in Liebe vereint mit dem König der Götter und Menschen.

Aus seinem eigenen Haupt aber brachte er Tritogeneia hervor, die helläugige Athene, die gewaltige, die Kampfgemetzel erregt, die unbezwingbare Herrin, die den Kampflärm liebt von Kriegen und Schlachten. Hera aber brachte hervor den berühmten Hephaistos – ohne Vereinigung in Liebe, denn in Zorn und Streit war sie mit ihrem Gatten – (Hephaistos), der vor allen Himmelssprossen sich ausgezeichnet in Künsten.

Hesiod *Theogonie* 881–929 (Ü BP nach W. Marg und O. Schönberger; griech. nach der Tusculum-Ausgabe von 1991 in der Edition von A. Rzach).

11.2 Historisches Arbeiten mit dem Mythos

11.2.1 Hesiods *Theogonie*

Schöpfungsmythen und Welterklärung

Hesiods *Theogonie* („Entstehung der Götter") reiht sich in eine lange Überlieferung von Schöpfungsmythen ein, die im Alten Mesopotamien ihren Ursprung hatte. Es handelt sich um epische Weltentstehungs- und Welterklärungslehren, die darstellen, wie aus einer Folge von Göttergenerationen aus ursprünglichen Gewalten und riesigen Unwesen die jüngeren Götter als Kulturgötter erwachsen sind und wie die Ordnung der menschlichen Welt unter der Herrschaft des höchsten Gottes dieses Pantheons (Gesamtheit der Götter) eingesetzt worden ist. Diese Abfolge der Göttergenerationen endete in Babylon mit der Herrschaftseinsetzung des Stadtgottes Marduk, der eine neue Weltordnung und die Stadt Babylon selbst geschaffen haben sollte. Für ihn herrschte der König der Stadt als oberster Beamter, dessen Aufgabe es war, das Funktionieren der neuen Ordnung zu garantieren. Dieser Schöpfungsmythos wurde kanonisiert und Vorbild für die späteren altorientalischen Herrschaftsmythen.

Die *Theogonie* Hesiods dagegen wurde nicht kanonisiert. Sie gehörte zur epischen Literatur der Griechen und wurde durch Zitat und argumentativen Sinnbezug Teil einer intellektuellen Tradition. Sie diente nicht der Legitimation monarchischer Herrschaft, doch sollte die Ordnung des Zeus der Lebenswelt der Griechen als verbindliches und göttlich sanktioniertes Leitbild dienen. Die Herrschaft des Zeus folgte auf die Herrschaft des Kronos, die des Kronos auf die Herrschaft des Uranos, dieser war aus der ersten Schöpfungsphase, die aus dem Chaos entstanden ist, durch die Trennung von Erde (Gaia) und Himmel (Uranos) hervorgegangen. Dieser bildete zusammen mit Gaia das erste Paar, als dessen Kinder die Naturkräfte Gestalt annahmen. Aus der Generationenfolge der Götterpaare, Uranos und Gaia, Kronos und Rhea, Zeus und seinen hier aufgeführten Frauen, werden genealogisch alle göttlichen Wesenheiten der Griechen abgeleitet. Es entsteht eine Götterordnung, die sich auf die ganze menschliche Welt bezieht. Die Herrschaft des Zeus über die olympische Götterfamilie spiegelt sich in der menschlichen Kultur wider. Klugheit sollte der Motor und das Prinzip der Selbsterhaltung der Herrschaft des Zeus und der Ordnung der menschlichen Welt sein. Indem Zeus Metis (die Klugheit) verschlingt, verhindert er, dass die Generationenfolge der Götter fortgeführt und eine neue Ordnung von einem noch klügeren Gott geschaffen wird.[1]

11.2.2 Was ist ein Mythos?

Mythos ist ein griechisches Wort. In den homerischen Epen bedeutet es „Rede" bzw. „Wort, Erzählung, Gespräch". Der Begriff überschneidet sich mit dem in den Epen selteneren *logos* mit der Bedeutung „das Sagen, Wort", im Plural (*logoi*) „die Worte, Rede". Die Begriffe wurden später (Ende 6. Jh.) zu Kontrastbegriffen. *Logos* bezeichnete die wahre, beweisbare und *mythos* die nicht beweisbare, geglaubte Rede. Bei den frühen Historikern Herodot und Thukydides war daher *mythos* in Gegensatz zum *logos* die unhinterfragte alltägliche Erzählung der Griechen im Gegensatz zur wahrhaften, durch Forschung (*historie*) ermittelten Geschichte. Mit dieser Begriffsbestimmung stimmt der heute inflationär gebrauchte Begriff des Mythos scheinbar überein, der eine nicht unbedingt wahre, aber durch Erinnerung emotional aufgeladene, vergrößerte beispielhafte Geschichte bezeichnet. Der Begriff geht aber nicht direkt auf den antiken zurück, sondern auf eine moderne Konstruktion. Der Wissenschaftsbegriff („Mythos" oder latinisiert „Mythus") wurde im späten 18. Jahrhundert geprägt und ist aus dem Vergleich der antiken mit den „wilden", d. h. unzivilisierten, Kulturen der Reiseliteratur hervorgegangen. Man meinte, eine vergleichbare Zivilisationsstufe und ein vergleichbares (mythisches) Denken in allen diesen Kulturen beobachten zu können. Dieses Denken beruhte darauf, dass es nicht durch abstrakte Diskurse, sondern anhand von Bilden und Mythen erklärte. Erzählungen vom Wirken göttli-

Antiker und moderner Begriff des Mythos

---

[1] Metis war mit Athene schwanger, die dann dem Kopf des Zeus geboren wird. Die Empfängnis des Sohnes wird aber verhindert.

cher Wesen deuteten die Phänomene der Natur und die Bedingungen menschlichen Daseins (Burkert 1979).

11.2.3 Was ist griechische Mythologie?

Die Funktion von Mythen

Mythen gehören zu den einfachen, sozusagen volkstümlichen Erzählungen. Sie unterscheiden sich aber etwa vom Märchen dadurch, dass sie einen bestimmten Ort und eine Zeit benennen und damit konkrete Verbindungen herstellen zu den Menschen einer bestimmten historischen Wirklichkeit. Indem sie von Göttern und Helden erzählen, schaffen sie eine vorbildliche, gehobene Wirklichkeit und religiös verbindliche Bezüge (Graf 1987). Bei den Mythen handelt es sich vor allem um anfängliche Erzählungen: Es sind Begründungen, Herleitungen oder Ursprungserzählungen bestimmter natürlicher und religiöser Phänomene sowie religiöser und kultureller Einrichtungen. In Hesiods *Theogonie* wird etwa erklärt, wie Erde und Himmel voneinander getrennt wurden, wie Tag und Nacht entstanden sind (105–130), aber auch, auf welches Ereignis eine kulturelle Einrichtung wie das Opfer zurückging (535–570).

Herleitung des Opferkultes

Diese Erzählung geht etwa so: Eines Tages trennten sich die Bereiche der Götter und der Menschen; vorher existierten sie wohl noch zusammen. Zu diesem Ereignis schlachtete und teilte Prometheus ein großes Rind in zwei Teile. Auf den einen Teil legte er das Fleisch, tat es mit den Innereien in die Rindshaut und deckte diese dann mit dem Rindermagen zu. Den anderen Teil baute er aus den Knochen des Rindes auf und bedeckte diese mit dem glänzenden Rinderfett. Vor die Wahl gestellt, griffen die Götter nach dem einladenden Fett und bekamen die Knochen zu essen. Daher, so die Erklärung, verbrennen die Menschen Tierknochen auf den Altären für die Opfer, während sie selber das Fleisch des Tieropfers verspeisen. So weit die einfache Ursachenerklärung (Aitiologie).

Zeus und Prometheus

Hesiods Erzählung von dem Opferbetrug nimmt aber eine andere Wende. Zeus soll nämlich die Absicht des Prometheus im Voraus erkannt, ihn aber trotzdem haben gewähren lassen, um zu zeigen, dass er selbst der noch Klügere sei und Prometheus bei Weitem an List übertreffe. Dieser Beweis sollte zu Lasten der Menschen, der Schützlinge des Prometheus gehen. Zeus wollte ihnen nämlich anzeigen, dass ihnen durch die Wohltaten des Prometheus nur Schaden erwachse und dass er allein ihr Schicksal in der Hand habe. Aus Rache für den Opferbetrug entzog Zeus den Menschen das Feuer, das Prometheus daraufhin mit dem Narthexrohr[2] vom Himmel wieder auf die Erde trug. Zum Ausgleich für das Feuer aber schuf Zeus den Menschen ein neues, ihr ganzes Leben bestimmendes Unheil in Form der Erschaffung der Frau und verbunden mit ihr den Zwang zu der Lebensordnung des Hauses (vgl. Kap. 10.1.2).

Mit dieser dreiteiligen Mythenfolge hatte Hesiod einen übergeordneten Mythendiskurs geschaffen: Dem Kulturbringer Prometheus verdankten die Menschen zwar das Opferritual und das Feuer, Zeus aber eine umfassende unhintergehbare Daseinsordnung.

Vom Mythos zur Mythologie

Die *Theogonie* Hesiods stellt offensichtlich einen reflektierten Umgang mit einem traditionellen mythischem Erzählgut dar, das zu neuen, umfassenderen Aussagen umformuliert wurde. Die frühgriechischen Epen fassten einzelne ältere Mythen in großen mythischen Erzählbögen übergeordneten Inhalts zusammen, hier dem Erzählzusammenhang der Schöpfungsgeschichte. Diese Erzählbögen bestimmten Raum und Zeit der griechischen Weltvorstellung und gaben ihr eine Tiefendimension, die bis zum Anfang der Schöpfung zurückreichte und in Generationenfolgen und Raumerweiterungen bis zur Gegenwart heraufgerechnet werden konnte. In diesem Sinn stellen sich diese großen Erzählungen als konkrete durchdachte Mythologien dar, die der Welt der frühen Griechen eine quasi-historische Dimension gaben. Dabei handelte es sich nicht um Dichtererfindungen, sondern um vorgegebene Schemata einer Götter und Menschen umfassenden Welterklärung, die teilweise schon in den Mythologien der altorientalischen Schreiber entwickelt worden waren. Jene großen mythischen Welterklärungen stellten eine entwickelte Literaturform dar, die von Mythenspezialisten entworfen worden waren und wenig zu tun hatten mit einem ursprünglichen „einfachen Denken". Das Besondere an den griechischen Mythen ist, dass sie zwar verbindliches Erzählgut darstellten, dass ihre Deutungen und Erklärungen aber durchaus zur Diskussion gestellt und weiterentwickelt wurden. Einzelne Mythen konnten auf diese Weise zu leistungsfähigen und geistreichen intellektuellen Mitteln werden und eine bild- und assoziationsreiche Auseinandersetzung mit der aktuellen Wirklichkeit einleiten.

---

2 Ein hohles Rohr aus Eschenholz, mit dem man Feuer transportieren kann.

Daher wurde der Mythos als Kommunikationsform – entgegen einer früher gängigen Ansicht – auch nie vom „rationalen" Denken (*logos*) abgelöst; vielmehr koexistierten beide.

11.2.4 Mythos und Religion: Die „Moral" der Götter

Die Funktion der Götter in polytheistischen Religionen

Die Götter und Helden der griechischen Mythologie gehörten zur antiken griechischen Religion, die wiederum den polytheistischen Religionen angehörte. Diese Religionen sind nicht mit den Buchreligionen der großen monotheistischen Weltreligionen vergleichbar. Den alten polytheistischen Religionen ist gemeinsam, dass sie Götter als ein Gegenüber der Menschen betrachteten, als anthropomorphe (menschengestaltige) Wesenheiten, die hinter der Natur und den menschlichen Beziehungen stehen, die deren Ordnungen bedrohen und die darum um Schutz angerufen und durch Opfer günstig gestimmt werden müssen (Burkert 2003). Die göttlichen Wesen der großen Erzählungen unterschieden sich von den Göttern der lokalen Kulte, auch wenn sie oft dieselben Namen trugen. An verschieden Orten Griechenlands wurden Götter desselben Namens in unterschiedlichen Kultgeschichten und -ritualen verehrt. Die Kultgötter waren älter, Kultorte konnten als „heilige Orte" lange Zeiträume überdauern; dabei konnten sog. Kultverschiebungen, d. h. religiöse Umdeutungen, geschehen. Diese lokale religiöse Praxis ist nur archäologisch zu erschließen; sie stimmt in den seltensten Fällen mit der epischen Überlieferung überein. In den Epen wurde dagegen ein überlokales hellenisches, also gemeingriechisches Pantheon der olympischen Götter hergestellt, das dem gemeinsamen geographischen Raum und der gemeinsamen Zeit entsprach und mit dem Zeitalter des Zeus und den Olympiern begann.

Die Unmoral der Götter

Für uns unverständlich, wird das Handeln der Götter in den polytheistischen Religionen nicht selten als unmoralisch, gewaltsam und tückisch beschrieben. Man fragt sich, wie solche Religionen positiv auf das menschliche Verhalten Einfluss nehmen konnten (Burkert 2011, 371–376). Durch die mythische Vorstellung der Amoralität der Götter konnten aber allgemeine Erfahrungen von der Zufälligkeit menschlicher Wirklichkeit erklärt werden. Um dem bedrohlichen Zufall Einhalt zu gebieten, opferten die Menschen ihren Schutzgöttern und richteten Bittgebete an sie. Wenn sich die Bitten aber nicht erfüllten, musste das erklärt werden. Und das konnte man mit Hilfe der Götterintrige: Das positive Wirken des eigenen Schutzgottes wurde von einem anderen Gott hintertrieben. Die Götterintrige erklärte das Gegeneinanderwirken der polytheistischen Götterwelt auf befriedigende Weise und stellte ein häufig verwendetes mythisches Erzählmotiv dar.

11.2.5 Götterwirken und selbständiges menschliches Handeln im frühgriechischen Epos

Die Intrigen und gegenseitigen Verletzungen der homerischen Götter erklären, warum sich die Helden auf dem Schlachtfeld etwa vor Troia keinen Reim auf ihre Schutzgötter machen können und deren unvorhersehbares Einwirken auf ihre Hoffnungen und Planungen erleiden müssen (Kullmann 1956). Die Helden scheinen dem Götterwirken ausgesetzt, aber auch frei und auf sich selbst gestellt zu sein. Die Helden vor Troia wissen, dass nach den Regeln menschlicher Vernunft der Frieden dem Krieg vorzuziehen ist. Und sie suchen mit einem Duell zwischen Paris und Menelaos den Kriegsgrund beizulegen. Nach dem Sieg des Menelaos und dem Eingreifen der Aphrodite, die Paris aus dem Schlachtfeld rettet, wechselt die Handlung in die Götterversammlung auf dem Olymp, wo die Götter das Ereignis kommentieren und zu streiten beginnen (Il. 4, 1–68). Zeus sinniert, wie es wäre, wenn Troia durch den Duellentscheid gerettet werden könnte, und trifft auf den Zorn Heras, die sich als Schutzgöttin von Argos und Mykene geriert und auf dem Fortgang des Krieges bis zum Untergang des feindlichen Troia besteht. Sie bringt Zeus schließlich zum Nachgeben, nicht ohne in aller Form darauf hingewiesen zu haben, dass er zwar der Stärkere sei, sie aber auch göttliche Macht besäße. Sie fordert Zeus auf, Athene auf das Schlachtfeld zu schicken, um den Troer Pandaros zu einem Pfeilschuss gegen Menelaos und damit zu einer neuen Kriegserklärung anzustacheln. Auf dem Schlachtfeld stehen die Helden unterdessen noch erstarrt im Banne des neu geschaffenen Friedens und in Unsicherheit dessen, was da kommen soll (Il. 4, 69–85) – bis der Pfeilschuss des Troers wieder Bewegung in das gerade noch bewältigt geglaubt kriegerische Geschehen bringt.

Die Episode versinnbildlicht eine nachvollziehbare Situation. Menschen wollen das Geplante und mühsam Erreichte festhalten, können aber nicht über dessen Zukunft entscheiden und fühlen

Göttliche Vorherbestimmung und selbständiges menschliches Handeln

sich oft in einer Umbruchsituation, die sie „Schicksal" nennen. In den monarchischen Nachbarkulturen der frühen Griechen wurde zum Zweck der Deutungshoheit, d. h. der Sicherung politischer, oft kriegerischer Handlungen, eine umfangreiche Kultur der Mantik (Zukunftsdeutung mittels magischer Rituale, Traumdeutung, Astrologie) entwickelt, um zu zeigen, dass der Herrscher das zukünftige Geschehen in seiner Hand habe und im Einklang mit dem obersten Gott stehe (Maul 2013). Eine solche zwanghafte „Zukunftsbewältigung" finden wir in den frühgriechischen Epen nicht. Zwar achten auch die homerischen Helden auf die Zeichen der Götter, aber sie wissen um die Unbestimmtheit der Deutung, dass Götterzeichen täuschen oder falsch gelesen werden können. Der Zeus der *Ilias* betrügt sogar den obersten König und Heerführer Agamemnon mit einem Traum (Il. 2, 3–46), in dem die Gestalt Nestors dem Träumenden selbst erklärt, von Zeus gesandt zu sein. Und Agamemnon glaubt dem Traum auch aufs Wort, weil er ihn für einen Herrschertraum, eine Bestätigung seiner Funktion als Heerführer und König hält. Der wirkliche Nestor aber reagiert skeptisch, als er im Rat davon hört, und setzt dem die Vorsicht des alltäglichen Menschenverstandes entgegen: „Hätte irgend ein anderer der Achäer diesen Traum berichtet, würden wir ihn Trug nennen und uns lieber davon abwenden" (80 f.).

Die Klugheit des Odysseus

Auch das Verhältnis zwischen Athena und ihrem Schützling Odysseus wird von dem Dichter nicht als ein blindes Abhängigkeitsverhältnis geschildert, sondern als eine prüfende Auseinandersetzung der Göttin der Klugheit mit dem von ihr mit dieser Klugheit Begabten. Als Odysseus selbst ihr, die ihm in Gestalt eines Hirten begegnet, eine Lügengeschichte auftischt, freut sich die Göttin über den Beweis von soviel Umsicht: „Klug müsste der und diebisch sein, der dich überholen wollte in allen Listen, und träte auch ein Gott dir gegenüber!" (291 f.) Betrachtet man also das Verhältnis zwischen Göttern und Helden in den Epen und bezieht es auf die Vorstellung vom Handeln der gewöhnlichen Menschen, so kann man das als Anweisung verstehen. Der von den Göttern bewirkten existentiellen Unsicherheit soll durch eigenes, selbstverantwortliches Handeln begegnet werden (Schmitt 1990). Das ist ein Handeln, das in abwartender Skepsis und Klugheit, der Fähigkeit des Beobachtens und der Gemeinverantwortlichkeit liegt. Das ist auch die Botschaft des Zeus in der *Theogonie*. Der Gott ist vielleicht kein moralisches Vorbild, aber eines für Klugheit, List und Vernunft sowie die Aufforderung, diese Gaben in Befolgung der Satzungen und Regeln des gerechten Zusammenlebens anzuwenden.

Die griechische Mythologie lässt sich in einzelnen Phänomenen mit den Nachbarkulturen vergleichen, aber es eignet ihr auch eine eigene, darüber hinausgehende argumentative Grundstruktur. Diese zeigt sich deutlich bei der Rolle, die List und Klugheit in den Götter- und Heldengeschichten spielen. Die List und die Figur des „Tricksters", etwa in der Figur des Prometheus, gehören zu den typischen Merkmalen der Mythen vieler Kulturen. In der epischen Mythologie der Griechen nimmt die Sprache der List und des klugen Überlistens aber einen darüber hinausgehenden, sehr großen Raum ein. Es scheint, als sollten deren Rezipienten belehrt werden, dass nur ein dem Vorbild des Zeus ähnliches, kluges planendes und auch listiges Handeln den Menschen bei ihrer Daseinsbewältigung helfen könne.

11.2.6 Mythos und Geschichte

Mythen als Geschichte aufzufassen und mit ihnen geschichtlich zu argumentieren, ist von den Griechen als eine besondere Kunstform entwickelt worden (Gehrke 1994; Osmers 2013). Das lag nicht zuletzt daran, dass bereits die frühen Epen die gesamte griechische Welt in ihren großen Erzählbögen geordnet und deren einzelne Teile miteinander in Beziehung gesetzt hatten. Einzelne Mythen konnten als anfängliche Erzählungen zu Argumenten für den Besitzstand einer Stadt werden und damit in das Entscheiden über Krieg oder Frieden unter den Städten rhetorisch eingebracht werden. Der gemeinsame große Mythos aber war im Stande, die Beziehungen unter den griechischen Städten in sozusagen diplomatischen mythischen Anspielungen auszuloten. Die vielen griechischen Städte bildeten untereinander gleichsam eine auf die frühe Epik bezogene mythische Kommunikationsform heraus, indem sie an mythische gemeinsame Kriegszüge, Streitpunkte und Friedensschlüsse erinnerten. Im Nachhinein konnten alte Geschichten wie die Troia-Sage sogar zu zukunftsweisenden Identifikationsfigurationen werden. Denn sie waren nicht nur Zeugen für einen älteren Status quo, sondern lieferten Stoff für Neudeutungen, wie etwa die Umdeutung des Troia-Mythos in der Folge der Perserkriege zum Krieg zwischen Asien und Europa zeigt (vgl. Kap. 1.2.2). Mythen

Mythos und geschichtliche Identitätssuche

waren also imstande, neuen historischen Konstellationen Namen, Erklärungen und Verbindlichkeit zu verleihen. Und Mythen schafften anschauliche quasi-historische Herleitungen durch Genealogien von Göttern und Helden, indem sie Unterschiedliches in quasi genetischen Abfolgen verbanden und dadurch Brücken entwickelten, die weit über Zeit und Raum hinaus reichen konnten.

Der Aeneasmythos

Dies ist in besonderem Maße mit der Geschichte des Troerhelden Aineias (Aeneas) geschehen. Bei ihm handelt es sich um einen Spross aus einer Nebenlinie des troischen Königshauses und um einen Helden der *Ilias*, der neben Hektor als bedeutender Troer steht, der aber in der Erzählung erstaunlicherweise keine Rolle spielt. Aineias gewinnt keinen Zweikampf wie die anderen Helden. Im Gegenteil: Er stolpert sozusagen in die Handlung hinein, provoziert und wird dann von einem Gott aus dem Kampf getragen und gerettet. Die Figur hat eher eine auf die Zukunft hinweisende Funktion. Aineias diente als Ahnherr zukünftiger Generationen Troias der Erklärung, warum Troia und seine Mauer nach dem Untergang des Heroengeschlechtes weiterbestanden hatten.

Auf Troia lag ein Götterfluch: Poseidon und Apollon hatten auf Geheiß des Zeus einst Laomedon, dem Stammvater des Priamos, gedient. Poseidon hatte die Mauer und die Stadt mit ihren Straßen erbaut und Apollon die Rinder des Königs gehütet. Dieser aber hatte den beiden Göttern ihren Lohn verweigert, sie mit Hohn davon geschickt und ihnen sogar gedroht, sie wie Sklaven verkaufen zu wollen (Il. 21, 442–460). Der Untergang der Stadt war damit besiegelt. Nur Apollon und Poseidon konnten den Fluch lösen und über eine Nachfolge des alten Troia entscheiden. Poseidon setzt Aineias (Il. 20, 290–308) als Ahnherr eines zukünftigen Geschlechtes in Troia ein, weil dieser von einer anderen Seitenlinie des Herrscherhauses und nicht von Laomedon abstammt. Es ist möglich, dass dieser Aineias als Stammvater eines in der Troas zurzeit des Iliasdichters ansässigen Geschlechts gegolten hat. Die Worte Poseidons in der *Ilias* weisen direkt in diese Zukunft. Ein solcher Hinweis ist für die Ilias ungewöhnlich, die sonst Heroische Vergangenheit und Gegenwart als unüberbrückbar kennzeichnet. Einmalig ist auch die Wirkung dieser Geschichte über die Homerische Zeit hinaus. Denn wir kennen Aineias oder besser Aeneas als den Auswanderer, der zusammen mit seinem Vater und seinem kleinen Sohn das brennende Troia verlässt und nach Italien und nach Rom gelangt, wo er zum Ahnherr der Römer wurde und über diese hinaus zur

Legitimations- und Identifikationsfigur der Genealogien mancher europäischer Völker (Walter 2006).

11.3 Quellen und Vertiefung

Der Dichter hat an einer der spannendsten Stellen seiner Erzählung eine ausführliche Gründungsgeschichte Troias in Form einer Genealogie des Herrscherhauses eingefügt. Apollon stachelt Aineias an, dem vor Rache gegen Hektor rasenden Achill entgegenzutreten (Il. 20, 176–350). Achill fordert ihn barsch auf, aus dem Weg zu gehen, denn er sei ihm an Stärke und Ruhm nicht ebenbürtig. Aineias aber beginnt mit einer langen Rechtfertigung seines Standes und greift Achill tatsächlich an. Doch bevor Achills Überlegenheit das Duell entscheidet, wird Aineias von Poseidon aus dem Schlachtfeld getragen und der betäubte Achill findet nur noch dessen Waffen vor seinen Füßen vor (Il. 20, 290–308).

11.3.1 Aineias und der Stammbaum des troischen Herrschergeschlechtes

> Pelide! hoffe nicht, mich wie ein kleines Kind mit Worten in Furcht zu versetzen! Denn sehr wohl weiß ich selber Verhöhnungen und Beschimpfungen auszusprechen. Wissen wir doch das Geschlecht voneinander und kennen die Eltern, da wir berühmte Geschichten hörten von den sterblichen Menschen. Von Angesicht hast du noch nie die Meinen gesehen noch ich die Deinen. Du bist, so sagen sie, ein Spross von Peleus, dem untadeligen, und von der Thetis als Mutter, der Meerestochter mit den schönen Flechten. Aber ich rühme mich, von dem großherzigen Anchises als Sohn entstammt zu sein, und die Mutter ist mir Aphrodite. Von diesen werden die einen heute noch den eigenen Sohn beweinen. Denn nicht mit kindischen Worten, meine ich, werden wir uns trennen und aus dem Gefecht zurückkehren.
> Denn wenn du auch dies erfahren willst von unserem Geschlecht, dass du es gut kennenlernst – und es wissen dies viele der Menschen – : Zeus, der Wolkensammler, zeugte als ersten Dardanos und der gründete Dardanie[3],

---

[3] Eine höher in den Bergen gelegene Vorgängerstadt Troias. Vom Namen des Gründers Dardanos leitet sich der heutige Name der Dardanellen ab.

als die heilige Ilios[4] noch nicht in der Ebene erbaut war, die Stadt der sterblichen Menschen, sondern die bewohnten noch das Bergland des quellenreichen Ida. Dardanos aber zeugte den Sohn Erichthonios[5], den König, der als der Reichste geboren war der sterblichen Menschen. Von dem wurden dreitausend Pferde in der Niederung gehütet, weibliche, stolz mit ausgelassenen Füllen. Nach denen ergriff auch Boreas das Verlangen als sie weideten und er schwängerte sie, einem Hengst mit schwarzblauer Mähne gleichend. Sie wurden trächtig und gebaren zwölf Füllen. Wenn diese über die Getreide tragende Flur sprangen, liefen sie über die Frucht dahin, ohne die Ähren zu knicken. Und wenn sie über die breiten Rücken des Meeres sprangen, liefen sie nur oben über die Brandung der grauen Salzflut dahin. Und Erichthonios zeugte den Tros, den Troern zum Herrscher und von Tros wiederum entstammten drei untadelige Söhne: Ilos und Assarakos und der göttergleiche Ganymedes, der als der Schönste geboren wurde unter den sterblichen Menschen. Den entrafften die Götter, dem Zeus als Mundschenk zu dienen, dass er um seiner Schönheit willen unter den Unsterblichen verweile.

Ilos zeugte als Sohn den untadeligen Laomedon, aber Laomedon Tithonos und Priamos und ferner Lampos und Klytios und Hiketaon, des Ares Genossen. Assarakos aber zeugte den Kapys, und der zeugte Anchises und mich der Anchises. Und Priamos zeugte den göttlichen Hektor. Aus diesem Geschlecht und Blut rühme ich mich zu stammen. Zeus aber mehrt den Männern die Tugend und mindert sie wieder, wie er es will, denn er ist der Stärkste von allen. Aber lass uns nicht reden wie törichte Kinder, während wir inmitten der feindlichen Schlacht stehen! [...]

Ilias 20, 200–258 (Ü BP nach W. Schadewaldt und R. Hampe).

11.3.2 Poseidon greift ein und rettet Aineias

Mit dem Schwert aber hätte ihm der Pelide (Achill) das Leben geraubt, hätte es nicht scharf bemerkt der Erderschütterer Poseidon. Und gleich sagte er unter den unsterblichen Göttern die Worte: „Wehe wahrhaftig Kummer ist mir um den hochgemuten Aineias, der nun bald vom Peliden besiegt in den Hades hinabgeht, weil er sich bereden ließ von den Worten Apollons, des Ferntreffers! Der Törichte! und der (Apollon) schützt ihn nicht vor dem elenden Verderben! Aber warum soll dieser Schuldlose jetzt Schmerzen leiden, ohne Grund wegen fremder Kümmernisse? Gibt er doch immer den

---

[4] Ilion, bzw. Ilios war der Name Troias in homerischer Zeit, Troia also der ältere Name.
[5] Übersetzung nach Walter Burkert: „Der in besonderer Weise der Erde angehört". Erichthonios beziehungsweise Erechtheus wird gewöhnlich mit dem Urkönig von Athen identifiziert; wie er in den Troia-Mythos kam, ist unbekannt.

Göttern, die den breiten Himmel innehaben, gefällige Gaben. Auf lasst uns ihn doch aus der Todesgefahr entführen! Dass nicht der Kronide zürnt, wenn Achilleus diesen erschlägt. Denn ihm ist es bestimmt, zu entkommen, dass nicht der Stamm des Dardanos ohne Samen spurlos vergehe, den Zeus vor allen Söhnen liebte, die von ihm selber stammten und sterblichen Frauen. Denn schon ist dem Kronion des Priamos Geschlecht verhasst. Nun aber soll des Aineias Gewalt über die Troer herrschen und seine Kinder und Kindeskinder, die künftig geboren werden."

Ilias 20, 290–308 (Ü BP nach W. Schadewaldt und R. Hampe).

11.3.3 Fragen und Anregungen

Genealogien (Stammbäume) waren Teil der griechischen Geschichtsschreibung. Dabei wurde lange kein Unterschied gemacht zwischen mythischen (erdachten) und historischen Genealogien. Bereits die frühen Epen verwendeten sie, wie wir gesehen haben, zum Zwecke einer erklärenden Logik. Sie verbinden Räume und Zeiten und sie stiften Sinn, etwa wenn Zeus den olympischen Göttern ihre Eigenschaften (göttliche Potenzen) als Ehren zuweist (oben 1.2). Auch Mythenerzählungen können Teil von Genealogie sein und mit einzelnen Namen verbunden werden. Charakteristisch für Genealogien ist, dass sie aus einer konstruierten, d. h. fiktiven Anfangs- beziehungsweise Vorgeschichte bestehen und einer realeren Erinnerungsgeschichte der letzten drei Generationen, auf die die Erzähler der Genealogie zurückgehen, deren ideologischer Absicht die Herleitung diente.

Genealogisches (geschichtliches) Denken

- Zeichnen Sie den Stammbaum des Aineias und versuchen Sie, das dahinterstehende genealogische Denken nachzuvollziehen: Zeigen Sie die Unterordnungen des Stammbaumes auf: Wo finden Sie die Geschichte des Ortes? Wo die des Königshauses? Welche Teile dieser Geschichte gehören einer älteren mythischen Zeit an, welche einer jüngeren, in die das Gedächtnis des Aineias und seines Vaters natürlicherweise zurückgehen kann? Erklären Sie die Rede des Poseidon.
- Führen Sie die Mythenerzählungen innerhalb des Stammbaumes auf. Wozu dienen diese Mythen? Was erklären sie?
- Benennen Sie Unterschiede zwischen dem Stammbaum und den Familiengeschichten, die Aineias im ersten Teil seiner Rede dem Achill als Erkennungszeichen vorhält und als „Geschichten, die die Menschen erzählen" apostrophiert.

– Wieso konnte Troias Zerstörung als Gegenstand, der an das Ende der Heldenzeit erinnerte, eine solche Bedeutung für historische Ableitungen gewinnen? Erörtern Sie die Gründe der Römer, einen Troianer als Stammvater zu wählen.

11.4 Lektüreempfehlungen

Quellen Apollodoros: Götter und Helden der Griechen. Eingeleitet, hrsg. und übers. von Kai Brodersen, Darmstadt 2012 (*ein mythologisches Kompendium aus dem 2. Jahrhundert n. Chr. Als antike Quelle durchaus zur Übersicht empfohlen*).

Forschung Burkert, Walter: Griechische Religion der archaischen und klassischen Epoche, Stuttgart ²2011.

Burkert, Walter: Mythisches Denken. Versuch einer Definition an Hand des griechischen Befundes, in: Poser, Hans (Hrsg.): Philosophie und Mythos, Berlin 1979 (2014), 16–39.

Graf, Fritz: Griechischen Mythologie, München/Zürich 1987.

Junker, Klaus: Griechische Mythenbilder. Eine Einführung in ihre Interpretation, Stuttgart/Weimar 2005 (*speziell zur Bildinterpretation*).

Powell, Barry B.: Einführung in die klassische Mythologie, Stuttgart/Weimar 2009.

Reclams Lexikon der antiken Mythologie, hrsg. von Edward Tripp, Stuttgart ⁶1991.

Reinhardt, Udo: Der antike Mythos. Ein systematisches Handbuch, Freiburg 2011 (*zur Götter- und Heldensage*).

Vernant, Jean-Pierre: Mythos und Gesellschaft im alten Griechenland, Frankfurt am Main 1987.

12 Die materielle Kultur der homerischen Epen

12.1 Agamemnon rüstet zum Kampf

Abb 11: Bronzeschild (sog. Buckelschild) des Königs Sarduri II. von Urartu (8. Jh.). Eine Produktionsstätte für das Bronzegerät der homerischen Zeit befand sich im entlegenen Königreich Urartu (Armenien). Viele dieser Objekte gelangten bis nach Griechenland und Etrurien. Die gebuckelten Prunk-Schilde der Könige von Urartu (im Durchmesser 60–100cm) waren aus dünnem Bronzeblech geformt. Die darauf befindlichen Tierfriese (hier Löwen) gehörten zu dem „internationalen" Kunststil und waren ebenfalls beliebte Motive in der griechischen Vasenmalerei.

Der Atreus-Sohn aber rief laut und befahl den Argeiern sich zu gürten und tauchte auch selbst in das funkelnde Erz. Um die Unterschenkel legte er zuerst die schönen Beinschienen, mit silbernen Knöchelspangen zusammengefügt. Zum zweiten tauchte er dann mit der Brust in den Panzer, den ihm einst Kinyras als Gastgeschenk gegeben. Denn bis nach Kypros war die große Kunde gedrungen, dass die Achaier mit den Schiffen hinauf nach Troia ziehen wollten. Darum gab er ihm diesen, um Gunst zu erweisen dem König. Auf dem waren fürwahr zehn Streifen aus schwarzblauem Glasfluss, und zwölf Streifen von Gold und zwanzig von Zinn. Und drei Schlangen aus Glasfluss reckten sich auf beiden Seiten zum Hals hin, den Regenbogen gleichend, welche Kronion (Zeus) in den Wolken den sterblichen Menschen als Zeichen errichtet. Und um die Schultern warf er sich das Schwert, an dem die goldenen Buckel hell erglänzten, und um es herum war die Scheide aus Silber an einem goldenen Wehrgehenk befestigt. Und dann ergriff er den mannbedeckenden, den prächtig verzierten und wuchtigen Schild: rings um ihn liefen zehn Reifen aus Erz, und auf ihm waren zwanzig Buckel von weißem Zinn, doch der in der Mitte war aus schwarzblauem Glasfluss. Darauf rundete sich das schreckliche Antlitz der Gorgo, mit furchtbarem Blick und umgeben von „Furcht" (Deimos) und „Schecken" (Phobos). Aus Silber bestand das Tragband, und auf diesem ringelte sich eine Schlange von Glasfluss – dem einzigen Nacken entwuchsen drei Köpfe, die sich seitwärts umwandten. Und aufs Haupt setzte er den Helm mit vierfachen Reifen und dem Rossschweif und furchtbar nickte von oben herab der Busch. Und er ergriff zwei wehrhafte Speere mit eherner Spitze, schneidend scharfe, und das Erz leuchtete weithin von ihnen bis in den Himmel. Es dröhnten dazu Athene und Hera, zu ehren den König der goldreichen Mykene.

Ilias 11, 15–46 (Ü BP nach W. Schadewaldt und R. Hampe).

12.2 Materielle Kultur und Homerforschung

12.2.1 Die Bedeutung von Gegenständen als historische Quellen

Die Rüstung des Helden

Die Rüstung des Helden gehört zu den typischen Szenen mündlicher Heldendichtungen; man findet sie etwa auch im mittelalterlichen *Rolandslied* (*Chanson de Roland* 3140–3154). In der *Ilias* verweisen die Szenen auf die Bedeutung des betreffenden Helden; je ausführlicher die Szene gestaltet und je mehr über die Waffen zu erzählen ist, desto wichtiger der Held. Die Einkleidung in die Waffen wird in den großen Szenen der *Ilias* mit zeremonieller Würde durchgeführt. In den Formelsätzen der mündlichen Dichtung wird das Anlegen der Rüstung als ein zeremonieller Ablauf von den Beinschienen bis zum Helm herauf beschrieben, wobei die teils silbernen, teils bronzenen, stets glänzenden Waffen zu ausführlichen Beschreibungen und Herleitungen ihrer Herkunft anregen. Die Gegenstände können Genealogien besitzen, wie etwa das Zepter Agamemnons (vgl. Kap. 8. 2.2), oder eigene Geschichten, „Biographien" wie die Archäologen heute sagen.

Agamemnons Panzer hat eine Geschichte. Er soll aus Zypern stammen und ein Ehrgeschenk von einem König namens Kinyras sein. Dieser wird in späteren Quellen als Gründer des zyprischen Paphos genannt und gehört für die Griechen zu den sagenhaft reichen nahöstlichen Königen. Der bekannteste unter ihnen ist heute der Lyderkönig Kroisos (Krösus). Die Anspielung in der Rüstungsszene lässt sich durch die Bedeutung erklären, die nahöstlichen Prunkgegenständen in exquisiter Metallverarbeitung zugeschrieben wurde. Sie wurden oft als Ehrgeschenke mit einer Herkunftsgeschichte aus dem Nahen Osten verbunden. Bei dem außergewöhnlichen Panzer handelt es sich wahrscheinlich um einen Prunkpanzer, der aus in bunten Streifen angeordneten Schuppen bestand und in ähnlich farbiger Ausführung im Nahen Osten und auf Zypern bekannt war. Auch die aus edlen Metallen hergestellten Prunkwaffen und der Schild deuten darauf hin, dass der Dichter bei der Beschreibung nahöstliche Vorbilder im Sinn hatte. Es handelt sich um einen runden bronzenen Buckelschild, dessen Schauseite mit konzentrischen Kreisen, die Mitte aus buntem Metallfluss und einer Gorgonenfratze geschmückt war. Ein solcher Rundschild ist, worauf auch der ebenfalls bunt und figürlich gestaltete Tragriemen hindeutet, klein und beweglich; er diente der Infanterie im Nahkampf; er war also nicht „manndeckend" wie die älteren hohen und schmalen Schilde für den Zweikampf. Der figurenverzierte Rundschild hatte seine Vorbilder im Vorderen Orient, wo er auch als Prunkschild der Könige diente, wie bei den Königen von Urartu (vgl. Abb. 11).

Die Beschreibung der Heldenrüstung und die Geschichten ihrer Gegenstände zusammen mit den realen Befunden, die ins zeitgenössische Vorderasien verweisen, führen in einen weiteren Bereich der Homerforschung. Es geht dabei um die Frage, was materielle Kultur als Quelle für den historischen Hintergrund der Epen leisten kann. Aus archäologischer Sicht korrelieren die Hinweise in der Dichtung mit einem weit über Zypern hinausgehenden Fundzusammenhang wertvoller Objekte aus Metall und Elfenbein in charakteristischer kunstvoller und technisch entwickelter Ver-

Gegenstände und ihre Geschichten

arbeitung, deren Fundorte sich in Vorderasien vom Hochland von Armenien über Mesopotamien, Syrien und Ägypten bis nach Griechenland und Etrurien und darüber hinaus im westlichen Mittelmeergebiet erstrecken.

12.2.2 Die Archäologie der Dunklen Jahrhunderte und der homerischen Zeit

Archäologische Quellen spielen eine bedeutende Rolle für die Erforschung der homerischen Zeit und deren Vorgeschichte zwischen dem 11. und 8. Jahrhundert, den sog. Dunkeln Jahrhunderten. Für die Homerische Zeit, das spätere 8. und frühe 7. Jahrhundert, sind außer der epischen Dichtung und wenigen Inschriften keine schriftlichen Quellen vorhanden, die direkt über das politische, soziale oder alltägliche Leben berichten. Für die Geschichte der Dunklen Jahrhunderte liegen keine schriftlichen Quellen vor (vgl. Kap. 1.2). Zur geschichtlichen Erschließung beider Zeitabschnitte sind die archäologischen Quellen von nicht überschätzbarem Wert. Und wegen dieses Alleinstellungsmerkmals verbindet sich damit auch die dringende Frage nach der geschichtlichen Auswertbarkeit materieller Kultur, nämlich wie Gegenstände oder gegenständliche Befunde überhaupt zum Sprechen gebracht werden können.

Archäologische Befunde und ihre Deutung

Zu den archäologischen Quellen zählen zunächst alle gegenständlichen Funde, die man in den historischen Schichten eines Ortes machen kann. Dazu gehören auch die Schriftquellen, wenn die Schriftträger materiell überliefert sind. Der größte Teil der materiellen Kultur besteht aber aus den sogenannten stummen gegenständlichen Hinterlassenschaften einer historischen menschlichen Welt, von den Bauten, Straßen, Kultplätzen, Friedhöfen oder Abfalldeponien angefangen bis zu den alltäglichen und nichtalltäglichen Dingen, dem Geschirr und Gerät, dem Stoff, Schmuck oder dem Kunstwerk. Wenn man aus einem Zusammenhang materieller Hinterlassenschaften einen objektiven historischen Befund erschließen wollte, müsste man die gesamte Gegenstandswelt eines Ortes oder einer Region aus einer bestimmten Zeit zur Verfügung zu haben. Denn Gegenstände können nur aus einem breiten Kontext heraus gedeutet werden: je dichter die Kontexte sind, desto glaubwürdiger ist die historische Analyse. Es versteht sich aber von selbst, dass archäologische Untersuchungen und Befunde stets räumlich und zeitlich begrenzt sind. D. h. eine solche Untersuchung findet in einem bestimmten Areal in bestimmten Fundschichten und darüber hinaus in dem zeitlich begrenzten Rahmen einer Ausgrabungstätigkeit statt. Auch wenn heutige Grabungen technisch versiert sind, akribisch und sehr methodisch vorgehen, indem sie Kontexte abzustecken und zu sichern suchen, stellen die Befunde begrenzte Ergebnisse dar, die von neuen Befunden in erweiterten Kontexten wieder konterkariert werden können. Versucht man allgemeinere historische Schlüsse zu ziehen, müssen die Einzeldaten hochgerechnet werden (vgl. Kap. 5.2).

12.2.3 Materielle Kultur und historische Lebenswelt

Erst in jüngerer Zeit wird gegenständliche Kultur explizit auf ihren eigenen historischen Aussagewert hin befragt, d. h. sie dient dann nicht mehr ausschließlich der Datierung oder der Beweisführung für die Historizität einer in einem Text beschriebenen Gegebenheit. Die Entdeckung der materiellen Kultur als eigenständige historische Quelle ist nicht unbedingt neu, sondern eine Konsequenz der neuen historischen Methode, die im frühen 20. Jh. von der französischen „Nouvelle Historie" ausgegangen ist (Burke 1991). Hier wurde die alltägliche historische Lebenswelt in den Mittelpunkt der Forschung gestellt und mittels sozialwissenschaftlicher und ethnologischer Forschungsansätze zu entschlüsseln versucht. Damit sollte auch die Sprache der Texte oder besser die unmittelbare anachronistische Lesart der in späterer Zeit lebenden Historiker hinterfragt werden, indem herausgestellt wurde, dass wir beim Lesen eines Textes diesen meistens ohne Umstände in die eigene alltägliche Lebenswelt hineinstellen. Der Unterschied der Alltagswelten aber machte die historische Distanz zwischen dem alten Text und seinem Umfeld und dem modernen Leser/Historiker sichtbar. Historische Zeiten unterscheiden sich nicht nur durch unterschiedliches historisches Geschehen voneinander. Unterschiedliche historische Zeiten besitzen auch unterschiedliche Lebenswelten, d. h. die Anschauungen der historischen Menschen, ihr Verhältnis zur gegenständlichen und sozialen Umwelt und zur eigenen körperlichen Welt differieren voneinander. „Lebenswelt" bedeutet nicht die Welt, in der wir leben, sondern die Welt, die wir gemeinsam in unseren Köpfen haben (Schütz 1981). Mit „Lebens-

Materielle Kultur und Sozialwissenschaft

welt" wird das Konglomerat aus Anschauungen und Sinngebungen einer historischen Gemeinschaft bezeichnet. Das ist ein abrufbarer Zusammenhang von gemeinsamen Eindrücken, Gefühlen, Urteilen und Intentionen, die aus den realen Bedingungen der geschichtlichen Umwelt einer sozialen Gruppe erwachsen sind und in einer Tradition des Wissens, aber auch der Zeremonien, Gesten und Gefühle weitergeführt wird (Patzek 1992, 44 f.). In dieser „Anschauungswelt" spielen Gegenstände eine besondere Rolle, weil sie zu Bezugspunkten sinnlicher sozialer Wahrnehmung geworden sind und soziale Werte repräsentieren können. Ein Gegenstand kann über seinen eigentlichen Zweck hinaus einen körperlichen, sensorischen Bezug herausbilden oder ein Bild bzw. eine Erinnerung hervorrufen, die von den Menschen einer sozialen Gruppe geteilt werden und so einer nichtsprachlichen, aber einvernehmlichen und affirmativen Kommunikation dienen. Weil sie dies können, sind Gegenstände imstande, vielschichtige Bezüge unter den Menschen einer historischen Welt herzustellen.

12.2.4 Homerische Gegenstandsbeschreibungen und die zeitgenössische materielle Kultur

Gegenstand und sozialer Sinn

Wenn man also materielle Kultur als eigenwertige Quelle betrachten will, muss man diese Welt gemeinsamer Sinngebungen zu erschließen suchen. Da Gegenstände nicht sprechen, kann dies nur durch die Beobachtung und Beschreibung formaler Kriterien und durch die Suche nach dem Ort des Gegenstandes in einer sozialen Welt geschehen. Letzteres gelingt nur, soweit diese als dichtes System von Gegenständen reproduzierbar ist, etwa in Form eines Begräbnisses, das als Indikator für die Grundformen einer sozialen Welt aufgefasst werden kann. Das ist aber auch durch eine Bestandsaufnahme etwa der Menge oder der räumlichen Verteilung von Gegenständen möglich, oder durch die Beschreibung und Analyse ihrer Form, oder in der Suche nach Kriterien für ihren materiellen oder künstlerischen bzw. ästhetischen Wert. Schon bei Letzterem kommt aber die Frage auf, was Wert historisch überhaupt heißt. Wir können bei einem Gegenstand aus Gold, Silber oder Bronze zwar ganz einfach voraussetzen, dass er einen materiellen Wert besaß und daher nicht jedem zur Verfügung stand. Aber welche genauen

12.2 Materielle Kultur und Homerforschung — 173

Wertschätzungen und Sinngebungen verbanden die historischen Besitzer oder Nichtbesitzer mit dem Gegenstand?

An dieser Stelle kommen die Epen als sprechende Quellen für die Gegenstandskultur ihrer Zeit ins Spiel. Mündliche Dichtungen sprechen eine gegenständliche und bildhafte Sprache, Abstraktes wird ähnlich wie im Mythos in Anschauung umgemünzt, die Symbolik von Gegenständen und Gegenstandsbeschreibungen verbindet sich mit der erzählerischen Handlung und interpretiert sie. Die Handlung kann anhand von visuellen Hilfsmitteln nachvollzogen werden. Aufmerksamkeit und Gedächtnis des hörenden Publikums werden mittels solcher gegenständlicher Vorstellung aktiviert. Bei mündlicher Dichtung handelt es sich aber nicht um historische oder ethnologische Berichte, die nach einer sachlichen Bestandsaufnahme suchen, sondern um Literatur, d. h. sprachliche Kunstwerke, die Wirklichkeit in einer ihnen eigenen Logik reproduzieren. Da die homerischen Epen auf die Resonanz ihrer Hörergesellschaft ausgerichtet waren, ist anzunehmen, dass sie besondere Merkmale der zeitgenössischen gegenständlichen Sinngebungen auf die höhere Bedeutungsebene der Heroenwelt projiziert haben. Damit besäßen wir mit dieser Dichtung einen Spiegel ausgewählter und idealisierter Sinnstrukturen der sozialen Welt der Homerischen Zeit. Die Rolle, die geographische gegenständliche Gegebenheiten, Orte und Räume für die räumliche Identität der frühen Griechen spielten, und ihre Funktion als Träger von Erinnerung wurden bereits behandelt (vgl. Kap. 3). Im Folgenden soll es um Gegenstände als alltägliches „Zeug", als Gerät und als Werk bzw. Artefakt gehen (Hahn 2014).

Zum „Zeug" gehören für uns etwa Schuhe oder Kleider, also Dinge, die dem Alltag dienen und in einer „Wegwerfgesellschaft" wenig Beachtung finden. Erstaunlich ist darum der Wert, der aus der Bezeichnung alltäglicher Gegenstände in der Dichtung hervorgeht. Ein Beispiel: Nachdem Achill seinem Freund Patroklos die eigenen Waffen übergeben hat, um ihn in den Kampf zur Abwehr der Troer zu schicken, holt er einen Kasten hervor, in dem sich „Gewänder und Mäntel zum Schutz vor den Winden und wollene Decken" befinden, die ihm seine Mutter Thetis auf den Weg nach Troia mitgegeben hat (Il. 16, 220–250). Darin liegt auch ein noch nie genutzter goldener Becher, den der Held nun herausnimmt und mit Schwefel und Wasser putzt. Dann wäscht er sich die Hände, schöpft Wein für den Becher und betet zu Zeus, dass er Patroklos

Gegenstandsbedeutungen in mündlicher Dichtung

Alltägliche Dinge

den nötigen Mut geben möge, Hektor zurückzudrängen, ihn aber vor dem tödlichen Zweikampf bewahren solle. In dem Gebet wird der innere Konflikt deutlich, in den Achill durch Patroklos' Bitte geraten ist, als sein Stellvertreter in den Kampf zu ziehen. Nach dem Gebet weist der Dichter auf die Antwort des Gottes hin: Zeus wird Patroklos' Mut anfachen, ihn aber nicht vor dem Tod bewahren, denn er unterstützt immer noch Hektors Siegeslauf. Das tut er im Sinne der Rache Achills an Agamemnon und auf Bitten der Thetis. Es handelt sich also um eine tragische Situation, denn Achill wird den Freund für die eigene Ehr- und Rachsucht opfern. Was aber soll die häusliche Szene für diesen Höhepunkt des inneren Konfliktes des Helden leisten? Warum werden die wärmenden Gewänder erwähnt, warum muss der Becher erst umständlich geputzt werden? Dieser sog. Detailrealismus steht offensichtlich in direkter Beziehung zur Bedeutung der Szene. Diese wird durch die nahezu körperliche Beziehung zu Gegenständen ausgedrückt, die wie die Gewänder ganz dem Helden angehören und ihn mit seiner Mutter Thetis verbinden. Die Mitte der Szene nimmt der vollkommen reine goldene Trinkbecher ein, der dem Opfer für Zeus vorbehalten ist.

Trinkgeschirr und soziale Kultur

Trinkgeschirr wird in den Epen im Zusammenhang mit Opfern und Gelagen beschrieben und akzentuiert. Die Zeremonien sind miteinander verflochten, vor dem Gelage wird den Göttern geopfert und Wein gespendet. Gelage finden in verschiedenen Situationen statt. Sie stellen stets eine Verbindung zwischen Menschen sowie zwischen Menschen und Göttern her und fordern zu verbindlichem gegenseitigem Verhalten auf. Gastfreundschaften werden bei Gelagen besiegelt, Geschenke bei dieser Gelegenheit getauscht, oft als gegenständliche Zeichen für einen mündlich geschlossenen Vertrag (Donlan 1981; van Wees 1992, 228–238). Das Polyphem-Abenteuer in der *Odyssee* (oben Kap. 4.1) stellt ein Beispiel für ein nicht gelungenes Gelage und verfehltes ziviles Verhalten dar. Gelage werden von den Königen wie etwa von dem Phäakenkönig Alkinoos als Gastmähler ausgerichtet (Kap. 2.2.3). Sie dienten u. a. als Bestätigungen des sozialen Status (Hayden 2014). Beim großen festlichen Gelage trugen epische Sänger vor. Nach dem Gelage fanden auch Beratungen etwa des Rates der Könige statt. Gelage wurden zu Festen ausgerichtet und sie spielten, wie die archäologischen Zeugnisse dokumentieren, bei Bestattungen eine wichtige Rolle (Kistler 1998). Ähnlich wie bei den Rüstungsszenen wird die Zeremonie des Gelages von den Vorbereitungen über das Händewaschen, dem Gebet und dem Ausgreifen der Hände nach der Nahrung durch typische wiederholbare Formeln in vorgegebener Reihenfolge dargestellt. Bei für die Handlung wichtigen Gelageszenen werden zusätzliche Gegenstandsbeschreibungen als Wegweiser eingesetzt. So wie die Beschreibung des bereits in homerischer Zeit berühmten Nestorbechers.

Der Nestorbecher kommt im 11. Gesang (622–805) der *Ilias* zum Einsatz. Bei einem Gelage im Zelt des Nestor wird Patroklos überredet, für Achill mit dessen Waffen in den Kampf gegen die Troer zu ziehen. Die Beschreibung des Bechers eröffnet diese Überredungsszene vor dem Eintritt des Patroklos in das Zelt. Er steht auf einem edlen Tisch, zusammen mit einer bronzenen Schale (624–641). In ihm bereitete Hekamede, die Sklavin, die als Ehrgeschenk in das Haus Nestors kam, einen Mischtrank aus Wein, Ziegenkäse und Gerste. Bei dem Gefäß handelte es sich also offensichtlich nicht um einen Becher, wie der Dichter sagt, sondern um ein großes Mischgefäß, einen mit goldenen Nägeln beschlagenen „Krater" (so das griechische Wort) mit zwei Henkeln und figürlichen Applikationen auf dem Rand in Form von zwei Tauben. Wie also kommt der Dichter dazu, das Gefäß „Becher" (*depas*) zu nennen? Wir haben einen solchen Nestorbecher, ein im Vergleich bescheidenes Keramikgefäß bereits kennengelernt (vgl. Kap. 2.2). Der darauf platzierte Trinkspruch spielte wahrscheinlich auf eine Episode in einem anderen Troia-Epos an. In dieser Geschichte tröstete Nestor den um den Verlust der Helena betrübt Menelaos mit Wein. Die Verführung der Sinne durch den Wein und die Umkehr der Sinne durch Überredung lag für die Griechen auf einer Bedeutungsebene. Und diese Kunst scheint in der Figur des Nestor in besonderem Maße zum Ausdruck zu kommen. Der Becher war Symbol für Nestors Kunst und zugleich ein Zeichen in dem breiteren mit dem Gelage verbundenen semantischen Feld.

Dabei zeigt sich, dass der sog. Detailrealismus des homerischen Dichters weniger mit der Absicht zu tun hatte, einen Gegenstand genau zu beschreiben, sondern vielmehr damit, die Bedeutungszeichen der zeitgenössischen gegenständlichen Anschauungswelt in gesteigerter Form zum Ausdruck zu bringen. Daher lohnt es, der Frage nachzugehen, welche Eindrücke in der Dichtung von Gegenständen vermittelt werden. Es handelt sich dabei um Stoffe, Waffen und Trink- und Speisegeschirr. Die Gegenstände sind in bester Technik hergestellt, sie glänzen, sie sind schön und groß, bunt,

Nestors Becher

Nahöstliches Kunsthandwerk als Eliteattribut

mit Bildfriesen oder Bildern versehen (Achillesschild: vgl. Kap. 7.1.1). Es handelt sich um Werke des Gottes Hephaistos oder solche phönikischer Handwerkskünstler. Die Stoffe stammen von kunstfertigen Frauen aus Sidon. Die Herkunft von den „Sidonern" gilt in den Epen allgemein als Markenzeichen dieser Gebrauchskunst. Die Kunstobjekte kommen entweder über das Meer oder sie werden von fernen Gastfreunden übergeben. Unter den Griechen werden sie angepriesen. Sie gelten als „Wunder" im Auge der Beschauer.

Wie aber sieht die Gegenstandswelt in den Fundschichten der homerischen Zeit wirklich aus? Der Luxus spiegelt die Alltagswelt der homerischen Zeit kaum wider. Edles Metallgeschirr findet sich nur in exklusiven Gräbern oder als Weihgaben in den großen Heiligtümern, die auf den Handelswegen des Mittelmeeres liegen, wie etwa der Hera-Tempel auf Samos. Es handelte sich also um außerordentliches Gerät, das der symbolischen Repräsentation diente, als Zeichen der Freundschaft, der Verbindung, der Erinnerung. Ein großer Teil dieser Gerätschaft stammte aus dem Nahen Osten, aus Zypern und sogar aus den Metallwerkstätten des fernen Urartu (Armenien). Umgekehrt ist aber zu beobachten, dass die Griechen unter dem Eindruck der Schönheit, die sie diesem Gerät beimaßen, in der sog. orientalisierenden Vasenmalerei des 7. Jahrhunderts ein eigenes Äquivalent dafür entwickelten. Diese Gefäße übernehmen den ornamentalen und teilweise auch Anregungen für den figürlichen Dekor und spielen wohl auch auf die Buntheit der Vorbilder an (vgl. Abb. 4 und 6). Um Imitationen handelt es sich bei ihnen nicht, sondern um eine Umsetzung von den äußeren Eindrücken, die auch der homerische Dichter auf seine Art vermittelt (Matthäus 1993).

12.2.5 Die homerische Welt als Teil der östlichen und westlichen Mittelmeerwelt

Kunsthandwerk für den assyrischen Großkönig

Die homerische Gegenstandswelt in Form von Textilien, Waffen und kostbarem Gerät findet sich auch in einem ganz anderen Quellentypus wieder, nämlich in den Beutelisten der Feldzugsberichte der neuassyrischen Großkönige. Auch hier werden nicht konkrete Beschreibungen geliefert, sondern Eindrücke vermittelt. Sargon II. (722–705) etwa rühmt sich, aus dem Heiligtum des Gottes Haldi in Urartu unter anderem sechs goldene Schilde, jeder 6,5kg schwer, davon getragen zu haben. Die goldenen Schilde sind nicht gefunden worden, jedoch an anderer Stelle ähnliche aus Bronze (vgl. oben Abb. 11). Das liegt nicht nur daran, dass Gold Räubern selten entgeht, sondern an der Tendenz dieser Herrscher, sich durch Übertreibung selbst zu erhöhen. Diese Übertreibungsrhetorik ist typisch für die Sprache der Imperatoren, auch was Technik und Schönheit ihrer Paläste betrifft. Die weitläufigen Palaststrukturen und ihre Parks in Ninive oder Nimrud waren geschmückt mit allem Zierrat, den die Herrscher aus den umliegenden Gebieten als Tribut erhielten. Sie rühmten sie als „Wunder", die über den ganzen Erdkreis ausstrahlen sollten (Patzek 2014). Die assyrische Herrschaft und ihr Expansionsdrang haben in den ersten Jahrhunderten des 1. Jahrtausends eine riesige Luxusproduktion an Metall- und Elfenbeingerät in Gang gesetzt und zugleich deren Wert als Zeichen von Macht und Herrschaft in die damalige Welt getragen.

In der Folge dieses kulturellen Imperialismus fand mit der Ausdehnung des Handels der Phöniker bis ins Gebiet des westlichen Mittelmeeres auch eine Verbreitung dieser Luxusgüter in Gesellschaften statt, die vorher in keinem Verhältnis zur altorientalischen Zivilisation standen. Wir finden phönikische Metallschalen und Mischgefäße nicht nur in Griechenland, sondern auch in Italien und Spanien. Im Zuge dieser Verbreitung kamen dann sogar die ersten „orientalisierenden" griechischen Keramikgefäße nach Italien zu den Etruskern. Wir sehen, dass der assyrische Imperialismus, der den Nahen Osten beherrschte, auch über die Ränder dieses Herrschaftsgebietes hinaus Wirkung zeigte. Es entwickelte sich mit der Verbreitung von Prestigegütern eine „elitebildende orientalisierende Transmediterranität" (Kistler 2015). Die Sprachen dieser im Entstehen begriffenen Eliten waren verschieden und auch ihr historischer Werdegang, verbunden waren sie aber durch eine wirkungsmächtige materielle Kultur, die sie aus heutiger Sicht in einem gemeinsamen Umfeld erscheinen lässt. Gerade weil gegenständliche Kultur nicht sprechen kann und sich nicht auf einen konkreten Ausdruck festlegen lässt, ist sie sozusagen international; sie ist in einem abstrakten Sinne umdeutbar und stellt die frühgriechische Kultur in einen „globaleren" Zusammenhang.

Kunsthandwerk als Prestigegut neuer Eliten

12.3 Quellen und Vertiefung

12.3.1 Eine „Doppelschale" für Nestor

Die doppelhenklige Schale als fünfter Preis blieb übrig. Die gab Achilleus dem Nestor: Er trug sie durch die Versammlung der Argeier und trat hin zu ihm und sagte: „Die möge dir, dem Greis, als Kleinod zum Gedächtnis an des Patroklos Leichenfeier dienen. Denn nicht mehr selber wirst du ihn sehen unter den Argeiern. Ich aber gebe dir diesen Kampfpreis nur so; denn du wirst nicht mehr in den Faust- oder Ringkampf und auch nicht mehr in den Speerkampf tauchen und nicht mehr mit den Füßen laufen, denn schon drückt dich das beschwerliche Alter nieder".

Ilias 23, 615–623 (Ü BP nach W. Schadewaldt und R. Hampe).

12.3.2 Ein silberner Mischkrug für den Ersten im Wettlauf

Und der Pelide (Achill) setzte sogleich die Preise für den Wettlauf aus: Einen Krater (Mischkrug) aus Silber gefertigt, der sechs Maße fassen konnte, an Schönheit besiegte er alle anderen bei weitem auf der ganzen Erde, weil ihn kunstreiche Sidonier sehr schön gearbeitet hatten. Und phönikische Männer brachten ihn dann über das dunstige Meer und legten im Hafen an und schenkten die Gabe dem Thoas. Doch für Lykaon, den Sohn des Priamos, gab ihn später der Iason-Sohn Euneos dem Patroklos (als Lösegeld) zum Tausch. Den setzte nun Achilleus als Kampfpreis aus, seinem Gefährten zu Ehren, für den, der am schnellsten sein würde mit den geschwinden Füßen.

Ilias 23, 740–749 (Ü BP nach W. Schadewaldt und R. Hampe).

12.3.3 Eine massive Scheibe aus Eisen als Preis im Diskuswerfen

Dann setzte der Pelide eine massiv gegossene eiserne Scheibe aus, die früher die große Kraft Eëtions[1] zu werfen pflegte. Doch den tötete dann der schnellfüßige göttliche Achill und entführte die Scheibe auf dem Schiff zusammen mit anderen Schätzen. Aufrecht stehend sprach er nun die Rede zu den Argeiern: „Steht auf, die ihr euch in diesem Wettkampf versuchen wollt! Selbst wenn weit in der Ferne ihm die üppigen Äcker liegen, wird derjenige, der sie gebraucht, im Umlauf von fünf Jahren genug daran haben und es wird ihm gewiss weder ein Hirt noch ein Pflüger aus Mangel an Eisen zur Stadt gehen, sondern sie wird es ihm geben."

Ilias 23, 826–835 (Ü BP nach W. Schadewaldt und R. Hampe).

---

[1] König von Theben in Kilikien, Vater der Andromache.

12.3.4 Odysseus' goldene Spange

Odysseus, als Bettler verkleidet, beschreibt Penelope, die den Fremden nicht erkennt, wie er Odysseus in Troia gesehen haben will:

> „Einen Purpurmantel aus Wolle doppelt gewebt hatte Odysseus, daran war eine goldene Spange gesteckt mit zwei gleichen Hülsen und vorne war ein Kunstwerk daran befestigt: Ein Hund packte da mit seinen Vorderläufen ein geflecktes zappelndes Hirschkalb. Das bestaunten wir alle: wie der Hund, der doch aus Gold war, das Kälbchen würgte und wie es zappelte mit den Beinen und fliehen wollte! [...]"
> So sprach er und er erregte ihr noch mehr die Lust am Klagen, da sie die sicheren Zeichen erkannt hatte. Als sie sich aber an tränenreicher Klage gesättigt hatte, wandte sie sich ihm wieder zu und sagte: „Fremder, jetzt sollst du mir, der du schon vorher mein Mitleid erregt hast, hier in meinem Haus Achtung und Freundschaft genießen. Denn ich selbst habe ihm aus der Kammer die Kleider gebracht und zusammengefaltet und den schimmernden Schmuck dazugelegt! [...]"
> *Odyssee*, 19, 226 –231 und 249–257 (Ü BP nach W. Schadewaldt und R. Hampe).

12.3.5 Fragen und Anregungen

Die goldene Spange des Odysseus wird als staunenswertes Kunstwerk beschrieben, zugleich dient sie als ein sehr persönliches Erkennungszeichen, das Penelope sofort anspricht. Sie wird auf die Nähe des vermissten Odysseus vorbereitet und zugleich zum Klagen um seinen Verlust angeregt. – Zu den Kampfpreisen, die Achill im 23. Gesang der *Ilias* bei den Wettkämpfen für den verstorbenen Patroklos auslobt, gehörten eine Eisenscheibe und kostbare Gefäße, zu denen je eine „Gegenstandsbiographie" gehört. Dabei handelt es sich um einen Begriff, den die Archäologen verwenden, um zu zeigen, dass nicht nur schriftliche Quellen erzählen können, sondern auch Gegenstände mit einem „Narrativ" verbunden sind (Whitley 2013; Crielaard 2015).

- Versuchen sie die unterschiedlichen Bedeutungen, die ein Gegenstand annehmen kann, anhand der Darstellung und dieser Quellentexte zu beschreiben und zu begründen. Welchen Wert, welche Beziehungen können Gegenstände ausdrücken und wecken? Welche symbolischen Bedeutungen können sie

annehmen, z. B. Waffen, oder Ess- und Trinkgeschirr? Warum kann der Kunstcharakter die Ausdruckskraft dieser Gegenstände steigern? Welche Gegenstandsbedeutungen lassen sich durch allgemein-menschliches Verhalten begründen, welche sind dagegen kulturspezifisch?
– Erörtern Sie den Begriff der „Gegenstandsbiographie". Auf welche Weise lässt sich eine Gegenstandsgeschichte historisch ermitteln? Was und wie vermitteln sprachliche Aussagen, auf welche Weise „sprechen" Gegenstände an? Können sie überhaupt konkrete Aussagen machen? Inwiefern können Fundumstände bei der Suche nach solchen konkreten Aussagen helfen?

12.4 Lektüreempfehlungen

Hahn, Hans-Peter: Materielle Kultur. Eine Einführung, Berlin 2014 (*zum Thema allgemein*).

Hölkeskamp, Karl-Joachim: Von den „Dunklen Jahrhunderten" in das „Zeitalter der Experimente". Kritische Bemerkungen zur neueren Forschung zum frühen Griechenland, in: Gymnasium 107, 2000, 321–330 (*zur Archäologie und historischen Deutung der Stadtwerdungsprozesse*).

Kistler, Erich: Art. Materielle Quellen und Archäologie: in: Wittke, Anne-Maria (Hrsg.): Frühgeschichte der Mittelmeerkulturen, Stuttgart 2015, 99–116 (*zu neuen Methoden historischer Auswertung von archäologischen Befunden*).

Samida, Stefanie/Eggert, Manfred K. H./Hahn, Hans Peter (Hrsg.): Handbuch Materielle Kultur. Bedeutung, Konzepte, Disziplinen, Stuttgart 2014 (*zu einzelnen Ansätzen und Methoden*).

Whitley, James: The Archaeology of Greece, Cambridge 2001 (*allgemein zur Archäologie der archaischen und klassischen Zeit, bes. S. 102–133 zu den „Orientalia"*).

13 Zur Rezeption der homerischen Epen in der griechischen Antike

13.1 Sokrates und Achill

> Und so könnte einer (von euch) sagen: „Schämst du dich nicht, Sokrates, dass du einer Tätigkeit nachgehst, die jetzt dein Leben in Gefahr bringt?" Diesem würde ich mit Recht antworten: „Du sprichst nicht gut, Mann, wenn du meinst, jemand, der auch nur etwas wert ist, dürfe ein Risiko auf Leben oder Tod beachten, anstatt allein darauf zu achten, ob er gerecht und nicht ungerecht handelt, ob er also wie ein rechtschaffener Mann handelt oder wie ein nichtswürdiger. Denn nichtswürdig wären ja nach deiner Rede die Halbgötter gewesen, die vor Troia gefallen sind, darunter vor allem der Sohn der Thetis (Achill), der, um nur keine Schande auf sich zu laden, die Gefahr so sehr verachtete, dass er, als seine Mutter, die Göttin, ihm seine Absicht, den Hektor zu töten, und mit etwa folgenden Worten, glaube ich, auszureden versuchte: „Kind, wenn du den Tod des Patroklos, deines Gefährten, rächst und Hektor tötest, dann musst du selber sterben, denn alsbald nach Hektor ist auch dir der Tod bereitet", sagte sie (*Ilias* 18, 96). – Der aber, als er das hörte, achtete den Tod und die Gefahr gering und fürchtete vielmehr als Feigling weiterzuleben und die Freunde nicht zu rächen, und so sagte er: „Auf der Stelle will ich sterben (*Ilias* 18, 98), wenn ich den Übeltäter gestraft habe, dass ich ja nicht hier bei den geschweiften Schiffen zum Gespött aller sitze, eine unnütze Last der Erde (*Ilias* 18, 104)." Meinst du vielleicht, der habe über Tod und Gefahr nachgedacht?
>
> Platon, *Apologie des Sokrates* 28b–28d (Ü BP nach Ernst Heitsch).

Sokrates wurde 399 von den Athenern zum Tode verurteilt, weil er die Götter leugnete und die Jugend verführte, so die Anklage. Wahrscheinlich war das ein Vorwand der Demokraten gegen den Lehrer mehrerer Oligarchen, zu denen auch Kritias und Charmides gehörten, zwei Verwandte des jungen Platon. Kurz zuvor war in Athen nach der blutigen Gewaltherrschaft eines Oligarchenregimes (den „Dreißig") die Demokratie wiederhergestellt worden; gleichzeitig hegten allerdings viele Intellektuelle eine tiefe Skepsis gegen die ihnen augenscheinliche negative rhetorische Beeinflussung der demokratischen Massenentscheidungen. Platon war Augenzeuge des Prozesses und veröffentlichte die Reden des Sokrates in diesem Prozess wenige Jahre später in stark veränderter Gestalt (*Apologie des Sokrates*). Sein Ziel war es, die Athener und vor allem die Intellektuellen der Stadt davon zu überzeugen, dass ein guter Staat Menschen brauche, die geistig und moralisch wesentlich besser

Der Prozess gegen Sokrates

erzogen sein sollten als die Athener, die Sokrates angeklagt und schließlich zum Teil auch verurteilt hatten.

Das Beispiel Achills   Im zitierten Textausschnitt lässt er Sokrates auf die Meinung eines Durchschnittsdemokraten antworten, der meint, dass es eine Schande sei, mit seinem Verhalten das moralische Urteil aller Bürger zu verletzen und mit einem Staatsprozess konfrontiert zu sein. Mit dem Beispiel des Achill wird das Argument geschickt umgedreht. Selbst aus den Reihen der Halbgötter – hier wird bewusst dieser Begriff anstelle des Heroenbegriffs gesetzt – lässt sich die moralische Unfähigkeit der Athener dokumentieren. Dabei wird auf die Stelle im 18. Gesang (70–126) der *Ilias* verwiesen, als Thetis nach dem Tod des Patroklos zu Achill geht, um ihn zu trösten und zu warnen, dass ihm nach dem Tod Hektors der eigene Tod bevorstehe, und Achill mit großer Geste antwortet, ihn zwinge nun seine Pflicht gegenüber dem Freund dazu, dessen Mörder Hektor zu töten. Denn sonst wäre er „eine nutzlose Last der Erde" (Il. 18, 104). Die Motive des Achill, den Tod vor dem Leben zu wählen, aber unterscheiden sich grundsätzlich von denen des Sokrates: Achill folgt der Ethik seiner Gesellschaft, Sokrates dagegen tritt im Konflikt mit den Athenern für seine eigenen moralischen Überzeugungen ein. Aber das Beispiel ist rhetorisch gut gewählt: Die Achillesrede der *Ilias*, das eigene Leben für den toten Freund zu geben, ist heldenhaft und emotional ergreifend. Die Athener bezeugten den Heroen großen Respekt und sie kannten die *Ilias* sehr genau, gehörte sie doch zu den Grundtexten des Schulunterrichtes, die auswendig gelernt werden mussten. Platon beförderte unter anderem durch diese Assoziation seinen Lehrer Sokrates unter die Heroen, nicht nur der Athener, sondern auch der Nachwelt – bis heute.

13.2 Zur Rezeption Homers in der Antike

13.2.1 Grundlagen

Wirkungsgeschichte der homerischen Epen   Eine vollständige Darstellung der antiken Rezeptionsgeschichte der homerischen Epen wäre eine unendliche Geschichte. Sie müsste auch viele unterschiedliche Schwerpunkte abarbeiten. Dazu würde die literarische Wirkungsgeschichte des Epos gehören, aber auch die der Mythen sowie die Rezeption der großen Heldengestalten in Literatur und bildender Kunst. Auch die Rezeption der Epen

Hesiods, die in diesem Zusammenhang unterbewertet blieben, wäre durchaus zu bedenken, denn Homer und Hesiod wurden oft in einem Atemzug genannt. Schließlich ist die Wirkung zu erwähnen, die die Autorität des Dichters auf die Wissenschaften und Philosophie der Griechen und der Nachwelt ausübte und nicht zuletzt die Beziehung zur Geschichte der Bedeutung des imaginären und realen Ortes Troia. Mit einem Phänomen hat man es aber immer zu tun: der inhaltlichen Komplexität der überlieferten Epen, die eine ebenso komplexe und vielgestaltige Wirkungsgeschichte mit sich brachte (Hölscher 1994). Die hat auch zur Folge, dass Homerverehrung und Homerkritik Hand in Hand gehen, dass die homerischen Helden zugleich Vorbilder und abschreckende Beispiele sein können.

13.2.2 Die homerischen Epen und ihre Leser im klassischen Athen

Platon war sehr belesen, er zitierte viele Dichter in seinen Dialogen, keinen aber so oft wie Homer. Diese Zitate gelten u. a. auch als Belege dafür, dass die Texte von *Ilias* und *Odyssee* bereits in seiner Zeit in Form von Büchern (Papyrusrollen) zur Verfügung standen. Es wird angenommen, dass die ersten schriftlichen Vervielfältigungen der Epen bereits für die Nachfolger der Dichter in Archaischer Zeit angefertigt wurden, die sog. Rhapsoden, die diese Epen auswendig vortrugen. Überliefert ist, dass der athenische Tyrann Hipparchos gegen 520 die Texte der *Ilias* und der *Odyssee* in voller Länge bei den vierjährlich stattfindenden Großen Panathenäen feierlich vortragen ließ (vgl. Kap. 2.2). Diese Vorträge setzten wiederum feste Texte voraus, von denen wohl Abschriften für den Schulunterricht hergestellt wurden. Diese Kopien bildeten die Grundlage für die häufigen, oft textgenauen Rückbezüge, die sich in der Literatur des klassischen Athen finden, etwa bei den Historikern Herodot und Thukydides, den Tragödiendichtern, den Sophisten und den Intellektuellen des 4. Jahrhunderts, darunter Platon und Aristoteles. Es ist anzunehmen, dass diese Literaturschaffenden die Rezeption der homerischen Epen gesichert und thematisch beeinflusst haben.

Erste Texte und Abschriften

Im letzten Buch von Platons *Staat* (Rep. 10, 606d-607a) ermahnt Sokrates seine beiden Gesprächspartner, die jungen Brüder Platons, den Leuten mit Respekt zu begegnen, die Homer

Platons Homerkritik

verehrten und behaupteten, „dieser Dichter habe Griechenland erzogen und man müsse ihn bei der Einrichtung und Pflege aller menschlichen Angelegenheiten heranziehen und von ihm lernen und müsse sein ganzes Leben nach diesem Dichter gestalten". Bei ihnen handele es sich um Durchschnittsbürger, die „so gut sind, wie sie eben können". In dem Staat aber, den sie eben im Geiste aufgebaut hatten, sollten die Bürger nicht durch die Muse der Dichter erzogen werden, „durch Lust und Schmerz", den diese erregte, sondern durch „Gesetz und Vernunft". Ein Teil dieser Kritik an Homer bzw. der mythologischen Dichtung geht bereits auf das späte 6. Jh. zurück, es handelt sich um die Kritik an der Unmoral der Götter und der Unschicklichkeit der mythischen Geschehnisse (vgl. Kap. 11. 2.4).

Im zweiten Buch des *Staates* empört sich Sokrates über die Verbrechen der Götter, etwa des Zeus, der dem Agamemnon einen Trugtraum mit verheerenden Folgen sandte (383a). Da die Mythenerzählungen Teil der Kindererziehung seien, müssten sie revidiert werden, denn sie täuschten die beeindruckbare menschliche Seele durch Unwahrheit. Täuschung aber habe Unwissenheit zur Folge (382a-b). Solche Auseinandersetzungen mit der epischen Dichtung Homers und Hesiods zeigen, dass sich die Rezeption des Mythos in der späteren griechischen Gesellschaft gewandelt hatte. Der Mythos bzw. die epische Handlung wurden nicht an ihrer bildlich-metaphorischen Geltung gemessen, sie enthielten also nicht mehr Nachrichten der Musen über eine Menschen nicht zugängliche vorzeitige und gesteigerte Wirklichkeit von Göttern und Helden. Die mythischen Erzählungen wurden vielmehr in der menschlichen Welt geerdet und an ihrem alltäglichen Wahrheitsgehalt gemessen. Ihre positive oder negative Wirkung auf die psychisch-moralische Verfassung der Bürgergesellschaft stand im Mittelpunkt der Kritik Platons, nämlich ob sie das Erkennen und Wissen der Bürger beförderten und diese zu vernünftigem, gesetzesgetreuem Handeln anleiteten.

Charakterbilder der Helden — Unter dieser Thematik steht die Erörterung der Charakterbeschreibungen der Helden im zweiten Buch des *Staates*. Hier gibt ein sehr belesener Sokrates Beispiele für schädliche und förderliche Charakterbeschreibungen. Letztere liegen etwa im Durchhaltevermögen des Odysseus oder der Fähigkeit Achills zur Selbsterkenntnis, der seinen Zorn zu bezwingen und eine innere Wandlung zu vollziehen fähig war. Schon der homerische Dichter hat seine

Helden auf das Geschehen, das sie herbeiführen, reflektieren lassen und dadurch bedingtes inneres Erkennen beschrieben (vgl. Kap. 8, 2.3) – so wie etwa Achill seinen Zorn bezwingt: „Doch diese Dinge wollen wir abgetan lassen, wenn auch bekümmert, und den eigenen Mut in der Brust bezwingen, notgedrungen" (Il. 18, 112 f.). Derartige innere Wendungen und ihre bewusste Steuerung sollten vorbildlich sein. Sie waren auch Vorbilder für die Personenlenkung der klassischen Tragödien und dienten als Beispiele für die Steuerung und Lenkung von Gefühlen in der Rhetorik. Im zweiten Buch der *Rhetorik* des Aristoteles kommen die homerischen Beispiele ähnlich wie bei Platon für die Darstellung verschiedener Affekte zu Einsatz, die der Redner als Reaktionen des Publikums kennen muss (*Rhet.* 2.2. zitiert *Ilias* 18, 109 f. als Beispiel für den Ablauf innerer Besänftigung).

Auch die Heldendarstellungen der athenischen Vasenmalerei akzentuierten anstelle von Handlungen nun Gefühlsäußerungen und Szenen, in deren Mitte die Darstellung der Gefühle von Bürgern standen, wie etwa bei den Darstellungen des „Krieger-Abschieds", in denen der scheidende Hektor den in den Krieg ziehenden Bürger repräsentierte (Muth 2006). Den Höhepunkt dieser persönlichen Beziehung zu einem Helden bildete die Achill-Verehrung Alexanders des Großen, des nach den Regeln der griechischen, d. h. athenischen, Bildung erzogenen Makedonen, der die Nachrichten von seinen Feldzug mit symbolischen, auf Achill bezogenen Handlungen untermalte (Gehrke 1995, 139 f.).

Heldenbilder als Vorbilder

13.2.3 Die Epen Homers und Hesiods als Grundlagen des Wissens und der Wissenschaft

In Platons *Ion* werden die homerischen Epen von Ion, einem begeisterten Rhapsoden, als Fundus für das Wissen der Zeit herausgestellt. Ihre detailgenauen Beschreibungen von Landschaften, Licht- und Wetterphänomenen, aber auch die Erwähnung vielfältiger Techniken menschlichen Handwerks lieferten Beispiele für die Bestätigung einer Vielfalt von Beobachtungen, etwa für die Medizin und Pharmakologie, die Pflanzen- und Tierkunde oder die Meteorologie. Aber auch in den Wissenschaften, die von den Menschen handelten, wie der wissenschaftlichen Geschichtsschreibung, der Rhetorik und der Staatsphilosophie, lassen sich viele Beispiele solcher homerischer Rückbezüge finden, die anregende Beispiele und Ausgangspunkte für eine weiterführende Dialektik bildeten (vgl. Kap. 1.1). Das wiederum lag nicht nur daran, dass die Epen als Quellen für Beispiele und Bezugspunkte vorlagen und Autorität genossen. Es lässt sich insbesondere darauf zurückführen, dass bereits die frühen Dichter systematisch und methodisch vorgingen und Ordnungen mit ihren Texten schufen, die über ihren ursprünglichen Zweck hinaus abstrakt, quasi wissenschaftlich genug waren, um einen methodischen und dialektischen Umgang im Sinne von Wissenschaftlichkeit mit ihnen zu pflegen.

Die Epen und die Ordnung des Wissens in Zeit und Raum

Zu diesen Ordnungen gehörten auch die beiden Grundpfeiler des Wissens der Historiker: die Tiefe der Zeit und die Weite des Raumes. In beiden Epen fanden sich detailgenaue und schlüssige Systematiken von Zeit und Raum. D. h. man fand Informationen zu den meisten griechischen Heldengeschichten in einer zeitlichen Ordnung, deren Kriterium für das Davor und das Danach der Troische Krieg war. Auch der große Krieg um Theben, bei dem sich viele Helden versammelten, wurde in die Vergangenheit des Troischen Krieg eingeordnet, beide Kriege wiederum in eine Epoche, die Zeit der halbgöttlichen Helden, die vor der Zeit der an Gebrechen reichen Menschen lag. Ebenso wurde der Raum der Griechen in eine vom Hörensagen bekannte und unbekannte Welt an den Rändern der Erde eingeordnet. Mittels der Götterperspektive auf dem Olymp und auf dem Ida entstand eine Art Weltkarte, die „von oben" nachvollzogen werden konnte, etwa wenn Zeus im 13. Gesang der *Ilias* vom Berg Ida nach Norden blickt und dort die angrenzenden Völker der „Thraker und Myser" sieht und hinter diesen die sagenhaften „edlen Wilden", die „Hippomolgen und Abier erblickt (3–6): „... Er selbst aber wandte die leuchtenden Augen, herabblickend fern auf das Land der rossepflegenden Thraker und der Myser, der Nahkampfstreiter und der erlauchten Hippomolgen, der milchtrinkenden, und der Abier, der gerechtesten der Menschen."

13.2.4 Mythos als Geschichte und Mythos als Gegenstand von Geschichts-Wissenschaft

Anfänge der wissenschaftlichen Geschichtsschreibung

Bei den Systematiken der Epen handelte es sich um zeitliche Ordnungen und räumliche Abgrenzungen, die der Identität der frühen Griechen Bilder und Begriffe verliehen. Die Ableitung von diesem geschichtlichen Anfang schuf für die frühen Griechen nicht nur eine historische Identität, sondern auch ein geschichtliches Raum-Zeitraster, das als verifizierbare Grundlage von vielfältigen Ableitungen und Genealogien diente. Von dieser Art intentionaler Geschichtsherleitung ist der Zugriff der wissenschaftlichen Historie zu unterscheiden (Pallanza 2005). Dieser Zugriff ging im späteren 5. Jahrhundert von Herodot und Thukydides aus. Ihnen ging es nicht um die Herstellung von Identitäten und Begründung von Interessen, sondern darum, aus der raum-zeitlichen Systematik des Mythos Ansätze herauszuarbeiten, die aus dem Mythos historisches, d. h. hinterfragbares, Wissen entstehen ließen. „Historie" bedeutete zur Zeit Herodots, des ersten wissenschaftlichen Geschichtsschreibers, einfach Forschung. Ein *histor* war in den Epen der „Kundige", etwa der Schiedsmann in der Gerichtsszene auf dem Achillesschild der Ilias (18, 501; vgl. Kap. 7.1). Der Begriff ist gleichbedeutend mit der Haltung des Wissenschaftlers, des nach Kunde Suchenden, des Beobachtenden und des Befragenden. Diese Haltung des Wissensermittelns stellte Herodot in seinen gegen 425 verfassten Historien auf vorbildliche Weise dar.

Selbstverständlich verkörperte die mythische Geschichte für die Griechen ihre wahre Vor-Geschichte. Es gab lange keinen Grund, sie in Zweifel zu ziehen. Der Mythos fungierte sozusagen als Geschichte. Daher begann die Aufzeichnung von geschichtlichen Daten bei den Griechen auch recht spät im 5. Jahrhundert und dabei interessanterweise im Zusammenhang mit einem wissenschaftlich fragenden Zugriff. Der bezog sich auch auf Homer als vermeintlichen Geschichtsschreiber und seine methodische Art der Wissensvermittlung. Herodot entwickelte aus den homerischen Mythen eine historische Homerkritik, die nach der von den Sophisten entwickelten Methode des gegenläufigen kontrastierenden Argumentierens vorging (Scholz/Becker 2004, 13–40). Dabei handelte es sich um ein rhetorisches Sprachspiel, das der Wissenserweiterung dienen sollte. Es wurde ein Argument vorgetragen, zu dem wieder ein Gegenargument gefunden werden musste. Dabei ging es in erster Linie nicht darum, ob ein Argument vernünftig war, sondern darum, möglichst viele kontrastierende Gegenargumente und dadurch erweiterte Vorstellungen zu ermitteln. Solche wissenschaftliche Diskurse wurden bei Herodot eingesetzt, um über den Mythos mit Homer zu argumentieren. Zu diesem Zwecke legt er Fremden, z. B. Ägyptern oder Persern, alternative Erzählun-

Homerkritik bei Herodot

gen zu denen Homers in den Mund, um am Ende zu einer überraschenden Einsicht zu kommen. Bereits in der Einleitung seiner *Historien* (1,1–5) lässt er Griechen und Perser darüber streiten, wer den Krieg zwischen Griechen und Barbaren angefangen habe. Dabei wird dem Troia-Mythos breiter Raum gegeben und den Persern das schlagende Argument, nämlich dass die Griechen Schuld träfe, weil sie wegen einer Frau einen Krieg angefangen hätten. Diesen Streit könne er, Herodot, nicht entscheiden. Mythen waren für ihn nicht beweisbare Geschichten. Er beginnt statt dessen mit dem Mann, von dem er sicher weiß, dass er die Feindseligkeiten gegen die Griechen eingeleitet habe, nämlich Kroisos von Lydien (1,5.3).

Kritik des Helena-Mythos — An anderer Stelle geht es wieder um die moralische Frage des Krieges. In einem Gespräch mit den ägyptischen Priestern im Tempel von Theben, das Herodot auf seiner Reise nach Ägypten selbst geführt haben will, stellt sich heraus, dass es über den Raub der Helena als Kriegsursache und Begründung der Eroberung Troias eine alternative Variante gab (Hdt. 2.113–120). Die Ägypter erklärten Herodot nämlich, dass der Kriegsgrund der Griechen gegen Troia nichtig gewesen sei (118.1), weil Helena gar nicht in Troia, sondern im Schutz des ägyptischen Königs Proteus in Memphis geweilt und auf Menelaos gewartet habe. Diese Verteidigung der Ehre der Helena gegen Homer geht eigentlich auf ein Gedicht des Stesichoros zurück, das der um 600 für die Spartaner verfasste, um Helena, die dort als Göttin verehrt wurde, zu rehabilitieren. Herodot überträgt diese griechische Erzählung eigenmächtig in den Erfahrungsschatz der Ägypter, um sie zu Zeugen zu machen, dass Helena tatsächlich anstatt in Troia bei ihnen in Ägypten geweilt habe. Die Priester selbst (!), so Herodot, hätten später mit Menelaos gesprochen (118). Weiteres über Menelaos in Ägypten und zu seiner Weiterreise mit Helena nach Sparta haben sie entweder „erforscht" oder „aus eigener Kenntnis der Geschehnisse in ihrem Land" abgeleitet (119.3). Zum Zwecke wissenschaftlicher Autopsie schrumpft dabei der lange Zeitabstand zwischen der mythischen Vergangenheit und dem Zeitpunkt des Gespräches in der ägyptischen Priesterkaste zusammen, die seit der fernen Vergangenheit Zeugenbefragung und Autopsie betrieben haben soll. Diese „archäologische" Herleitung gibt dem Gespräch einen übergeordneten wissenschaftlichen Standpunkt. Herodot muss den Priestern zustimmen: Die Erzählung der Griechen ist tatsächlich belanglos.

Die Übertragung der griechischen Diskussion auf die Ägypter gibt ihr die Distanz, die ein Untersuchungsgegenstand braucht. Die Ägypter sind in den Augen der Griechen das Volk mit dem längsten Gedächtnis und wissenschaftlicher Veranlagung, weil sie seit ältester Zeit alles aufgeschrieben und gegenständlich dokumentiert hätten. Der komplizierte Vorgang dient aber einer darüber hinausgehenden historischen Schlussfolgerung: Wenn Helena wie bei Homer wirklich in Troia geweilt hätte, so Herodot, hätten sie die Troer, allen voran Priamos und Hektor, angesichts des für die Stadt so bedrohlichen Krieges ausgeliefert (120.1; vgl. Kap. 9.2.4). Die Griechen aber hätten, obwohl man ihnen versicherte, Helena gar nicht zu beherbergen, die Stadt bis zur Eroberung belagert, weil sie genau das nicht glauben konnten und sich durch diese Behauptung vollkommen verspottet fühlten (118.4). „Aber sie (die Troer) konnten eben Helena nicht zurückgeben; obgleich sie die Wahrheit sagten, glaubten ihnen die Griechen nicht. Wenn ich meine Meinung dazu sagen soll: Die Gottheit ging darauf aus, durch die gänzliche Vernichtung Ilions die Menschheit zu belehren, dass einem großen Frevel auch schwere Strafen der Götter folgen." (2,120.5). Die wissenschaftliche Methode Herodots zeigt sich darin, die Erzählung Homers aufgrund menschlichen Verhaltens alternativ zu hinterfragen, etwa ob ein König wie Priamos wirklich angesichts des Ehebruchs und des Bruchs diplomatischer Beziehungen so hätte handeln können, wie es in der *Ilias* steht. Seine Argumentation zielte aber darüber hinaus auf die geschichtliche Moral. War der Krieg bei Homer von Zeus als Ende des Heroenzeitalters intendiert, so ist das neu rekonstruierte Geschehen bei Herodot Zeichen für ein allgemeines ungeheures menschliches Vergehen, das von den Göttern bestraft wird. Dabei kann es sich um eine zeitbezogene moralische Stellungnahme zu den Ereignissen der Zeit Herodots, den Anfängen des Peloponnesischen Krieges handeln.

Kriegskritik

13.2.5 Homer in andere kulturelle Zusammenhänge übertragen

Der Vollständigkeit halber sei hier auf weitere Schwerpunkte der Homerrezeption hingewiesen, die nicht ausführlich dargestellt werden können. Es handelt sich um Übertragungen der griechischen Dichtung und Mythologie in andere kulturelle Zusammenhänge. Durch die Römer, allen voran Cicero (106–43 v. Chr.) wurde

Rezeption in der römischen Literatur

"Homer" in die lateinische literarische Kultur übertragen, durch die Rezeption bei den Christen die alte polytheistische Dichtung mit einer monotheistischen Religion konfrontiert. Letztere schlossen an die Homerkritik, aber auch die Autorität Homers bei den griechischen Philosophen – allen voran Platon – an. Die römische Rezeption verlief dagegen auf einer literarischen, bildkünstlerischen und politischen Ebene. Da sich die lateinische literarische Sprache am Vorbild der griechischen entwickelte, spielte das homerische Epos als Vorbild des lateinischen Epos, allen voran der *Aeneis* Vergils, aber auch im Bezug auf die mythologisch Dichtung, etwa Ovids *Metamorphosen*, eine wegweisende Rolle. Auch die gegenständliche Ausstattung der Kultur der römischen Oberschicht zeigt viele direkte Anspielungen auf die Epen und beweist, dass sie zumindest in der frühen Kaiserzeit zum allgemeinen gebildeten Gesprächsstoff gehörten (Sinn 2006).

Troia und Rom

Der Troia-Mythos war Grundlage der geschichtlichen Herleitung des römischen Volkes, ebenso wie Ausgangspunkt der Genealogie des römischen Geschlechtes der Iulier, die sich von Aeneas ableiteten und damit ihre führende Position im Adel der Stadt begründen wollten. Die politische Bedeutung des Troia-Mythos wurde vor allem von Kaiser Augustus, der Adoptivsohn Caesars war und sich damit von den Iuliern ableitete, neu formuliert (Walter 2006). Er besuchte Troia bereits 20 v. Chr. und regte eine umfassende bauliche Neugestaltung des nun römischen Erinnerungsortes an (Hertel 2003, 274–301). Es war dies eine Erinnerung, die nun den Troern und deren Königsgeschlecht galt, aus dem als Überlebender und Nachfolger Aeneas hervorgegangen war (vgl. Kap. 11.2.6 und 3). Im Verlauf dieser Rezeption wurde das Epos selbst aber auch zu einem Steinbruch für historische Realien. Sog. Tatsachenberichte von „Augenzeugen" des Krieges vor Troia tauchen im ersten Jahrhundert n. Chr. in der Zeit Neros auf. Als „Autoren" wurden ein Diktys Cretensis und Darius Phrygius genannt. Letzterer war ein troischer Hephaistospriester der *Ilias* (5,9 und 5, 27). Unter seinem Namen wurde die romanhafte Verteidigung der Troer geführt. In neronischer Zeit erschien auch die *Ilias Latina*, eine lateinische Zusammenfassung des Epos aus troischer Sicht. Mit ähnlicher Intention sind bereits in augusteischer Zeit Tafelbilder mit Kurz-Zusammenfassungen der Ilias und des Troia-Zyklus entstanden, die rund um das Bild des gefallenen Troia angelegt waren, die sog. *Tabulae Iliacae* (Squire 2011). Diese Werke, die den Text vergegenständlichten und verbildlichten, wurden in der lateinisch sprechenden Gesellschaft verbreitet und ersetzten mit dem Verlust der Griechischkenntnisse zunehmend die Kenntnis der Epen, so dass der homerische Stoff im lateinischen Westen und europäischen Mittelalter ohne Wissen um die homerischen Epen zu einem historischen Szenenbuch werden konnte und zur Fundgrube weltlicher politischer Bezugspunkte für die eigene Abstammungsgeschichte und für Beispiele irdisch-heroischer Vorbildlichkeit.

13.3 Quellen und Vertiefung

Thukydides' *Geschichte des Peloponnesischen Krieges* sind ein Vorwort und eine „Archäologie" (Kunde der alten Dinge) vorangestellt, die in Fragestellung und Methode des Werkes einführen. In einer ersten Darstellung wird die Frage behandelt, warum der gegenwärtige Peloponnesische Krieg an „Bedeutung und Denkwürdigkeit" alle voran gegangenen Kriege als die „gewaltigste Erschütterung" übertreffe, die die Hellenen je erlebt hatten (1, 1.). Zu den früheren Untersuchungsgegenständen gehört auch der Troische Krieg, also eine Kritik Homers.

13.3.1 Thukydides über die Vorzeit

(10) Zwar dass Mykene klein war oder sonst eine der damaligen Burgen heute unbeträchtlich wirkt, wäre kein ganz sicheres Zeichen, um zu zweifeln, ob die Heerfahrt so großartig war, wie die Dichter sie dargestellt haben und die Sage geht. Denn wenn Sparta (heute) verödete und nur die Tempel und Grundmauern der Bauten blieben, würden gewiss die Späteren nach Verlauf langer Zeit voller Unglauben seine Macht im Vergleich zu seinem Ruhm bezweifeln – und doch haben die Spartaner vom Peloponnes zwei Fünftel zu eigen und sind die Vormacht des Ganzen und noch vieler Verbündeter außerhalb; aber da sie nicht in einer Stadt beisammen wohnen und keine kostbaren Tempel und Bauten haben, sondern nach altgriechischem Brauch dorfweise siedeln, so könnte Sparta eher armselig wirken. Wenn es aber Athen ebenso erginge, so würde seine Macht nach der sichtbaren Erscheinung der Stadt doppelt so hoch geschätzt werden, als sie ist. Also ist kein Grund zu zweifeln und auf die Pracht einer Stadt mehr zu geben als auf ihre Macht, sondern ist glaublich, dass der Troische Krieg wirklich der bedeutendste war aller früheren, jedoch zurückbleibt hinter dem heutigen, wenn man sich auch hier wieder auf die Dichtung

Homers verlassen will, der ihn als Dichter sehr wahrscheinlich überhöht hat: auch so erweist er sich noch als recht bescheiden.

Homer lässt von 1200 Schiffen die der Boioter 120, die des Philoktetes 50 Mann fassen, womit er, dünkt mich, die größten und die kleinsten nennt; jedenfalls hat er der Größe der anderen bei der Aufzählung der Schiffe nirgends gedacht. Dass sie selbst an den Riemen saßen und alles Krieger waren, gibt er bei den Schiffen des Philoktetes an: alle Ruderer lässt er dort Schützen sein. Bloße Mitfahrer sind auf den Schiffen schwerlich viele gewesen, außer den Königen und den Allervornehmsten, zumal sie im Kriegsgerät über See wollten, und das auf Kähnen, die ohne Verdeck mehr nach alter Seeräuberart gebaut waren. Nimmt man nun die Mitte zwischen den größten und kleinsten Schiffen, so waren es offensichtlich nicht viele, die mitkamen – für einen gemeinsamen Auszug aus ganz Hellas. (11) Der Grund dafür lag nicht so sehr in einem Mangel an Menschen und Mitteln. Denn wegen der Schwierigkeiten der Ernährung führten sie nur ein kleines Heer hin, von dem sie hoffen durften, dass es von dort aus seinen Bedarf erkämpfen könne, und als sie nach der Ankunft in einer Schlacht gesiegt hatten – das ist gewiss, sonst hätten sie die Schanzen und das Lager nicht ausführen können –, da setzten sie offenbar immer noch nicht die gesamte Macht ein, sondern trieben Ackerbau auf der Chersones oder Seeräuberei, wegen der Schwierigkeiten der Ernährung. Desto eher konnten die Troer den zersplitterten Gegnern zehn Jahre lang trotzen: dem jeweiligen Rest waren sie gewachsen. Wären sie aber mit Überfluss an Vorräten gekommen und hätten vereint ohne Raubzüge und Landbau den Krieg in einem Zuge durchgeführt, leicht hätten sie Troia durch einen Sieg im Felde gewonnen, sie, die, doch noch nicht vereinigt, mit dem jeweils kämpfenden Teil sich behaupten konnten; und auch durch Belagerung und Einschließung hätten sie es in kürzerer Zeit und mit geringerer Mühe eingenommen. Aber wegen der Armut war alles Frühere so kraftlos, und sogar diese Tat, die meistgenannte der Vorzeit, war in Wirklichkeit, wie sich zeigt, viel geringer als ihr Ruf und die wegen der Dichter jetzt noch davon verbreitete Sage.

Thukydides, *Geschichte des Peloponnesischen Krieges* 1, 10 und 11 (Übersetzung Georg Peter Landmann).

13.3.2 Fragen und Anregungen

– Folgen Sie der These des Thukydides. Was will er beweisen, welche Beweismittel führt er an, wie logisch erscheint Ihnen die Argumentation? Was liegt vor und was ist vergegenwärtigende Vorstellung? Warum sind aus der Vorstellung gewonnene Argumente für die gedankliche Zielführung des Historikers wichtig?

- Erklären Sie anhand der Zugangsweise der beiden antiken Historiker, was wissenschaftliches historisches Fragen von intentionaler Geschichte unterscheidet. Handelt es sich nur um den Grad historische Phantasie? Unterschieden Sie: historische Phantasie als Erklärung und historische Phantasie als Grundlage von kritischer Befragung.

13.4 Lektüreempfehlungen

Giuliani, Luca: Bilder nach Homer. Vom Nutzen und Nachteil der Lektüre für die Malerei, Freiburg i.Br. 1998 (*zum sich wandelnden Verhältnis von Erzählung und Bildern in der Homerrezeption*). — Forschung

Hölscher, Uvo: Über die Kanoniztät Homers, in: Ders.: Das nächste Fremde, München 1994, 62–70.

Rengakos, Antonios: Die Überlieferungsgeschichte der homerischen Epen, in: Rengakos, Antonios/Zimmermann, Bernhard (Hrsg.): Homer Handbuch, Stuttgart 2011, 167–175.

Zimmermann, Bernhard: Homer in der griechischen Literatur der Antike, in: Rengakos, Antonios/Zimmermann, Bernhard (Hrsg.): Homer Handbuch, Stuttgart 2011, 293–307.

Zimmermann, Martin (Hrsg.): Der Traum von Troia. Geschichte und Mythos einer ewigen Stadt, München 2006 (*einzelne Beiträge und theoretische Ansätze zur Rezeption des Troia-Mythos bei den Griechen und Römern und bis zum Mittelalter*).

14 Homer und die Anfänge der historischen Kritik

14.1 Der Anfang: Friedrich August Wolfs *Prolegomena ad Homerum* (1795)

Aber wenn nun die Vermutung einiger Gelehrten sich als annehmbar erweist, dass die Homerischen und die übrigen Epen jenes Zeitalters in keiner Weise schriftlich aufgezeichnet, sondern zuerst von den Dichtern im Gedächtnis ausgearbeitet und im Gesänge vorgetragen sind, darauf aber durch Rhapsoden, welche mit der Erlernung derselben sich mit Hilfe einer besonderen Kunst beschäftigten, durch den Vortrag unter das Volk gebracht wurden, wobei viele Stellen in diesen Gesängen, bevor sie durch schriftliche Aufzeichnung im Wortlaut festgelegt wurden, teils absichtlich, teils zufällig eine Änderung erfahren haben müssten; wenn infolgedessen die homerischen Epen, sobald man mit der Niederschrift derselben begann, bereits viele Abweichungen voneinander aufwiesen, und bald darauf sich noch neue einstellten infolge des leichtsinnigen Vorgehens und der haltlosen Vermutungen derjenigen Abschreiber, welche den Text eifrigst zu vervollkommen und entsprechend den besten Gesetzen der Dichtkunst und nach ihrem eigenen Sprachgebrauch zu verbessern trachteten; wenn wir schließlich diesen ganzen zusammenhängenden Text und die Liederreihe zweier in sich geschlossener Gedichte nicht eigentlich dem Dichtergenie des Mannes, dem wir sie gewöhnlich zuschreiben, sondern vielmehr der Kunstfertigkeit eines gebildeten Zeitalters und den vereinten Bemühungen Vieler verdanken, und wenn es sich mit glaubhaften Vernunftgründen und Beweisen wahrscheinlich machen lässt, dass die einzelnen Gesänge, aus denen Ilias und Odyssee zusammengefügt sind, nicht alle ein und denselben Verfasser haben, wenn also, sage ich, man anders, als dies gewöhnlich geschieht, über alle diese Punkte urteilen muss; – was wird es dann heißen, diese Dichtungen in dem alten Glanze und in ihrer ursprünglichen Form wiederherzustellen?

Friedrich August Wolf, *Prolegomena ad Homerum sive de operum Homericorum prisca et genuina forma variisque mutationibus et probabili ratione emendandi*, Halle 1795, § 11 in der Übersetzung von Hermann Muchau, Leipzig 1908.[1]

---

[1] Eine neue Übersetzung wird von Roland Reuss vorbereitet und erscheint voraussichtlich 2017.

Die moderne Kritik der Homerüberlieferung

F. A. Wolf (1759–1824) gehört zusammen mit seinem Lehrer Christian Gottlob Heyne und seinem Schüler August Boeckh zu den Begründern der klassischen Altertumswissenschaft. D. h. die Gelehrten beschäftigten sich nicht nur mit den antiken Autoren, sondern sie versuchten sie in ihre Zeitalter hinein zu stellen bzw. durch die Texte die dahinterstehende Zeitgenossenschaft mit allen ihnen außerdem zur Verfügung stehenden Hilfsmitteln zu rekonstruieren. Wolfs Homerkritik, die genau diese Forderung – den Dichter durch sein Zeitalter zu definieren – stellte, wurde von der Edition des *Codex Venetus* 454 und seiner Scholien (kürzere oder längere Erläuterungen späterer Gelehrter am Rande der antiken Handschriften) angeregt, die 1788 von D'Ansse de Villoison in Paris publiziert worden war. Diese neu edierten Scholien enthielten einen Homerkommentar der byzantinischen Gelehrten, der wiederum die älteren Kommentare der Grammatiker und Philologen aus Alexandria (am bekanntesten Aristarchos von Samothrake, 217–145 v. Chr.) berücksichtigte. Diese Kommentare wiederum gingen auf noch ältere Erläuterungen zu den athenischen Schultexten zurück (vgl. Kap. 13.2.2).

Wolf schloss direkt an die Textkritik der älteren Philologen an, stellte aber eine radikalere und umfassendere Frage: Wie konnte der *Codex Venetus*, der aus dem 10. nachchristlichen Jahrhundert stammte, überhaupt als hinreichende Quelle für die homerischen Gedichte gelten? Welchen historischen Hintergrund konnte man für die homerischen Gedichte ausmachen? Und passten die überlieferten Texte überhaupt zu diesem Hintergrund? Wolfs Hauptargumente entstammten älteren Homerspekulationen, der These von der Mündlichkeit der Dichtung, der unzureichenden Erinnerungskunst der Rhapsoden und der verspäteten schriftlichen Aufzeichnung durch Dichter und Schriftsteller, die den Text gemäß den eigenen poetischen Maßstäben veränderten (vgl. Kap. 2.1). Genau belegen konnte Wolf dies nicht. Seine Argumente beruhten auf der Weiterführung der Schlussfolgerungen einer auf die Antike zurückgehenden gelehrten historischen Vorstellungskraft, aber nicht auf eingehender Analyse des Homertextes. Die „Vorrede zu Homer" blieb (daher) ein spekulatives Bruchstück; der geplante Hauptteil in einem zweiten Band ist nicht erschienen.

14.2 Die Geschichte der modernen Homerischen Altertumswissenschaften

14.2.1 Die Anfänge der modernen Homerkritik

Francesco Petrarca war im 14. Jahrhundert Homers erster Leser im westlichen Europa. Er sammelte Bücher und antike Codices; er kaufte sie oder ließ sie abschreiben. Als Dank für seine diplomatischen Ratschläge schenkte ihm Nikolas Sygeros, der Befehlshaber der Armee des byzantinischen Kaisers, der in Avignon Gespräche über die Annäherung von ost- und weströmischer Kirche führte, Ende 1353 einen Homer-Codex aus einer byzantinischen Bibliothek (Stierle 2003, 454). Im Sommer 1359 begann Leonzio Pilato im Auftrag Boccaccios und Petrarcas eine wörtliche Übersetzung von *Ilias* und *Odyssee* ins Lateinische. Ein anderer Codex, der bekannte Venetus A, der im 10. Jahrhundert entstand, gelangte bald darauf nach Venedig; er stellt die Textgrundlage für die modernen Homereditionen dar. Mit dem Zusammenbruch des byzantinischen Reiches (1453) kamen viele griechische Gelehrte als Flüchtlinge nach Italien und Frankreich. Mit ihnen entstanden Schulen griechischer Gelehrsamkeit in der Bibliothek des Lorenzo de Medici in Florenz, in der Maison Royale in Fontainebleau und im 1530 gegründeten Collège de France in Paris mit den ersten Lehrstühlen für das Griechische und das Hebräische.

Der erste moderne Leser

In Paris kam es auch zu einer ersten quasi historischen Auseinandersetzung mit den homerischen Epen, da man sie im Vergleich zur eigenen Literaturkultur als Produkte einer fremden Zeit und eines anderen „Geschmacks" zu definieren begann. In einer ersten öffentlichen Literaturkritik verteidigte Charles Perrault Ende des 17. Jahrhunderts den literarischen Geschmack des modernen Zeitalters Ludwigs XIV. und ließ sich dem Anlass entsprechend besonders über Homer aus. Dieser verstoße gegen die Prinzipien der neuen rationalistischen Poetik, nämlich gegen das Prinzip der Wahrscheinlichkeit des Geschehens, der Deutlichkeit der Darstellung, der Einheit der Handlung – und gegen Würde und Anstand, die für Personen von Stand, wie Götter und Helden, schicklich seien. Als Antwort darauf formierte sich eine Verteidigung Homers, die historische Gründe heranführte: Homer gehöre einer anderen Zeit an, die mit anderen Maßstäben zu messen sei, seine Zuhörer hätten an ganz anderen poetischen Formen Gefallen gefunden. Die

Homer ein Dichter der Frühzeit

Verteidiger erklärten das Epos aus dem „Geschmack" einer alten Zeit und überlegten sogar, vor welchem historischen Hintergrund das alte Epos entstanden war. „Homer" wurde zum Synonym einer Frühzeit, einer „Kindheit der Menschheit" und einer für diese typischen frühen „Volkspoesie" (franz. poésie populaire).

Die ersten modernen Übersetzungen

Aus diesem Kontext sind die ersten Übersetzungen der Homerischen Epen ins Französische hervorgegangen. 1699 publizierte Anne Dacier ihre Prosaübersetzung der *Ilias*, 1716 folgte die *Odyssee*. Diese Übersetzungen wollten zugleich historische Verteidigungen sein. Dacier meinte, dass die negativen Urteile über Homer an schlechten Übersetzungen lägen und dass das durch eine Übersetzung, die die historische Sprache des Textes aufspürte, zu beheben sei. Sie begleitete ihre Übersetzungsarbeit mit Bemerkungen und Notizen über die ungewöhnliche alte Bilderwelt, die sich ihr durch textnahes Lesen erschloss. Die Übersetzung sollte zeigen, dass es in der Ausdruckssprache Homers ebensoviel „Natur" wie „Vernunft" gebe wie in den modernen Literaturwerken. Sie wurde zum Vorbild für die Homer-Übersetzungen ins Englische und später ins Deutsche. Mitte des 18. Jahrhunderts entstand auch in Deutschland eine literarische Öffentlichkeit und Homer wurde darin zu einem vieldiskutierten Thema. Die ersten Homerübersetzungen ins Deutsche erschienen in Prosa. Erst Johann Heinrich Voss berücksichtigte bei seinen Übersetzungen von *Ilias* und *Odyssee* (zuerst 1781) auch das Versmaß als Ausdrucksform und wollte damit dem Original möglichst nahe kommen.

„Mythos" als heuristischer Begriff

Im 18. Jahrhundert konkretisierte sich auch der Vorstellungsrahmen für ein frühes Zeitalter Homers in den begrifflichen Vorstellungen vom „Originalgenie" Homers und dem „Zeitalters des Mythos". Homer und seine literarische Sprache wurden als Zeugnisse einer Frühzeit begriffen, in der das Spätere bereits vorgebildet und daher verständlich war. Das „Original" wurde als Anfang einer Entwicklung begriffen; das (Original-)Genie galt als Ursprung aller Dichtung, der „Mythos" als Ursprung aller Erzählungen und Erklärungen. Einer der Begründer dieser Begrifflichkeit war Christian Gottlob Heyne, der Lehrer Friedrich August Wolfs. Heyne bemühte sich um eine Altertumswissenschaft des Griechischen, in der alle Quellen und Relikte eine Rolle spielen sollten. Die methodische Auseinandersetzung mit den literarischen Quellen des Altertums übertrug er auf die Erforschung der Mythologie sowie auf die der monumentalen Quellen. Heyne las 1770 den gerade in deutscher

Übersetzung erschienenen Essay, den Robert Wood 1769 nach einer Reise in die Troas verfasst hatte: *Essay on the Original Genius of Homer*, dt. *Versuch über das Originalgenie des Homers*. Wood, ein Reisender und Politiker aus Oxford, wollte die Epen durch die historische Anschauung einer Reise in die Troas genauer lesen. Und er glaubte, vor Ort sowohl die geographischen Bedingungen für die „Größe und Begehrtheit des Reiches des Priamos" gefunden zu haben, als auch die Schlacht vor Troia lokalisiert zu haben. Nur die Lage der alten Stadt suchte er nicht auszumachen, denn sie sei ja, dem Mythos gemäß, dem Erdboden gleich gemacht worden.

Dieses Buch bedeutete für Heyne „eine Revolution seiner Ansichten", wie sein Schüler und Biograph Arnold Ludwig Heeren später sagte. Das fremde Zeitalter Homers konnte, wie Heyne meinte, durch Landeskunde und Völkerkunde erschlossen werden. Die „Cultur" des Homerischen Zeitalters stellte nach seinen vertieften Einblicken in die Epen als Quellen eine Kulturentwicklung dar, die aus den frühen Zuständen bereits herausgeführt habe. In den Epen könne man nämlich eine Erzählweise der frühen Völker, die Mythologie, in einer neueren „zivilisierteren" Erzählweise zusammenfließen sehen. Man könnte sogar das Frühe aus dem Späteren herauslösen und den zeitlichen Hintergrund des Epos „entziffern". Die Anfänge der homerische Mythologie, so die These, sei aus den urwüchsigen lokalen Kulten Griechenlands hervorgegangen, aber von dem epischen Dichter bereits zu einer höheren zivilisierten Aussageform weiterentwickelt worden (Graf 1993).

Das Zeitalter Homers

14.2.2 Die Grundlegung der Homerwissenschaft durch Friedrich August Wolf und die homerische Altertumswissenschaft des 19. Jahrhunderts

Friedrich August Wolfs *Prolegomena* markieren, wie gesagt, den Beginn der modernen historischen Homerwissenschaft. Der im *Codex Venetus A* überlieferte Text aus dem 10. nachchristlichen Jahrhundert hätte systematisch auf seinen Überlieferungsgehalt überprüft werden müssen, um einem „echten" ursprünglichen Text wiederherzustellen. Einer solchen Wiederherstellung des Originals standen aber nach Wolfs Auffassung Hindernisse entgegen, die in dem überlieferten Text selbst lagen: Da das Original in schriftloser Zeit entstanden und über einen langen Zeitraum mündlich weiter-

Die homerischen Epen als „Volkspoesie"

tradiert worden war, seien die homerischen Epen nicht Dichtkunst im herkömmlichen Sinn, sondern eine Dichtung, die keines einzelnen Schriftstellers bedurfte. Die mündliche epische Kunst, deren ganze Bandbreite in den Epen Homers vorläge, sei vielmehr in der ganzen griechischen Antike zu Hause gewesen und schon in ihrer frühesten Geschichte hätten die Griechen begonnen, ihren eigenen epischen Faden zu spinnen und diesen immer weiterzuspinnen. Seit dem Homerischen Zeitalter sei der Text bereichert worden, erst in der Zeit des Hipparchos in Athen erstmals niedergeschrieben und von dort sei der epische Faden dann im Hellenismus ab dem 3. vorchristlichen Jahrhundert wiederaufgenommen worden, um von den schriftstellernden Philologen Aristarch und Zenodot im Sinne der Alten zu einem harmonischen Text zusammengefügt zu werden. In dem Text, so Wolf, sei die gesamte Gelehrsamkeit des griechischen Volkes überliefert. Er vergleicht ihn mit der hebräischen Bibel, dem Sammelwerk jüdischer Gelehrsamkeit (Grafton 1999): „Wir besitzen jetzt, wenn wir die verschiedenen Auszüge zusammenstellen, gewissermaßen auch eine griechische Masora (hebräische Bibel), die durch ihr hohes Alter, durch eine Fülle verschiedenartiger Gelehrsamkeit sich weit mehr auszeichnet und viel besser erhalten ist." (*Prolegomena* § 4 Ü Muchau).

Frühzeitlegenden und Archäologie

Das unvollendete Werk gilt manchen als der „Denkmalsturz" (Latacz 1991, 2 f.), aus dessen Fundamenten die moderne historische Homerwissenschaft kontinuierlich erwachsen sei. Denn Wolf sollte mit der historisch-kritischen Logik seiner Argumente auf ein frühes griechisches Zeitalter als Entstehungszeit des ursprünglichen mündlichen Originals der späteren Dichtung verweisen, das später in Monumenten tatsächlich gefunden werden sollte. Zur selben Zeit führte sein älterer Kommilitone – beide hatten bei Heyne in Göttingen studiert – Johann Gottfried Eichhorn aus, dass die biblischen Propheten einem historischen Kontext zuzuordnen und daraus zu erklären seien, und begründete die biblische Archäologie und Geschichtsforschung (Grafton 1999). Bartold Georg Niebuhr begann wenig später, durch die legendenhafte Überlieferung zum frühen Rom hindurchzustoßen und ein historisch genaueres Bild der ältesten Verhältnisse zu zeichnen, wobei auch hierfür später die Beweismittel neben der Textkritik in den Monumenten gesucht wurden (Timpe 1988). Aus diesen Schlussfolgerungen wurden vorher unbekannte historische Räume mit Hilfe wissenschaftlicher Argumentation erschlossen und Kontroversen um das gegenseitige (Beweis-)Verhältnis von Archäologie und Geschichte eröffnet (Patzek 1992, 1–71), die die Homerwissenschaften bis heute bewegen.

Zunächst lösten Wolfs Thesen eine in sich widersprüchliche Text-Empirie aus, die zu keinem überzeugenden Ergebnis führte. Eine Quellen-Analyse der Epen im Sinne Wolfs, die die Geschichte des Textes offenlegen sollte, führte nicht wie im Falle des Alten Testaments zu einer fruchtbaren Auseinandersetzung um einzelne historische Texteinheiten, ihre Verfasser und Datierungen. Es handelte sich bei den Epen gerade nicht um eine vergleichbare „Sammlung von Gelehrsamkeit", vielmehr stand einer an jenem Vorbild orientierten Analyse der Epen die innere Einheit und Stimmigkeit der Texte entgegen.

Einfacher ließ sich der Weg in die frühe Geschichte anhand der Kritik der griechischen Mythologie und der archäologischen Monumente bewerkstelligen. Angeregt von Wolfs Thesen erschienen 1825 Karl Otfried Müllers *Prolegomena zu einer wissenschaftlichen Mythologie*, ein erstes Handbuch zur Mythologie als historische Quelle. Durch Verbindung der Mythenchronologien der antiken Autoren mit den ersten archäologischen Fundaufnahmen schien sich ein erster Vorstellungsrahmen für die Erforschung der griechischen Frühgeschichte zu eröffnen (vgl. Kap. 1.2.2). Die Ende des Jahrhunderts erschienene erste Archäologie der homerischen Epen von Wolfgang Helbig[2] verglich die Gegenstandswelt der Epen mit den Fundgegenständen der zeitgenössischen Archäologie in Griechenland und im Vorderen Orient und zeigte den vielfältigen kulturellen Hintergrund der Dichtung auf.

Historische Kritik der griechischen Mythologie

In den zwanziger Jahren des 20. Jahrhunderts aber sollte Wolfs Prämisse von der Herkunft der Epen aus früher mündlicher Poesie bewiesen und eine an den allgemeinen Merkmalen dieser Dichtung orientierte Methode der Textanalyse entwickelt werden. Auslöser war der Vergleich mit zeitgenössischen mündlichen Vortragskulturen aufgrund phonographischer Aufzeichnungen. Diese „Feldforschung" der Wiener Philologen auf dem Balkan im serbokroatischen Raum widmete sich einzelnen „Guslaren" (Sängern), die noch Heldenlieder, die auf ältere Zeiten zurückgingen, in den Kaffeehäusern vortrugen und dabei frei extemporierten. Die Wei-

Oral-Poetry-Forschung

---

[2] *Das homerische Epos aus den Denkmälern erläutert*, zuerst Leipzig 1884.

terentwicklung und Auswertung dieser Aufzeichnungen speziell im Bezug auf die Sprache der homerischen Epen durch Milman Parry und später Albert B. Lord beweis, dass es sich auch bei ihnen um eine mündliche Literaturform handelte, deren Komposition auf festen wiederholbaren Versatzstücken aufbaute (Latacz 1979, 25–44; Danek 2012). Aus diesen Grundlagen heraus entwickelte sich ein besonders vom angelsächsischen Raum ausgehender Forschungszweig der Homerwissenschaft, die sog. Oral Poetry-Forschung, die die formalen und technischen Einheiten der epischen Sprache analysiert, um zu ermitteln, wie weit sich der epische Text durch die mündliche Technik sozusagen von allein aufbaut. Der Schriftsteller wäre dann wie bei Wolf ein sekundärer Erzähler, der den Text erst zur Zeit des Tyrannen Hipparchos auf der Grundlage mündlicher Mnemotechnik schriftlich verfasste (Holoka 1991; vgl. Kap. 2.1).

Neoanalyse   Die deutsche Homerforschung jener Zeit war durch die Kritik an der durch Wolf initiierten erfolglosen Homeranalyse zu einem neuen Ansatz gelangt, der von der jeweiligen Einheit der beiden Epen ausging, sich aber mit der Herkunft dieser Epen aus einer Tradition mündlicher Dichtung verbinden lassen sollte. Wolfgang Schadewaldts *Iliasstudien* (1. Aufl. 1938) zeigten, wie der einheitliche Aufbau des Textes aus erzähltypischen traditionellen Kompositionselementen entstanden ist, dass also diese Dichtung von einer einzelnen Erzählerpersönlichkeiten gestaltet aber nicht gänzlich neu erfunden worden ist, sondern auf älteren Erzähltechniken und Erzählstoffen aufbaute (Kap. 2.2). Die vorgetragenen Texte waren also in gewisser Weise (mündlich) traditionell und (autorenbezogen) individuell: Sie gingen auf ältere Vorbilder zurück, wurden aber von einzelnen Sängern/Dichtern gestaltet. Das sollte auf dem Resonanzboden einer aktuellen Zuhörer-Gesellschaft geschehen sein, deren Interessen den Vortrag beeinflussten. Dieser Ansatz wird in der neueren deutschen Homerforschung, der sog. „Neoanalyse", verfolgt und führt zu einem doppelten Zugriff auf die Entstehungsgeschichte der homerischen Epen. Sie gingen auf ein durch die Formen der mündlichen Dichtung gestaltetes Gedächtnis, ein mündliches Handwerk, ebenso zurück wie auf das kommunikative Gedächtnis der Motive einer älteren griechischen Volkspoesie, einer Folkloretradition also, die nicht durch eine festgefügte literarische Handwerkstradition zusammen gehalten wurde. Beide Traditionen mussten nicht unmittelbar zusammenhängen und sie waren unterschiedlichen Charakters, die eine in der Formelsprache fest gefügt, die andere kommunikativ und reich an Motiven und deren Variationen (vgl. Kap. 2.2).

14.2.3 Die Homerische Archäologie

Die archäologischen Entdeckungen in Mykene und Troia im späteren 19. Jahrhundert schienen sich für manche in einen von Wolfs *Prolegomena* prognostizierten Weg in die Vorgeschichte und Geschichte der homerischen Zeit einzuordnen. So jedenfalls stellte es der Übersetzer Hermann Muchau in seiner Einleitung zu Wolfs Werk dar, das er dem damaligen Ausgräber in Troia, Wilhelm Dörpfeld, dem Nachfolger Heinrich Schliemanns, widmete. Dazu muss man wissen, dass es zur Zeit Wolfs Anfang des 19. Jahrhunderts keinen Begriff von den wirklichen archäologischen Gegenständen der frühgriechischen Zeit gab und dass die Auffassung, dass Archäologie die gegenständlichen Räume für die antike Überlieferung erschloss, sich erst im Laufe des Jahrhunderts konkretisierte. Im griechischen Raum führten die ersten Ausgrabungen etwa in Athen zur Wiederentdeckung der klassischen Monumente, zunehmend aber auch zu einer Wahrnehmung der Epochen der Griechischen Geschichte und Frühgeschichte durch kunsthistorische Stilunterscheidungen und dadurch mögliche zeitliche Einordnungen der Monumente. Monumente, die sich seriellem und vergleichendem Sehen anboten, wie die vorklassische Plastik auf Aegina oder die Koren und Kuroi der Akropolis, führten zu dem Epochenbegriff der griechischen Archaik (Most 1989), der sich von großem heuristischen Wert für die Erforschung der frühen Geschichte Griechenlands erweisen sollte. Der Vergleich der griechischen Vasenfunde auf dem griechischen Festland, den Inseln und Küsten des Mittelmeergebietes führte zur Entdeckung eines „geometrischen Stils" der vorarchaischen griechischen Vasen, die man in die ersten Jahrhunderte des ersten Jahrtausends datieren und deren Verbreitung man beobachten konnte. Damit hatte man auch erste gegenständliche Vorstellungen von der griechischen Frühzeit.

Anfänge der Archäologie

Bekanntlich setzte im 19. Jahrhundert auch die konkrete Suche nach dem berühmten Orten der alten Überlieferungen ein, nach dem Babylon der Bibel und dem Ort Troia, um den der berühmte Krieg Homers stattgefunden haben sollte. Schliemanns und Dör-

Archäologie und literarische Überlieferung

pfelds Grabungen unter dem Hügel Hisarlik ab 1889 bewiesen nicht nur die Existenz eines realen Ortes Troia, sondern auch eine lange Geschichte, die weit in die Frühzeit zurückreichte. Weitere Ausgrabungen in Mykene, Tiryns, auf Kreta und schließlich im messenischen Pylos dokumentierten eine vorher nicht gekannte Epoche der griechischen Geschichte, die „Mykenische Zeit". Historisch eingeordnet werden konnte diese Epoche durch Schriftfunde, die auf Kreta und besonders in Pylos zu Tage traten (Kap. 1. 2.3).

Die Einheit der griechischen Kultur bei F.A. Wolf

Man kann die Geschichte der archäologischen Entdeckungen im frühen Griechenland also als eine erstaunliche Bestätigung der Thesen Friedrich August Wolfs lesen. Für einen unbekannten Zeitraum einer griechischen „Volkspoesie" ließen sich gegenständliche Belege finden, die ganze historische Epochen umfassten: die Mykenische Zeit, die Zwischenzeit der Dunklen Jahrhunderte, schließlich die Homerische und die darauf folgende Archaische Zeit. Das ist ein langer Zeitraum, der von ca. 1450 bis 600 v. Chr. reicht und in dem nach Wolfs Thesen mühelos ein mündlicher Überlieferungszusammenhang zu platzieren wäre, der die frühe Geistesgeschichte der Griechen enthielte, eine Geistesgeschichte darüber hinaus, die das Wesen der späteren intellektuellen Kultur der Griechen vorgeprägt hätte. Das Modell, das einen solchen Zusammenhang möglich erscheinen ließ, war das Modell der nationalen Überlieferung, das in der Romantik, der Zeit Wolfs, geprägt wurde. Einblick in dieses Denken gibt Wolfs programmatische *Darstellung der Alterthums-Wissenschaft*, die zuerst im ersten Band der von ihm gegründeten Zeitschrift *Museum der Alterthums-Wissenschaft* (Berlin 1807, 3–142) erschienen ist. Er schreibt Völkern bzw. Nationen einen persönlichen originalen Charakter zu. Im Bezug auf die Nation stelle sich dieser durch einen umfassenden „Bildungsgang in den wichtigsten Verhältnissen und Beziehungen" dar, „ein aus unzähligen zerstreuten Zügen erwachsenes Gemälde von ihrem ganzen Nationalseyn" (129).

14.2.4 Neue Ansätze

Dieses Modell sollte im 20. Jahrhundert u. a. auch in den Altertumswissenschaften in Frage gestellt werden. Es versteht sich, dass gerade in der Forschung zu historischen Zeiten, die durch archäologische Quellen und mythologische Überlieferung dokumentiert sind, Vorstellungsmodelle angewandt werden müssen. Das Modell des „griechischen Volkes", welches ein ganzes System historischen Daseins auf einmal erschloss, war von heuristischem Wert, da sich das Frühe aus dem späteren sog. Nationalcharakter erklären ließ. Wenn man diesen Begriff auseinander bricht, muss man einen anderen theoretischen Vorstellungsrahmen für dieses Gemeinsame entwickeln, d. h. man muss fragen, wie ein historisch Gemeinsames allein durch Geschichte bzw. durch menschliches Handeln in der Praxis zusammenkommen und auch auseinander brechen kann: Entwickelte sich die ganze griechische Geschichte organisch aus einem Anfang (dazu Timpe 1993), einem ihr eigenen Original heraus, oder konnte es in verschiedenen Epochen, besonders wenn sie durch Umbrüche voneinander getrennt waren, unterschiedliche Geschichten eigenen Gepräges gegeben haben? Und wie kommt ein solcher historischer „Charakter" überhaupt zustande? Um dies neu zu formulieren, musste man die Frage radikalisieren: Wie können unter verschiedenen menschlichen Individuen gemeinsames Denken und ein gemeinsamer Habitus (Bourdieu 1976) überhaupt entstehen und wie lässt sich dieses Gemeinsame in den historischen Quellen überhaupt erkennen?

Die Entdeckung und Beschreibung der historischen Eigenarten des archaischen Denkens bei Homer und den frühen Griechen gehen auf die Philologen Bruno Snell und Hermann Fränkel (Snell 1946; Fränkel 1951) zurück. Ihr Zugriff steht in direktem Zusammenhang mit dem wissenschaftsgeschichtlichen Paradigmenwechsel (vgl. Kap. 1.2.5) des frühen 20. Jahrhunderts, der sich von einer Geschichte der objektiven Tatsachen ab- und dem Verstehen von Überlieferung aus dem ihr eigenen lebensweltlichen Zusammenhang zuwendete. Dieser Wechsel machte sich in den deutschen Altertumswissenschaften bereits in den zwanziger Jahren des Jahrhunderts bemerkbar (Hölscher 1995). In diesem Zusammenhang stehen auch drei Aufsätze aus den 1940er Jahren, die als wegweisend für Forschung zur Frühzeit der griechischen Geschichte gelten können: Wolfgang Schadewaldt erschloss die innere Einheit der homerischen Epen aus einem ihnen eigenen raum-zeitlichen und kulturellen Bewusstsein, das ihn auf deren Autoren und deren historische Welten schließen ließ (Schadewaldt 1942). Alfred Heuss erklärte die Anfänge der Archaischen Zeit aus einer Selbstfindung und Selbstdefinition der frühen Griechen, die für ihn mit der Schrift und Homer einsetzte (Heuss 1946). Kurt Latte stellte dar, dass der

Rechtbegriff der frühen Griechen aus dem Bewusstsein einer fast noch schriftlosen Zeit hervorgegangen war und machte deutlich, was Recht mit Brauchtum zu tun hatte (Latte 1946).

Für das gemeinsame Bewusstsein einer Gemeinschaft müssen gegenständliche, bildliche und mythische kommunikative Bausteine als gemeinsame Bewusstseinstatbestände sozusagen veräußert werden. Dass diese Bausteine ein gemeinsames stabiles kulturelles Bewusstsein in der Zeit schaffen können, hängt von einem möglichst ungestörten ununterbrochenen nahezu idealen Zustand der Gemeinschaft ab, einer ungebrochenen Generationenfolge und Weitergabe der Traditionsbestände. Ein Bewahren vor Veränderungen funktioniert über die versachlichte Erinnerung, diese Erinnerung kann durch Schrift und Kanonisierung von Texten gefestigt werden (Assmann 1992). Auch mündliche Erinnerung kann in gewisser Weise durch Gedächtnisformen (Mnemotechniken) stabilisiert werden. Aber selbst die Tradierung von Schriften in Form von Büchern hängt von gesellschaftlicher Anstrengung ab, einem Wollen, das auch in mündlich kommunizierenden Gesellschaften vorhanden sein kann. Dieses Vorhandensein wiederum hängt von dem Weiterleben und der inneren Konsistenz der jeweiligen Gesellschaft ab, ist also geschichtlich und labil.

14.3 Vertiefung

14.3.1 Alfred Heuss' Definition der archaischen Zeit

Sowohl die Gestaltbildung der olympischen Götter als ihre Ausbreitung ist auf das engste mit dem Mythos und der ihn überliefernden epischen Dichtung verknüpft. Gerade die Entfaltung des griechischen Geistes im Mythos hat denselben in der Richtung des nationalen Selbstbewusstseins eine beträchtliche Strecke weiter geführt. Das liegt an der dem griechischen Mythos (verstanden in dem allgemeinen Sinne der Götter- und Heldensage) eigentümlichen Ausprägung auf der hier in Betracht kommenden Stufe seiner Entwicklung, die kaum jünger als die ersten Jahrhunderte der archaischen Zeit sein kann. Der griechische Mythos ist im großen und ganzen weder Mirakelgeschichte noch hat er die Ausprägung eines symbolischen Ausdrucks kosmologischer Gehalte angenommen. Beides fehlt gewiss nicht, aber es tritt zurück vor seinem hervorstechenden Zug, der Wiedergabe des Daseins in seiner Sinnfälligkeit. Was er berichtet, ist beinahe durchweg mit dem Zeichen der Einmaligkeit versehen und steht damit unter dem Gesetz der Zeit. Das gilt für die Götter- wie Heldengeschichten und schafft die Voraussetzung für die innige Verbindung von beiden. Der logischen Struktur nach liegen zumeist echte „Ereignisse" vor. Man hat sich hinsichtlich der Heldensage deshalb gerne veranlasst gesehen, durch Herausschälung des „geschichtlichen Kerns" ihren Gehalt zu läutern und ihn in den Rahmen unseres durch die kritische Forschung gewonnenen Bildes von der Vergangenheit zu bannen, man spricht mit Vorliebe von einer in ihm sich offenbarenden Mythisierung der Geschichte. Ich glaube, man würde mit größerem Recht umgekehrt von einer Historisierung des Mythos sprechen. Der inneren Form nach – und nur auf sie, nicht auf den in unseren Augen mehr oder weniger verbindlichen Inhalt kommt es hierbei an – wird nämlich in durchaus schlüssiger Weise Vergangenheit von ihm eingefangen. Die „Ereignisse" bewegen sich nicht nur in einem zeitlichen Kontinuum, dem gleichen Fluss, von dem auch die Gegenwart getragen wird, sondern sind zugleich im Raum an bestimmten Stellen angesetzt. Damit repräsentiert sich im Mythos als der Erzählung von Begebenheiten die Welt in ihrem Dasein. Ihren Zustand, der immer vorerst als in der Gegenwart begrenzter gegeben ist, zu erschließen, ist deshalb gleichbedeutend mit der Frage nach ihrem Mythos. Es ist bekannt, wie etwa Hesiod nach diesem Grundsatz nicht nur verfahren ist, sondern zugleich den allgemeinen Sachverhalt formuliert, dass Wirklichkeit ein zeitliches Sein ist und der Mythos sie zum Gegenstand hat (*Theogonie* 33, 38). [...] Für unseren Zweck ist [...] die Tatsache wichtig, dass die Griechen auf diese Weise ohne Rückhalt in einem Staatswesen und von Amts wegen festgelegter Erinnerung ein geschichtliches Bewusstsein erlangten. Wie lebendig dieses war, ließe sich an vielen Beispielen zeigen. Es müsste dann vor allem ausgeführt werden, wie durch den Heroenkult die Vergangenheit in der Gegenwart aufgehoben wurde. Eine Erzählung wie die von der Verfolgung Adrasts durch den sikyonischen Tyrannen Kleisthenes (Herodot 5, 67)[3] zeigt eine bis zur politischen Aktualität gesteigerte Gegenwärtigkeit der im Mythos zum Ausdruck kommenden Geschichte. Geschichtliches Bewusstsein führt aber immer (obschon nicht ausschließlich) zur Vergegenwärtigung der eigenen Vergangenheit und damit zum Menschen selbst zurück. Und da der griechische Mythos, trotz örtlich akzentuierter Sagenkreise, den gesamten Raum Griechenlands erfüllte, musste er die Vergangenheit der ganzen griechischen Welt widerspiegeln. Am großartigsten ist das geschehen in der Sage vom troianischen Krieg, und deshalb hat Thukydides (1, 3, 18) ihn auch als das erste panhellenische Unternehmen verstanden.

Alfred Heuss: *Die archaische Zeit Griechenlands als geschichtliche Epoche*, in: Antike und Abendland 2, 1946, 26–62, hier 30 f.

---

[3] Der Tyrann wollte den Kult des Adrast, eines Vorfahren des Agamemnon, vom Marktplatz Sikyons verbannen, weil er Krieg mit Argos führte, das wie Mykene als Stadt Agamemnons galt.

14.3.2 Fragen und Anregungen

Alfred Heuss' wegweisender Aufsatz setzte die homerischen Epen an den Anfang der archaischen Zeit Griechenlands. Er tat das, indem er nicht von einer immer schon vorhandenen griechischen Geschichte ausging, sondern auf das Entstehen der Bewusstseinsformen reflektierte, die eine Kontinuität der Geschichte der archaischen Zeit erst ermöglichten.

- Geben Sie den Inhalt des Textes in eigenen Worten wieder. Welche Begriffe befremden heute? Welche Funktion misst Heuss dem Mythos zu?
- Was versteht Heuss unter der Beziehung zwischen historischer Wirklichkeit, dem Realbezug der Erzählungen, und historischer Bewusstseinsbildung?

14.3.3 Lektüreempfehlungen

Finsler, Georg: Homer und die Neuzeit von Dante bis Goethe, Leipzig 1912, ND Hildesheim u. a. 1973 (*eine enzyklopädische und kommentierte Zusammenstellung wichtiger Beiträge aus Italien, Frankreich, England und Deutschland*).

Flashar, Hellmut (Hrsg.): Altertumswissenschaft in den 20er Jahren: Neue Fragen und Impulse, Stuttgart 1995.

Graf, Fritz: Griechische Mythologie, München/Zürich 1987 (*zur Entstehung der Wissenschaft vom Mythos und zu den Neuansätzen im 20. Jahrhundert*).

Grafton, Anthony: Juden und Griechen bei Friedrich August Wolf, in: Markner, Reinhard/ Veltri, Guiseppe: Friedrich August Wolf. Studien, Dokumente, Biographie, Stuttgart 1999, 9–31 (*differenzierte Einordnung von Wolfs Altertumswissenschaft in die zeitgenössischen philologischen Wissenschaften. Anschauliche Quellenbelege, weitere Literatur*).

Latacz, Joachim /Gerhard Kurz: Homerische Frage, in; Hubert Cancik (Hrsg), Der neue Pauly Band 14, Rezeptions- und Wissenschaftsgeschichte Fr–Ky, Stuttgart 2000, 501–516.

Schlesier, Renate: Kulte, Mythen und Gelehrte. Anthropologie der Antike seit 1800, Frankfurt am Main 1994.

15 Bibliographie

15.1 Quellenverzeichnis

15.1.1 Homer

Übersetzungen:
Homer: Ilias. Neue Übertragung von Wolfgang Schadewaldt, Frankfurt am Main 1975.
Homer: Odyssee. Übersetzt in deutsche Prosa von Wolfgang Schadewaldt, Hamburg 1958.
Homer: Ilias. Neue Übersetzung von Roland Hampe, Stuttgart 1979.
Homer: Odyssee. Übersetzt von Roland Hampe. Stuttgart 1979.
Homer: Ilias. Übertragen von Hans von Rupé, München 1961 (Zweisprachige Ausgabe).
Homer: Odyssee. Übertragen von Anton Weiher, München 1955 (Zweisprachige Ausgabe).

Kommentare:
The Iliad. A Commentary. General Editor Geoffrey S. Kirk. Vol. I –VI. Cambridge 1985–1993.
A Commentary on Homer's Odyssey. By Alfred Heubeck, Joseph Russo. Vol. I–III. Oxford 1988.
Homers Ilias. Gesamtkommentar auf der Grundlage der Ausgabe von Ameis/Hentze/Cauer (mit Übersetzung). Hrsg. von Joachim Latacz/Anton Bierl, München/Berlin/Boston, 2000 ff. (bis Band 11, 2016 erscheinen)
Lexikon des frühgriechischen Epos, begründet von Bruno Snell, Göttingen 1955–2010 (Homer und Hesiod).

15.1.2 Hesiod

Übersetzungen:
Hesiod: Theogonie/Werke und Tage. Hrsg. und übersetzt von Albert von Schirnding, München 1961 (Zweisprachige Ausgabe).
Hesiod: Sämtliche Gedichte. Übersetzt und erläutert von Walter Marg, Stuttgart/Zürich 1970.

Kommentare:
Hesiod: Works and Days. Edited with Prolegomena and Commentary by Martin L. West, Oxford 1978.
Hesiod: Theogony. Edited with Prolegomena and Commentary by Martin L. West, Oxford 1966.
A Commentary on Hesiod: Works and Days vv. 1–382. By Willem J. Verdenius, Leiden 1985.

15.1.3 Klassische Autoren

Aristoteles: Die Nikomachische Ethik, übersetzt von Olof Gigon, neu hrsg. von Rainer Nickel, Düsseldorf/Zürich 2001 (Zweisprachige Ausgabe).
Aristoteles: Politik, Buch 1, Über die Hausverwaltung und die Herrschaft des Herrn über Sklaven, übersetzt und erläutert von Eckart Schütrumpf, Berlin 1991.
Herodot: Historien. Griechisch-deutsch. Hrsg. von Josef Feix, München 1963 (Zweisprachige Ausgabe).
Platon: Apologie des Sokrates. Übersetzt und hrsg. von Manfred Fuhrmann, Stuttgart 1986 (Zweisprachige Ausgabe).
Platon: Apologie des Sokrates. Übersetzung und Kommentar von Ernst Heitsch, Göttingen 2002.
Platon: Nomoi (Gesetze). Buch I–III. Übersetzung und Kommentar von Klaus Schöpsdau, Göttingen 1994.
Thukydides: Der peloponnesische Krieg. Übersetzt von Georg Peter Landmann, München 2015 (Zweisprachige Ausgabe).
Quellen zur Wirtschaftstheorie der griechischen Antike. Hrsg. von Gert Audring/Kai Brodersen, Darmstadt 2008.

15.1.4 Epigraphik, Inschriften

Historische griechische Inschriften in Übersetzung, Bd. 1: Die archaische und klassische Zeit, von Kai Brodersen/Wolfgang Günther/Hatto H. Schmitt, Darmstadt 1992.
Alfred Heubeck: Schrift. Archaeologia Homerica Bd. IV, Kap. X, Göttingen 1979.
Lilian H. Jeffery: The Local Scripts of Archaic Greece, Reissued with a Supplement, Oxford 1990.

15.1.5 Mythologie

Apollodoros: Götter und Helden der Griechen. Eingeleitet, hrsg. und übersetzt von Kai Brodersen, Darmstadt 2012.
Reclams Lexikon der antiken Mythologie, hrsg. von Edward Tripp, Stuttgart, 6. Aufl. 1991.

15.2 Allgemeines Literaturverzeichnis

Aly 1995 Wolf Aly: Heldensage und Epos. Zur Konstituierung einer mittelalterlichen volkssprachlichen Gattung im Spannungsfeld zwischen Mündlichkeit und Schriftlichkeit, Tübingen 1995.

Anderson 2006 Benedict Anderson: Imagined Communities. Reflections on the Origin and Spread of Nationalism, London/New York 2006.

Assmann 1992 Jan Assmann: Das kulturelle Gedächtnis. Schrift, Erinnerung und politische Identität in den frühen Hochkulturen, München 1992.

Aubet 2001 Maria Eugenia Aubet: The Phoenicians in the West. Politics, Colonies, and Trade, Cambridge 2001.

Bausinger 1980 Hermann Bausinger: Formen der „Volkspoesie", 2. Aufl. Berlin 1980.

Bleicken 1993 Jochen Bleicken (Hrsg.): Colloquium aus Anlass des 80. Geburtstags von Alfred Heuss, Kallmünz 1993.

Blome 1984 Peter Blome: Lefkandi und Homer, in: Würzburger Jahrbücher N. F. 10 (1984), 9–22.

Boardman 1981 John Boardman: Kolonien und Handel der Griechen, München 1981.

Boeringer 2001 David Boeringer: Heroenkulte in Griechenland von der geometrischen zur klassischen Zeit, Berlin 2001.

Bourdieu 1976 Pierre Bourdieu: Entwurf einer Theorie der Praxis, Frankfurt am Main 1976.

Burford 1993 Alsion Burford: Land and Labor in the Greek World, Baltimore 1993.

Burgess 2001 Jonathan S. Burgess: The Tradition of the Trojan War in Homer and the Epic Cycle, London 2001.

Burke 1991 Peter Burke: Offenen Geschichte, die Schule der „Annales", Berlin 1991.

Burkert 1979 Walter Burkert: Mythisches Denken. Versuch einer Definition an Hand des griechischen Befundes, in: Hans Poser (Hrsg.): Philosophie und Mythos, Berlin (ND 2014), 16–39.

Burkert 2003 Walter Burkert: Hesiod in Context: Abstractions and Divinities in an Aegean-Eastern Koiné, in: Walter Burkert: Kleine Schriften II, hrsg. von M. Laura Gemelli Marciano, Göttingen 2003, 172–191.

Burkert 2011 Walter Burkert: Griechische Religion der archaischen und klassischen Epoche, 2. Aufl. Stuttgart 2011.

Chadwick 1979 John Chadwick: Die mykenische Welt, Stuttgart 1979.

Christ 1999 Karl Christ: Hellas. Griechische Geschichte und deutsche Geisteswissenschaft, München 1999.

Cobet 1981 Justus Cobet: Art. König, Anführer, Herr, Monarch, Tyrann, in: Elisabeth C. Welskopf (Hrsg.): Untersuchungen ausgewählter altgriechischer sozialer Typenbegriffe, Berlin 1981, 11–66.

Cobet 1996 Justus Cobet: Europa und Asien – Griechen und Barbaren – Osten und Westen, in: Geschichte in Wissenschaft und Unterricht 47 (1996), 405–419.

Cobet 1997 Justus Cobet: Heinrich Schliemann, Archäologe und Abenteurer, München 1997.
Cobet 2002 Justus Cobet: The Organization of Time in the Histories, in: Egbert Bakker u. a.: Brill's Companion to Herodotus, Leiden/Boston/Köln 2002, 387–412.
Cobet/Gehrke 2002 Justus Cobet/Hans-Joachim Gehrke: Warum um Troia immer wieder streiten? in: Geschichte in Wissenschaft und Unterricht 53 (2002), 2002, 290–325.
Crielaard 2015 Jan Paul Crielaard: Powerful Things in Motion. A Biographical Approach to Eastern Elite Goods and Greek Sanctuaries, in: Erich Kistler/Birgit Öhlinger/Martin Mohr/Matthias Hoernes (Hrsg.): Sanctuaries and the Power of Consumption. Networking and the Formation of Elites, Wiesbaden 2015, 351–372.
Danek 1994 Georg Danek: Der Nestorbecher von Ischia, epische Zitiertechnik und das Symposion, in: Wiener Studien 107 (1994), 29–44.
Danek 1998 Georg Danek: Epos und Zitat. Studien zu den Quellen der Odyssee, Wien 1998.
Danek 2011 Georg Danek: Die Ilias als Produkt einer mündlichen Epen-Tradition, in: Ulf und Rollinger 2011, 293–310.
Danek 2012 Georg Danek: Homer und Aldo Mededovic als Post-Traditional Singers? in: Michael Meier-Brügger (Hrsg.): Homer gedeutet durch ein großes Lexikon, Abhandlungen der Akademie der Wissenschaften zu Göttingen NF 21, 2012, 27–44.
De Angelis 1998 Francesco de Angelis: Ancient Past, Imperial Present. The British Empire in T. J. Dunbabin's ‚The Western Greeks', in: Antiquity 72 (1998), 539–549.
Donlan 1973 Walter Donlan: The Tradition of Anti-Aristocratic Thought in Early Greek Poetry, in: Historia 22 (1973), 145–154.
Donlan 1979 Walter Donlan: The Structure of Authority in the Iliad, in: Arethusa 12 (1979), 51–70.
Donlan 1981 Walter Donlan: Reciprocities in Homer, In: The Classical World 75 (1981), 137–157.
Donlan 1985 Walter Donlan: The Social Groups of Dark Age Greece, in: Classical Philology 80 (1985), 293–308.
Dougherty 2001 Carol Dougherty: The Raft of Odysseus. The Ethnographic Imagination of Homer's Odyssey, Oxford 2001.
Eder 2003 Brigitta Eder: Noch einmal: Der homerische Schiffskatalog, in: Ulf 2003, 287–308.
Eder 2015 Brigitta Eder: Art. Griechenland und die griechischen Inseln, in: Wittke 2015, 441–456.
Engels 1998 Johannes Engels: Funerum sepulcrorumque magnificentia. Begräbnis und Grabluxusgesetze in der griechisch-römischen Welt mit einigen Ausblicken auf Einschränkungen des funeralen sepulkralen Luxus im Mittelalter und der Neuzeit, Stuttgart 1998.
Fenik 1968 Bernhard Fenik: Typical Battle Scenes in the Iliad, Wiesbaden 1968.

Finsler 1912 Georg Finsler: Homer und die Neuzeit von Dante bis Goethe, Leipzig 1912 (ND Hildesheim u. a. 1973).
Fisch 1998 Jörg Fisch: Tödliche Rituale. Die indische Witwenverbrennung und andere Formen der Totenfolge, Frankfurt am Main 1998.
Fischer 2010 Robert Fischer: Die Ahhiyawa-Frage, Wiesbaden 2010.
Fittschen 1973 Klaus Fittschen: Der Schild des Achilleus, Archaeologia Homerica Bd. II, Kap. N, Göttingen 1973.
Flashar 1995 Hellmut Flashar (Hrsg.): Altertumswissenschaft in den 20er Jahren: Neue Fragen und Impulse, Stuttgart 1995.
Fowler 2004 Robert Fowler (Hrsg.): The Cambridge Companion to Homer, Cambridge 2004.
Foxhall 2013 Lin Foxhall: Gender: in: Raaflaub/van Wees 2013, 483–507.
Fränkel 1962 Hermann Fränkel: Dichtung und Philosophie des frühen Griechentums, 3. durchges. Auflage München 1962.
Gallant 1991 Thomas W. Gallant: Risk and Survival in Ancient Greece. Reconstructing the Rural Domestic Economy, Stanford 1991.
Gawantka 1985 Wilfried Gawantka: Die sogenannte Polis. Entstehung, Geschichte und Kritik der modernen althistorischen Grundbegriffe der griechische Staat, die griechische Staatsidee, die Polis, Stuttgart 1985.
Gehrke 1993 Hans-Joachim Gehrke: Konflikt und Gesetz. Überlegungen zur frühen Polis, in: Bleicken 1993, 49–68.
Gehrke 1994 Hans-Joachim Gehrke: Mythos, Geschichte, Politik – antik und modern, in: Saeculum 45 (1994), 239–264.
Gehrke 1995 Hans-Joachim Gehrke: Geschichte des Hellenismus, 2. Aufl. München 1995.
Gehrke 2013 Hans-Joachim Gehrke: States, in: Raaflaub/van Wees 2013, 395–441.
Giuliani 1998 Luca Giuliani: Bilder nach Homer. Vom Nutzen und Nachteil der Lektüre für die Malerei, Freiburg i.Br. 1998.
Giuliani 2003 Luca Giuliani: Bild und Mythos. Geschichte der Bilderzählung in der griechischen Kunst, München 2003.
Graf 1987 Fritz Graf: Griechische Mythologie, München/Zürich 1987.
Graf 1993 Fritz Graf: Die Entstehung des Mythosbegriffs bei Christian Gottlob Heyne, in: Fritz Graf (Hrsg.): Mythos in mythenloser Gesellschaft, Stuttgart 1993, 284–294.
Grafton 1999 Anthony Grafton: Juden und Griechen bei Friedrich August Wolf, in: Reinhard Markner/Guiseppe Veltri (Hrsg.): Friedrich August Wolf. Studien, Dokumente, Biographie, Stuttgart 1999, 9–31.
Grote 2016 Oliver Grote: Die griechischen Phylen. Funktion – Entstehung – Leistungen, Stuttgart 2016.
Hahn 2014 Hans-Peter Hahn: Materielle Kultur. Eine Einführung, Berlin 2014.
Hansen 2006 Mogens H. Hansen, Polis. An Introduction to the Ancient Greek City-State, Oxford 2006.
Hayden 2014 Brian Hayden: The Power of Feasts. From Prehistory to the Present, Oxford 2014.
Hennig 1980 Dieter Hennig, Grundbesitz bei Homer und Hesiod, in: Chiron 10 (1980), 35–52.

Hertel 2003 Dieter Hertel: Die Mauern von Troia. Mythos und Geschichte im antiken Ilion, München 2003.

Heubeck 1966 Alfred Heubeck: Aus der Welt der frühgriechischen Lineartafeln. Eine kurze Einführung in die Grundlagen, Aufgaben und Ergebnisse der Mykenologie, Göttingen 1966.

Heuss 1946 Alfred Heuss: Die archaische Zeit Griechenlands als geschichtliche Epoche, in: Antike und Abendland 2 (1946), 26–62 (ND in: Alfred Heuss: Gesammelte Schriften, hrsg. von Jochen Bleicken, Stuttgart 1995, 2–38).

Hölkeskamp 1999 Karl-Joachim Hölkeskamp: Schiedsrichter, Gesetzgeber und Gesetzgebung im archaischen Griechenland, Stuttgart 1999.

Hölkeskamp 2000 Karl-Joachim Hölkeskamp: (In-)schrift und Monument. Zum Begriff des Gesetzes im Archaischen und Klassischen Griechenland, in: Zeitschrift für Papyrologie und Epigraphik 132 (200), 73–96.

Hölkeskamp 2000 Karl-Joachim Hölkeskamp: Von den „Dunklen Jahrhunderten" in das Zeitalter der Experimente, in: Gymnasium 107 (2000), 321–330.

Holoka 1991 James P. Holoka: Homer, Oral Poetry Theory, and Comparative Literature: Major Trends and Controversies in the Twentieth-Century Criticism, in: Latacz 1991, 456–481.

Hölscher 1990 Uvo Hölscher: Die Odyssee. Epos zwischen Märchen und Roman, München 1990.

Hölscher 1994 Uvo Hölscher: Über die Kanonizität Homers, in: Ders.: Das nächste Fremde, München 1994, 62–70.

Hölscher 1995 Uvo Hölscher: Strömungen der deutschen Graezistik in den Zwanziger Jahren, in: Flashar 1995, 65–86.

Hölscher 1998 Tonio Hölscher: Öffentliche Räume in frühen griechischen Städten, Heidelberg 1998.

Itgenshorst 2010 Tanja Itgenshorst: Alltag, Mentalität und „vergangene Subjektivität". Möglichkeit und Grenzen von Husserls Begriff der „Lebenswelt" in der altertumswissenschaftlichen Forschung, in: Gymnasium 117 (2010), 209–229.

Itgenshorst 2014 Tanja Itgenshorst: Denker und Gemeinschaft. Polis und politisches Denken im archaischen Griechenland, Paderborn 2014.

Junker 2005 Klaus Junker: Griechische Mythenbilder. Eine Einführung in ihre Interpretation, Stuttgart/Weimar 2005.

Karageorghis 1973 Vassos Karageorghis: Excavations in the Necropolis of Salamis, Nikosia 1973.

Kerényi 1951/1958 Karl Kerényi: Die Mythologie der Griechen, 2 Bände, Zürich 1951/1958.

Kistler 1998 Erich Kistler: Die „Opferinne-Zeremonie". Bankettideologie am Grab, Orientalisierung und Formierung einer Adelsgesellschaft in Athen, Stuttgart 1998.

Kistler 2014 Erich Kistler: Die Phönizier sind Händler, die Griechen aber Kolonisatoren – zwei alte Klischees, Ulfs Kulturkontakt-Modell und das archaische Westsizilien, in: Rollinger/Schnegg 2014, 67–108.

Kistler 2015a Erich Kistler: Art. Materielle Quellen und Archäologie, in: Wittke 2015, 99–116.
Kistler 2015b Erich Kistler Art. Griechen auf Sizilien, in: Wittke 2015, 399–408.
Kistler und Ulf 2005 Erich Kistler und Christoph Ulf: Athenische ‚Big Men' – ein ‚Chief' in Lefkandi? Zum Verhältnis von historischen und archäologischen Aussagen vor dem Hintergrund der Bedeutung anthropologischer Modelle, in: Barbara Brandt/Verena Gassner (Hrsg.): Synergia. Festschrift für Friedrich Krinzinger, Band 1, 271–277.
Kolb 1984 Frank Kolb: Die Stadt im Altertum, München 1984.
Kolb 2010 Frank Kolb: Tatort Troia. Geschichte, Mythen, Politik, Paderborn 2010.
Kullmann 1956 Wolfgang Kullmann: Das Wirken der Götter in der Ilias, Berlin 1956.
Kullmann 1960 Wolfgang Kullmann: Die Quellen der Ilias. Troischer Sagenkreis, Wiesbaden 1960.
Kullmann 1981 Wolfgang Kullmann: Zur Methode der Neoanalyse in der Homerforschung, in: Wiener Studien 15 (1981), 5–42 (ND in: Kullmann 1992, 67–99).
Kullmann 1984 Wolfgang Kullmann: Oral Poetry Theory and Neoanalysis in Homeric Research, in: Greek, Roman and Byzantine Studies 25 (1984), 307–323 (ND in Kullmann 1992, 140–155).
Kullmann 1991 Wolfgang Kullmann: Ergebnisse der motivgeschichtlichen Forschung zu Homer (Neoanalyse), in: Joachim Latacz (Hrsg.): Zweihundert Jahre Homer-Forschung, Stuttgart 1991, 425–455.
Kullmann 1992 Wolfgang Kullmann: Homerische Motive, Stuttgart 1992.
Kullmann 1993 Wolfgang Kullmann: Festgehaltene Kenntnisse im Schiffskatalog und Troerkatalog der Ilias, in: Wolfgang Kullmann/Jochen Althoff (Hrsg.): Vermittlung und Tradierung von Wissen in der griechischen Kultur, Tübingen 1993, 129–150 (ND in: Kullmann 2002, 9–26).
Kullmann 2002 Wolfgang Kullmann: Homers Zeit und das Bild des Dichters von den Menschen der mykenischen Kultur (1995), in: Kullmann 2002, 27–43.
Kullmann 2002 Wolfgang Kullmann: Realität, Imagination und Theorie. Kleine Schriften zu Epos und Tragödie, herausgegeben von Antonios Rengakos, Stuttgart 2002.
Landesmuseum Karlsruhe 2008 Zeit der Helden. Die „dunklen Jahrhunderte" Griechenlands 1200–700 v. Chr. Katalog zur Ausstellung, hrsg. vom badischen Landesmuseum Karlsruhe, Darmstadt 2008.
Lang 1996 Franziska Lang: Archaische Siedlungen in Griechenland: Struktur und Entwicklung, Berlin 1996.
Lang 1999 Franziska Lang: Minoische, mykenische und geometrische Zeit, in: Wolfram Hoepfner (Hrsg.): Geschichte des Wohnens Bd. 1, 5000 bis 500 v. Chr., Stuttgart 1999, 87–122.
Latacz 1979 Joachim Latacz (Hrsg.): Homer. Tradition und Neuerung, Darmstadt 1979.
Latacz 1991 Joachim Latacz (Hrsg.): 200 Jahre Homerforschung. Rückblick und Ausblick, Stuttgart/Leipzig 1991.

Latacz 2000 Joachim Latacz/Gerhard Kurz: Homerische Frage, in; Hubert Cancik (Hrsg), Der neue Pauly Band 14, Rezeptions- und Wissenschaftsgeschichte Fr-Ky, 501–516.
Latacz 2005 Joachim Latacz: Troia und Homer: Der Weg zur Lösung eines alten Rätsels, 5. aktualisierte und erweiterte Auflage, Leipzig 2005.
Latacz 2011 Joachim Latacz: Art. Zu Homers Person, in: Rengakos/Zimmermann 2011, 1–25.
Latte 1946 Kurt Latte: Der Rechtsgedanke im archaischen Griechentum, in: Antike und Abendland 2 (1946), 63–76.
Link 1991 Stefan Link: Landverteilung und sozialer Frieden im archaischen Griechenland, Stuttgart 1991.
Malkin 2001 Irad Malkin (Hrsg.): Ancient Perspectives of Greek Ethnicity, Cambridge Mass. 2001.
Malkin 2011 Irad Malkin: A Small Greek World. Networks in the Ancient Mediterranean, Oxford, New York 2001.
Martin 1984 Jochen Martin: Zur Stellung des Vaters in antiken Gesellschaften, in: Hans Süssmutth (Hrsg.): Historische Anthropologie, Göttingen 1984, 84–109.
Matthäus 1993 Hartmut Matthäus: Zur Rezeption orientalischer Kunst-, Kultur- und Lebensformen in Griechenland, in: Kurt Raaflaub (Hrsg.): Anfänge politischen Denkens in der Antike, München 1993, 165–186.
Matthäus 2011 Hartmut Matthäus (Hrsg.): Der Orient und die Anfänge Europas. Kulturelle Beziehungen von der Späten Bronzezeit zur Frühen Eisenzeit, Wiesbaden 2011.
Maul 2013 Stefan M. Maul: Die Wahrsagekunst im Alten Orient, München 2013.
Millett 1984 Paul Millett: Hesiod and his World, in: Proceedings of the Cambridge Philological Society 30 (1984), 84–115.
Mitchell/Rhodes 1997 Lynette G. Mitchell/Peter J. Rhodes (Hrsg.): The Development of the Polis in Archaic Greece, London/New York 1997.
Morris 1986 Ian Morris: The Use and Abuse of Homer, in: Classical Antiquity 5 (1986), 81–138.
Morris/Powell 1997 Ian Morris/Barry B. Powell (Hrsg.): A New Companion to Homer, Leiden u. a. 1997
Morstadt 2015 Bärbel Morstadt: Die Phönizier, Mainz 2015.
Most 1989 Glenn W. Most: Zur Archäologie der Archaik, in: Antike und Abendland 35 (1989), 1–23.
Murray 1982 Oswyn Murray: Das frühe Griechenland, München 1982.
Murray/Price 1991 Oswyn Murray/Simon Price (Hrsg.): The Greek City from Homer to Alexander, Oxford 1991.
Muth 2006 Susanne Muth: Bilder des Troia-Mythos in der griechischen Kunst, in: Zimmermann 2006, 71–88.
Nagy 1998 Gregory Nagy: Homer as ‚Text', in: Christine Ehler/Ursula Schäfer (Hrsg.): Verschriftung und Verschriftlichung. Aspekte des Medienwechsels in verschiedenen Kulturen und Epochen, Tübingen 1998, 127–155.
Nicolai 1964 Walter Nicolai: Hesiods Erga. Beobachtungen zum Aufbau, Heidelberg 1964.

Nippel 2003 Wilfried Nippel: Griechische Kolonisation. Kontakte mit indigenen Kulturen, Rechtfertigung von Eroberung, Rückwirkung auf das Mutterland, in: in: Raimund Schulz (Hrsg.): Aufbruch in neue Welten und neue Zeiten. Die großen maritimen Expansionsbewegungen der Antike und Frühen Neuzeit im Vergleich der europäischen Geschichte, München 2003, 13–27.

Nussbaum 1999 Martha C. Nussbaum: Gerechtigkeit oder das gute Leben, Frankfurt am Main 1999.

Oexle 1996 Otto Gerhard Oexle: Geschichtswissenschaft im Zeichen des Historismus. Studien zur Problemgeschichte der Moderne, Göttingen 1993.

Orth 1999 Ernst Wolfgang Orth: Edmund Husserls ‚Krisis der europäischen Wissenschaften' und die Transzendentale Phänomenologie, Darmstadt 199.

Osborne 1988 Robin Osborne: Death Revisited. The Death of the Artist in Archaic and Classical Greece, in: Art History 11 (1988), 1–16.

Osborne 2009 Robin Osborne: Greece in the Making, London/New York 2009.

Osborne/Cunliffe 2005 Robin Osborne/Barry Cunliffe (Hrsg.): Mediterranean Urbanization 800–600 BC, Oxford 2005.

Osmers 2013 Maria Osmers: „Wir sind damals und jetzt immer die gleichen". Vergangenheitsbezüge in der polisübergreifenden Kommunikation der klassischen Zeit, Stuttgart 2013.

Pallanza 2005 Elena Pallantza: Der troische Krieg in der nachhomerischen Literatur bis zum 5. Jh. v. Chr., Stuttgart 2005.

Parry 1966 Adam Parry: Have we Homer's Iliad? in: Yale Classical Studies 20 (1966), 177–216 (ND in: Latacz 1979, 428–466).

Patzek 1990 Barbara Patzek: Mündliche Dichtung als historisches Zeugnis. Die ‚homerische Frage' in heutiger Sicht, in: Historische Zeitschrift 250 (1990), 529–548.

Patzek 1992 Barbara Patzek: Homer und Mykene. Mündliche Dichtung und Geschichtsschreibung, München 1992.

Patzek 2009 Barbara Patzek: Homer und seine Zeit, 2. Aufl. München 2009.

Patzek 2014 Barbara Patzek: Die orientalisierende Kultur Griechenlands und die homerischen Epen: Kulturelles Lernen jenseits der Peripherie des assyrischen Reiches, in: Rollinger/Schnegg 2014, 383–401.

Patzer 1970 Harald Patzer: Dichterische Kunst und poetisches Handwerk im homerischen Epos, Sitzung der wissenschaftlichen Gesellschaft der Johann Wolfgang Goethe-Universität, Frankfurt am Main 1970.

Patzer 1996 Harald Patzer: Die Formgesetze des homerischen Epos, Stuttgart 1996.

Popham/Touloupa/Sackett 1982 Mervyn Popham/ Evi Touloupa/L. H. Sackett: The Hero of Lefkandi, in: Antiquity 56 (1982),169–174.

Powell 2009 Barry B. Powell, Einführung in die klassische Mythologie, Stuttgart/Weimar 2009.

Powell/Morris 1997 Barry B. Powell/Ian Morris (Hrsg.): A New Companion to Homer, Leiden u. a. 1997.

Primavesi 2002 Oliver Primavesi: Bild und Zeit. Lessings Poetik des natürlichen Zeichens und die Homerische Ekphrasis, in: Jürgen P. Schwindt (Hrsg.): Klassische Philologie inter disciplinas, Heidelberg 2002, 187–211.
Raaflaub 1989 Kurt Raaflaub: Die Anfänge des politischen Denkens bei den frühen Griechen, in: Historische Zeitschrift 248 (1989), 1–32.
Raaflaub 1991 Kurt Raaflaub: Homer und die Geschichte des 8. Jahrhunderts, in: Latacz 1991, 205–256.
Raaflaub 1993 Kurt Raaflaub: Homer to Solon: The Rise of the Polis. The Written Sources, in: Mogens Herman Hansen (Hrsg.): The Ancient Greek City State, Kopenhagen 1993, 41–105.
Raaflaub 1997 Kurt Raaflaub: Soldiers, Citizens and the Evolution of the Early Greek Polis, in: Lynette G. Mitchell, P. J. Rhodes: The Development of the Polis in Archaic Greece, London/ New York 1997, 49–59.
Raaflaub 2003 Kurt A. Raaflaub: Die Bedeutung der Dark Ages. Mykene, Troia und die Griechen, in Ulf 2003, 309–329.
Raaflaub/van Wees 2013 Kurt Raaflaub und Hans van Wees (Hrsg.): A Companion to Archaic Greece, Malden/Oxford 2013.
Reinhardt 1961 Karl Reinhardt: Die Ilias und ihr Dichter, Göttingen 1961.
Reinhardt 2011 Udo Reinhardt: Der antike Mythos. Ein systematisches Handbuch, Freiburg 2011.
Rengakos 2011 Antonios Rengakos: Die Überlieferungsgeschichte der homerischen Epen, Rengakos/Zimmermann 2011, 167–175.
Rengakos/Zimmermann 2011 Antonios Rengakos/Bernhard Zimmermann (Hrsg.): Homer-Handbuch. Leben – Werk – Wirkung, Stuttgart 2011.
Röllig 1995 Wolfgang Röllig: Phönizier und Griechen im Mittelmeerraum, in: Helga Breuninger/Rolf Peter Sieferle (Hrsg.) Markt und Macht in der Geschichte, Stuttgart 1995, 45–73.
Rollinger 2003 Robert Rollinger: Homer, Anatolien und die Levante, in: Ulf 2003, 330–348.
Rollinger 2011 Robert Rollinger: Der Blick aus dem Osten. ‚Griechen' in vorderasiatischen Quellen des 8. und 7. Jh.s, in: Matthäus 2011, 267–282.
Rollinger/Schnegg 2014 Robert Rollinger/Cordula Schnegg (Hrsg.): Kulturkontakte in antiken Welten: vom Denkmodell zum Fallbeispiel, Leuven/Paris/Walpole 2014.
Samida 2012 Stefanie Samida: Heinrich Schliemann, Tübingen 2012.
Samida 2014 Stefanie Samida u. a. (Hrsg.): Handbuch Materielle Kultur. Bedeutung, Konzepte, Disziplinen, Stuttgart 2014.
Schadewaldt 1942 Wolfgang Schadewaldt: Homer und sein Jahrhundert, in: Schadewaldt 1959, 87–129.
Schadewaldt 1959 Wolfgang Schadewaldt: Legende von Homer dem fahrenden Sänger, Zürich/Stuttgart 2. Aufl.
Schadewaldt 1959 Wolfgang Schadewaldt: Von Homers Welt und Werk, 5. erw. Aufl. Stuttgart 1959.
Schadewaldt 1966 Wolfgang Schadewaldt: Iliasstudien, 3. Aufl. Tübingen 1966.

Schadewaldt 1975 Wolfgang Schadewaldt: Der Aufbau der Ilias. Strukturen und Konzeptionen, Frankfurt am Main 1975.
Scheer 2011 Tanja Scheer: Antike Geschlechtergeschichte, München 2011.
Schenda 1993 Rudolf Schenda: Von Mund zu Ohr. Bausteine zu einer Kulturgeschichte volkstümlichen Erzählens in Europa, Göttingen 1993.
Schlesier 1994 Schlesier, Renate: Kulte, Mythen und Gelehrte. Anthropologie der Antike seit 1800, Frankfurt am Main 1994.
Schmidt 2006 Martin Schmidt: Die Welt des Eumaios, in: Andreas Luther (Hrsg.): Geschichte und Fiktion in der homerischen Odyssee, München 2006, 117–138.
Schmitt 1990 Arbogast Schmitt: Selbständigkeit und Abhängigkeit menschlichen Handelns bei Homer, Abhandlungen der Mainzer Akademie der Wissenschaften und Literatur, 1990, Heft 5.
Schmitt 2009 Tassilo Schmitt: Kein König im Palast. Heterodoxe Überlegungen zur politischen und sozialen Ordnung in der mykenischen Zeit, in: Historische Zeitschrift 288 (2009), 281–346.
Schmitz 1999 Winfried Schmitz: Nachbarschaft und Dorfgemeinschaft im archaischen und klassischen Griechenland, in: Historische Zeitschrift 268 (1999), 561–597.
Schmitz 2004 Winfried Schmitz: Nachbarschaft und Dorfgemeinschaft im archaischen und klassischen Griechenland, Berlin 2004.
Schmitz 2007 Winfried Schmitz: Haus und Familie im antiken Griechenland, München 2007.
Schmitz 2014 Winfried Schmitz: Die griechische Gesellschaft. Eine Sozialgeschichte der archaischen und klassischen Zeit, Heidelberg 2014.
Scholz/Becker 2004 Peter Scholz/Alexander Becker (Hrsg.): Dissoi Logoi. Zweierlei Ansichten. Ein sophistischer Traktat, Berlin 2004.
Schuller 2002 Wolfgang Schuller: Griechische Geschichte, München 2002.
Schulz 2016 Raimund Schulz: Abenteuer in der Ferne. Die großen Entdeckungsfahrten und das Weltwissen in der Antike, Göttingen 2016.
Seeck 2004 Gustav Adolf Seeck: Homer. Eine Einführung, Stuttgart 2004.
Seelentag 2009 Gunnar Seelentag: Regeln für den Kosmos. Prominenzrollen und Institutionen im archaischen Kreta, in: Chiron 39 (2009), 65–99.
Seelentag 2015 Gunnar Seelentag: Das archaische Kreta. Institutionalisierung im archaischen Griechenland, Berlin 2015.
Sherratt 2010 Susan Sherratt: Greeks and Phoenicians. Perceptions of Trade and Traders in the Early First Millennium B. C. in: Alexander Bauer/Anna Agbe-Davies (Hrsg.): Trade as Social Interaction: New Archaeological Approaches, Walnut Creek 2010, 119–42.
Sherratt 2011 Susan Sherratt: The History of East Mediterranean an Aegean Interaction: Some When, How and Why Questions, in: Matthäus 2011, 3–14.
Sinn 2006 Ulrich Sinn: Der Troia-Mythos in der römischen Kunst, in: Zimmermann 2006, 104–119.
Snell 1946 Bruno Snell: Die Entdeckung des Geistes, Hamburg 1946 (4. neubearbeitete Aufl. Göttingen 1975).

Snodgrass 1980 Anthony Snodgrass: Archaic Greece: The Age of Experiment, Berkeley/Los Angeles 1980.

Squire 2011 Michael Squire: The Iliad in a Nutshell. Visualizing Epic on the Tabulae Iliacae, New York/Oxford 2011.

Stein-Hölkeskamp 1989 Elke Stein-Hölkeskamp: Adelskultur und Polisgesellschaft. Studien zum griechischen Adel in archaischer und Klassischer Zeit, Stuttgart 1989.

Stein-Hölkeskamp 2006 Elke Stein-Hölkeskamp: Im Land der Kirke und der Kyklopen. Immigranten und Indigene in den süditalienischen Siedlungen des 8. und 7. Jahrhunderts v. Chr. in: Klio 88 (2006), 311–327.

Stein-Hölkeskamp 2015 Elke Stein-Hölkeskamp: Das Archaische Griechenland, München 2015.

Stierle 2003 Karlheinz Stierle: Francesco Petrarca. Ein Intellektueller im Europa des 14. Jahrhunderts, München 2003.

Strasburger 1953 Hermann Strasburger: Der soziologische Aspekt der homerischen Epen, in: Gymnasium 60 (1953), 97–114.

Strasburger 1974 Hermann Strasburger: Zum antiken Gesellschaftsideal, Abhandlungen der Heidelberger Akademie der Wissenschaften, phil.-hist. Kl. 1976, 4. Abhandlung.

Strauss 2008 Barry Strauss: Der Trojanische Krieg. Mythos und Wahrheit, Stuttgart 2008.

Timpe 1988 Mündlichkeit und Schriftlichkeit als Basis der frührömischen Überlieferung, in: Jürgen von Ungern-Sterberg/Hansjörg Reinau (Hrsg.): Vergangenheit in mündlicher Überlieferung, Stuttgart 1988, 266–286.

Timpe 1993 Dieter Timpe: Über Anfänge in der Geschichte, in: Bleicken 1993, 9–28.

Timpe 2004 Dieter Timpe: Der Mythos vom Mittelmeerraum. Über die Grenzen der Alten Welt, in: Chiron 34 (2004), 3–23.

Ulf 1990 Christoph Ulf: Die homerische Gesellschaft. Materialien zur analytischen Beschreibung und historischen Lokalisierung, München 1990.

Ulf 1996 Christoph Ulf: Griechische Ethnogenese versus Wanderungen von Stämmen und Stammstaaten, in: Christoph Ulf (Hrsg.): Wege zur Genese griechischer Identität. Die Bedeutung der Früharchaischen Zeit, Berlin 1996, 240–280.

Ulf 2003 Christoph Ulf (Hrsg.): Der neue Streit um Troia. Eine Bilanz, München.

Ulf 2014 Christoph Ulf: Eine Typologie von kulturellen Kontaktzonen („Fernverhältnisse" – Middle Grounds – Dichte Kontaktzonen) oder: Rethinking Cultural Contacts auf dem Prüfstand, in: Rollinger/Schnegg 2014, 469–504.

Ulf 2015 Christoph Ulf: Art. Gesellschaft und Herrschaft, in: Wittke 2015, 853–888.

Ulf 2016 Christoph Ulf: Homers Publikum, in: Philia 2 (2016), 1–19.

Ulf/Rollinger 2011 Christopf Ulf/Robert Rollinger (Hrsg.): Lag Troia in Kilikien? Der aktuelle Streit um Homers Ilias, Darmstadt, 2011.

Van de Mieroop 2004 A History of the Ancient Near East ca. 3000–323BC, Malden/Oxford, 2011.

Van Wees 1992 Hans van Wees: Status-Warriors. War, Violence and Society in Homer and History, Amsterdam, 1992.
Van Wees 2013 Hans van Wees: The Economy, in: Raaflaub/van Wees 2013, 444 –467.
Vernant 1987 Jean-Pierre Vernant: Mythos und Gesellschaft im alten Griechenland, Frankfurt am Main, 1987.
Von Reden 2015 Sitta von Reden: Art. Wirtschaft und Austausch, in: Wittke 2015, 971–1011.
Wagner-Hasel 1988 Beate Wagner-Hasel: Geschlecht und Gabe. Zum Brautgütersystem bei Homer, in: Zeitschrift für Rechtsgeschichte. Rom. Abt. 105, 32–73.
Wagner-Hasel 2000 Beate Wagner-Hasel: Der Stoff der Gaben. Kultur und Politik des Schenkens und Tauschens im archaischen Griechenland, Frankfurt am Main u. a., 2000.
Walter 1993 Uwe Walter: An der Polis teilhaben. Bürgerstaat und Zugehörigkeit im archaischen Griechenland, Stuttgart, 1993.
Walter 1998a Uwe Walter: Das Wesen im Anfang suchen: Die archaische Zeit Griechenlands in neuer Perspektive, in: Gymnasium 105, (1958), 537–552.
Walter 1998b Uwe Walter: Der Begriff des Staates in der griechischen und römischen Geschichte, in: Theodora Hantos/Gustav Adolf Lehmann (Hrsg.): Althistorisches Kolloquium aus Anlass des 70. Geburtstages von Jochen Bleicken, Stuttgart, 1998, 9–27.
Walter 2006 Uwe Walter: Die Rache der Priamos-Enkel? Troia und Rom, in: Zimmermann 2006, 89–103.
Walter 2013 Uwe Walter: Die Archaische Zeit – noch immer eine Epoche der griechischen Geschichte? in: das Altertum 58, (2013) 99–113.
Weber 2007 Gregor Weber: Kulturgeschichte als Problem, in: Gregor Weber (Hrsg.): Kulturgeschichte des Hellenismus, Stuttgart, 2007, 7–12.
Weber 2011 Gregor Weber: Der Troianische Krieg: Historische Realität oder poetische Fiktion, in: Rengakos/Zimmermann 2011, 228–256.
Welwei 1992 Karl-Wilhem Welwei: Athen. Vom neolithischen Siedlungsplatz zur archaischen Großpolis, Darmstadt, 1992.
Welwei 1998 Karl-Wilhelm Welwei: Die griechische Polis. Verfassung und Gesellschaft in archaischer und klassischer Zeit, Stuttgart, 1998.
Welwei 2011a Karl-Wilhelm Welwei: Das Problem der Ethnogenese im alten Griechenland, in: Balcania 42, (2011) 7–23.
Welwei 2011b Karl-Wilhelm Welwei: Griechische Geschichte. Von den Anfängen bis zum Beginn des Hellenismus, Paderborn, 2011.
West 1966 Martin L. West: Hesiod, Theogony, Oxford 1966.
West 1999 Martin L. West: The Invention of Homer, in: Classical Quarterly 49, (1999) 364–382.
West 2001 Martin L. West: Studies in the Text and Transmission of the Iliad, München/Leipzig, 2001.
West 2011 Martin L. West: The Making of the Iliad. Disquisition and Analytical Commentary, Oxford, 2011.
Whitley 1991 James Whitley: Style and Society in Dark Age Greece, Cambridge, 1991.

Whitley 2001 James Whitley: The Archaeology of Ancient Greece, Cambridge, 2001.
Whitley 2013 James Whitley: Homer's Entangled Objects, in: Cambridge Archaeological Journal 23 (2013), 395–416.
Wickert-Michnat 1982 Giesela Wickert-Micknat: Die Frau. Archaeologia Homerica III R, Göttingen 1982.
Wickert-Micknat 1983 Gisela Wickert-Micknat: Unfreiheit im Zeitalter der homerischen Epen, Wiesbaden 1983.
Wickert-Micknat 1986 Unfreiheit in der frühgriechischen Gesellschaft. Schwierigkeiten bei der Beschreibung des Phänomens, in: Historia 35 (1986), 129–146.
Wickert-Micknat 1991 Giesela Wickert-Micknat: Frauen im archaischen und klassischen Griechenland, in: Gymnasium 98 (1991), 343–351.
Willcock 1997 Malcolm M. Willcock: Neoanalysis, in: Morris/Powell 1997, 174–189.
Wittke 2015 Anne-Maria Wittke (Hrsg.): Früqhgeschichte der Mittelmeerkulturen, Der Neune Pauly Supplemente 10, Stuttgart 2015.
Wolf 2009 Armin Wolf: Homers Reise. Auf den Spuren des Odysseus, Köln 2009.
Zimmermann 2006 Martin Zimmermann (Hrsg.): Troia und der Troia-Mythos. Geschichte und Mythos einer ewigen Stadt, München 2006.
Zimmermann 2009 Martin Zimmermann: Stadtbilder im Hellenismus – die hellenistische Polis in neuer Perspektive, in: Albrecht Matthaei/Martin Zimmermann (Hrsg.): Stadtbilder im Hellenismus, Berlin 2009, 9–20.
Zimmermann 2011 Bernhard Zimmermann: Homer in der griechischen Literatur der Antike, in: Rengakos/Zimmermann 2011, 293–307.

Abbildungsverzeichnis

Abb. 1: Wilhelm Dörpfeld und Heinrich Schliemann am Löwentor von Mykene, 1884–1885 (Fotografie; akg-images / Archive Photos).
Abb. 2: Kopf des Homer, Epimenides-Typus. (Römische Kopie eines griechischen Originals des 5. Jahrhunderts v. Chr. München, Glyptothek, Foto: Bibi Saint-Pol).
Abb. 3: Der „Nestorbecher" aus Ischia.
Abb. 4: Halsamphora mit Blendung des Polyphem (akg-images / De Agostini / G. Dagli Orti).
Abb. 5: Der Mittelmeerraum 750-550 v. Chr.: Griechen, Phöniker und Karthager (Karte, aus: Wolfgang Schuller, Griechische Geschichte, 6.A. München, 2008, 274).
Abb. 6: Rhodischer Teller aus Knidos (akg-images / IAM).
Abb. 7: Fragment einer phönikischen Silberschale (aus: J. L. Myres: The Amathus Bowl: A Long-Lost Masterpiece of Oriental Engraving, in: The Journal of Hellenic Studies, Vol. 53, Part 1 (1933), 26.
Abb. 8: Inschriftenblöcke in Dreros/Kreta (aus: Gunnar Seelentag, Regeln für den Kosmos. Prominenzrollen und Institutionen im archaischen Kreta, in: Chiron 39 (2009), 66.)
Abb. 9: Sog. Frau von Auxerre (Louvre, Ma 3098; Foto: Jastrow; CC BY 2.5).
Abb. 10: Zeus und Adler (akg / Bildarchiv Steffens).
Abb. 11: Schild Sarduris II. (Foto: Evgeny Genkin; CC BY-SA 3.0).

Ortsregister

Ägäis 43
Ägypten 10, 13, 16, 59, 76, 97, 99,
　144, 170, 188
Al-Mina 62, 72, 73
Argolis 41, 44
Argos 44, 47, 101, 159
Arkadien 44
Armenien 170
Assyrien 59, 61, 62, 97, 144, 177
Astyocheia 48
Athen 4, 6, 21, 41, 44, 47, 98, 101,
　143, 181, 182, 183, 191
– Agora 101
– Akropolis 101, 138
Ätolien 44
Attika 41, 42, 51, 142
Aulis 37, 44
Auxerre 138
Babylon 154
Boghazköy 12
Böotien 44
Cadiz 62
Chios 20
Delphi 6, 98
Dreros 124, 125, 126, 128
Eleusis 51
Elis 44
Eretria 74
Euböa 14, 44, 47, 72
Fontainebleau 197
Gortyn 138, 143
Hellespont 35, 36, 37, 39
Ida-Gebirge 2, 186
Ischia 27, 63
Italien 62
Ithaka 53, 82, 84, 101, 117, 118, 119,
　131, 133
Izmir/Smyrna 20
Jerusalem 38
Knidos 67
Knossos 2, 11
Korinth 101
Kreta 2, 44, 124, 138, 204
Lakedaimon 44

Lefkandi 14, 62, 72, 73, 74, 76
Levante 12, 59
Likymnios 48
Lokris 44, 47
Megara Hyblea 102
Memphis 188
Mesopotamien 154, 170
Messenien 41
Milet 42
Mykene 3, 5, 9, 10, 11, 12, 13, 44, 47,
　159, 191, 203, 204
Naher Osten 169
Nimrud 177
Ninive 177
Olymp 95
Olympia 6, 98
Orchomenos 44
Paris 197
Phokis 44
Phönizien 59, 60, 61, 62, 85, 100,
　177
Pylos 11, 204
Qatna 10
Rhodos 27, 43, 44, 67
Rom 189
Salamis 75
Samos 98, 101
– Hera-Tempel 176
Sardinien 62
Scheria 71, 75
Sidon 59, 105, 176
Sizilien 62
Smyrna 48, 102
Spanien 62
Sparta 151, 191
Syrien 10
Taphische Inseln 60
Tartessos 62
Theben 6, 24, 186
Tiryns 11, 43, 44, 47, 128, 204
Troia 5, 6, 9, 24, 25, 27, 28, 33, 36,
　37, 38, 39, 100, 159, 162, 163,
　164, 183, 190, 199, 203
Ugarit 10, 12

Urartu 167, 169, 176
Vorderasien 16, 76, 85, 169

Zypern 75, 169

Personenregister

Achill 31, 36, 39, 40, 41, 70, 71, 95, 104, 110, 111, 112, 113, 116, 117, 163, 164, 173, 175, 178, 181, 182, 184, 185
Adrast 207
Agamemnon 5, 11, 35, 36, 47, 53, 111, 112, 113, 114, 115, 116, 117, 130, 160, 168, 169, 184
Aglaia 153
Aias 47, 110
Aigisthos 36
Aineias 162, 163, 164, 190
Alexander der Große 4, 37, 185
Alkinoos 31, 32, 75, 77, 88, 174
Anchises 163, 164
Andromache 104
Antenor 109, 131
Antilochos 35, 116
Antinoos 119, 133
Aphrodite 25, 27, 153, 163
Apollon 68, 112, 162, 163, 164
Ares 96, 99, 153
Aristarchos von Samothrake 196, 200
Aristoteles 148, 183, 185
Artemis 153
Assarakos 164
Astyanax 104
Athene 21, 25, 35, 47, 51, 59, 82, 84, 96, 99, 113, 134, 135, 138, 139, 153, 159, 160
Atreus 113
Atropos 153
Augustus 190
Boeckh, August 196
Briseis 111
Charmides 181
Chryses 112
Cicero 189
Curtius, Ernst 9

Dacier, Anne 198
d'Ansse de Villoison, Jean-Baptiste Gaspard 196
Dardanos 163
Darius Phrygius 190
Demeter 91, 153
Demodokos 20, 29, 31, 32, 33, 41, 71
Dike 107, 153
Diktys Cretensis 190
Diomedes 47, 85
Dolios 134
Dörpfeld, Wilhelm 203, 204
Eëtion 178
Eichhorn, Johann Gottfried 200
Eileithyia 153
Eirene 153
Elephenor 47
Epimetheus 89
Erechtheus 47
Erichthonios 164
Eris 96, 99
Eumaios 59, 60, 81, 82, 84, 86, 87, 105
Euneos 178
Eunomia 153
Eupeithes 132, 135
Euphorbos 68
Euphrosyne 153
Euryalos 47, 78, 116
Eurymachos 119, 120, 132
Eurynome 153
Eurystheus 9
Fränkel, Hermann 205
Gaia 154
Glaukos 85
Hades 153
Halitherses 119, 120, 132, 133
Hebe 153
Heeren, Arnold Ludwig 199

Hekabe 104
Hekamede 175
Hektor 68, 69, 70, 104, 162, 174, 182, 185
Helbig, Wolfgang 201
Helena 25, 35, 36, 59, 71, 104, 109, 131, 188, 189
Hephaistos 35, 95, 113, 139, 153, 176
Hera 25, 113, 153, 159
Herakles 9, 24
Hermes 113
Herodot 6, 155, 183, 187, 188, 189
Hesiod 29, 88, 89, 90, 111, 115, 125, 129, 130, 141, 146, 154, 156, 157, 183, 184, 207
Heuss, Alfred 17, 205, 206
Heyne, Christian Gottlob 196, 198, 199
Hiketaon 164
Hipparchos 21, 183
Homer 4, 5, 16, 20, 33, 125, 129, 130, 141, 146, 183, 184, 187, 189, 191, 192, 196, 197, 206
Husserl, Edmund 17
Hyperenor 68
Idomeneus 112
Ilos 39
Ion 185
Iulier (Geschlecht) 190
Jesaia 38
Kapys 164
Ker 96, 99
Kinyras 169
Kleinias 1, 2
Kleisthenes 207
Klotho 153
Klytaimnestra 36
Klytios 164
Kritias 181
Kroisos 169
Kronos 154
Kydoimos 96, 99
Lachesis 153
Laertes 82, 87, 88, 132, 134, 135, 145
Lampos 164
Laodamas 77
Laomedon 162, 164

Latte, Kurt 205
Leokritos 119, 121
Leonzio Pilato 197
Leto 153
Lord, Albert B. 202
Lykaon 178
Marduk 154
Medici, Lorenzo de' 197
Medon 132, 133
Medusa 51
Megillos 1
Melesige 20
Memnon 24
Menelaos 25, 27, 32, 35, 36, 53, 59, 68, 109, 131, 159, 175, 188
Menestheus 47
Mentor 119, 121
Merenptah 13
Metis 155
Mnemosyne 153
Muchau, Hermann 203
Müller, Karl Otfried 9, 201
Myrine 39
Nausikaa 147
Nestor 27, 47, 53, 71, 110, 114, 115, 160, 175, 178
Niebuhr, Bartold Georg 200
Noah 24, 53
Odysseus 29, 30, 31, 32, 33, 52, 53, 54, 55, 56, 59, 60, 63, 77, 78, 81, 83, 84, 86, 109, 110, 113, 114, 115, 116, 117, 118, 126, 131, 132, 133, 134, 135, 144, 147, 160, 179, 184
Ossa 133
Ovid 190
Pandaros 35, 159
Pandora 89, 139, 140
Paris 25, 59, 131, 159
Parry, Milman 21, 202
Patroklos 35, 68, 75, 77, 104, 116, 173, 175, 178, 182
Peleus 25
Pelops 113
Penelope 30, 83, 84, 117, 118, 119, 179
Perrault, Charles 197

Persephone 153
Perses 29, 90, 91
Perseus 51
Petrarca, Francesco 197
Phemios 30
Phoinix 71
Pindar 9
Platon 2, 114, 181, 182, 183, 185
Polyphem 52, 54, 55, 56, 85, 174
Poseidon 162, 163, 164
Priamos 109, 164
Prometheus 89, 140, 141, 156, 157
Protesilaos 37, 39
Proteus 188
Ramses III. 13
Rhea 154
Sarduri II. 167
Sargon II. 176
Schadewaldt, Wolfgang 16, 202
Schliemann, Heinrich 5, 203
Snell, Bruno 205
Sokrates 181, 182, 183, 184
Solon 143
Stesichoros 188
Sthenelos 47

Telemachos 30, 83, 84, 106, 118, 119, 120, 132, 134
Thalia 153
Themis 153
Thersites 115, 130
Thetis 25, 36, 163, 173, 182
Thoas 178
Thukydides 6, 155, 183, 187, 191, 207
Tithonos 164
Tlepolemos 43, 48
Tros 164
Uranos 154
Vergil 190
Voss, Johann Heinrich 198
Wolf, Friedrich August 8, 195, 196, 199, 200, 201, 203, 204
Wood, Robert 199
Xenophon 146
Xerxes 36
Zenodot 200
Zeus 20, 29, 55, 89, 90, 106, 120, 134, 135, 139, 140, 141, 151, 153, 154, 156, 158, 159, 160, 162, 163, 164, 173, 184, 186, 189

Sachregister

Abenteuer, Abenteurer 15, 59, 127
Abstammung vgl. Genealogie
Agora, Marktplatz, Versammlungsplatz 71, 101, 102, 103, 105, 106, 124, 125, 126, 130, 145
Agrarwirtschaft, Landwirtschaft, Subsistenzwirtschaft 84, 86, 101, 141, 142, 145
Ägyptische Königsliste 7
Aitiologie, aitologische Sagen 28, 156
Aktualität 30, 33
Alltag 82, 90, 129, 170, 171, 173, 176
Alphabet, vgl. Schrift 16, 124

Alte, die Ältesten, Alter Mann 20, 104, 112, 128, 130, 131, 145, 146
Altertumsforschung 9, 126, 196, 198, 204
Altes Testament 24, 53, 201
Amt 124, 127, 128, 132
Anfang 4, 16, 17, 205
Arbeit 29, 74, 82, 83, 85, 87, 88, 89, 90, 140, 141, 145, 146
Archaische Zeit 4, 5, 14, 17, 203, 204, 205
Archäologie 142, 188, 191, 201
Archäologische Chronologie 13
Archäologische Quelle 125, 170, 174, 204

Sachregister — 229

Archäologischer Befund 9, 15, 16, 71, 88, 101, 127, 128, 201, 203, 204
Aristokratie 14, 70, 111, 130
Armut 88, 90
Athlet, athletischer Wettkampf 6, 52, 53, 56, 77
Ausgrabung 5, 9, 141, 171, 204
Authentizität, Aktualität, Zeitgenossenschaft 30, 31, 32, 104
Autorität 106, 111, 113, 114
Barbaren/Fremde/Wilde/Andere 55, 56, 57, 146
Bauer 88, 89, 100, 102, 141, 142, 143, 144, 146
Bauernregeln 90
Besitz 62, 83, 86, 87, 89, 118, 131, 142, 145, 161
Bevölkerung, -entwicklung, -zahlen, -wachstum 16, 41, 43, 101, 102, 103, 104, 142
Bibel, vgl. AT 24, 38, 200, 203
Bild, Bildkunst 25, 33, 69, 86, 99, 103, 155, 172, 173, 198, 206
Biographie 20, 29, 90
Brauchtum 206
Bürger 90, 105, 126, 143, 144, 146, 185
Demokratie 4, 181
Demos vgl. Volk, Gemeinschaft 102, 126, 127, 143
Dorf 89, 101, 103
Dunkle Jahrhunderte 13, 23, 24, 71, 170, 204
Edle, vgl. Aristokratie 83
Ehe, Eherecht, Hochzeit 83, 89, 140, 142, 146
Ehre, Ehrgefühl, Ehrgeschenk vgl. Gaben 68, 104, 112, 113, 116, 129, 131, 147, 169, 175
Eid 126
Eigenart 205
Elfenbein 59, 62, 169, 177
Elite 62, 69, 71, 72, 76, 77, 82, 88, 90, 117, 125, 126, 129, 141, 142, 143, 177
Epischer Kyklos 24

Epoche 205
Epos 190, 198
Erbschaft 142
Erinnerung 26, 172, 176, 206
Erinnerungsort 190
Eudaimonia/gutes Leben 147
Familie, Sippe, Verwandtschaft 2, 72, 74, 75, 76, 83, 127, 140, 143
Feste 29, 44, 77, 83, 88, 145, 174
Festmahl, Mahlzeit, Gastmahl, Gelage 31, 32, 56, 59, 77, 83, 88, 174, 175
Formel, epische, Formelsprache 21, 22, 23, 70, 175
Frau, Ehefrau 72, 73, 83, 85, 86, 89, 104, 118, 119, 138, 140, 141, 145, 146, 176
Freie Männer 143
Fremde 54, 145
Frieden 82, 99, 116, 117, 143, 159, 161
Frühgeschichte 201, 203
Frühzeit/Vorzeit 4, 5, 7, 198, 205
Gaben, Preise/Kampfpreise, Ehrengaben, Weihgaben 57, 62, 83, 85, 90, 176
Gastfreundschaft, Gastgeschenk 55, 56, 61, 62, 76, 174, 176
Gemeinde 126, 127
Gemeinschaft 37, 71, 73, 74, 84, 101, 102, 103, 113, 116, 117, 127, 128, 136
Gemeinsinn, vgl. Gemeinschaft, demos, Volk 103
Gemeinwesen 128
Genealogie 39, 162, 187, 190, 191
Genealogischer Mythos 53
Gerechtigkeit 89, 116, 126
Gericht 130
Gesandtschaft 110
Geschichte, vgl. Historiker 161, 201, 205
Geschichtsschreibung des 19. Jahrhunderts 8
Gesellschaft 191
Gesetz, Gesetzgebung 2, 33, 55, 100, 126, 128, 142, 143
Gewand 86, 173

Sachregister

Götter, Göttersagen, -geschichten 4, 15, 21, 29, 38, 40, 41, 71, 114, 119, 140, 154, 155, 156, 157, 158, 159, 162, 181, 184, 189
Grab, Gräber, Begräbnis/Bestattung, -zeremonie 51, 72, 73, 74, 75, 77, 142, 172, 174
Grabmal, Denkmal, Grabhügel (Tumulus), Grabbauten, Grabgefäß 36, 39, 40, 41, 45, 51, 53, 73, 75, 143
Griechische Geschichte 5
Griechisches Alphabet 26
Griechische Sprache 5, 11, 14
Gründer 53
Gründung, Gründungsmythen/sagen, Gründungsdatum 2, 25, 28, 43, 102
Handel, Händler, Kaufleute, Handelsverbindungen 59, 61, 62, 63, 72, 73, 76, 85, 100, 101, 102, 144
Handwerk 59, 72, 100, 102, 145, 185
Haus/oikos, Haushalt, Haushaltung/oikonomia, Hausrecht 81, 82, 83, 84, 85, 86, 87, 88, 89, 106, 119, 140, 141, 142, 143, 144, 145, 146, 147, 174
Heiligtum, Tempel, Kult 6, 38, 100, 101, 124, 125, 145, 151, 176
Heimkehr, der Helden, des Odysseus 25, 30, 53
Heimkehrergeschichten 30, 54
Heldenbiographie 71
Heldenepik 41
Helden/Heroen, Heroenbegriff 4, 7, 15, 23, 33, 40, 41, 44, 45, 53, 70, 71, 110, 116, 156, 158, 159, 162, 168, 182, 185, 186, 191
Heldensagen, -geschichten, -lieder, -epik 6, 7, 16, 20, 21, 22, 71, 87, 129, 141
Hellenistische Zeit 4
Hellenistische Zeit/Hellenismus 6
Heroengeschlecht 24, 25
Heroenkult, Heroengrab 40, 41, 42, 44, 45, 75
Heroische Zeit, Heroische Epoche, Heldenzeit, Heroisches Zeitalter 5, 6, 9, 17, 36, 39, 41, 45, 53, 162, 173, 189
Herrschaft 82, 83, 84, 117, 154
Herrschaftsanspruch 114, 118
Hirten 16, 87
Historie 187, 189
Historiker 171, 186
Historiker Antike 8, 155
Historiographie, Geschichtsschreibung 6, 185
Hochzeit 138, 139
Homer-Biographie 20
Homeredition 197
Homerforschung 21, 169, 200
Homerisches Epos 40, 182, 183, 191
Homerische Zeit 4, 9, 33, 141, 162, 170
Homerkritik 183, 187, 190, 196
Homerwissenschaft 4, 8, 199, 201
Identifikation 161, 163
Identität, Selbstfindung, Gemeinschaftsbewusstsein 6, 37, 39, 43, 45, 57, 63, 102, 186, 205
Iliasdichter 20, 37, 99, 115
Intentionale Geschichte 7, 187
Irrfahrten, d. Odysseus, Reiseerzählung 30, 32, 54, 57, 115
Kalender Ägyptens und Mesopotamiens 13
Kampf, Zweikampf, Duell 68, 69, 70
Kinder 51, 104, 145, 146
Klassische Zeit 3, 4
Klugheit, Vernunft 84, 111, 155, 160, 161
Knecht, Tagelöhner, Gesinde 87, 89, 146
Kolonisation 56, 57, 63
Kommunikation 129, 206
Konflikt 128
König/Basileus 70, 74, 90, 111, 117, 118, 119, 126, 130, 132, 174, 190
Konsens 111, 115
Kredit, Schulden 74

Krieger, Krieg, Kriegerritual,
    Kriegerethik/moral, Kriegeradel
    15, 33, 69, 70, 71, 73, 74, 76,
    77, 99, 110, 128, 159, 160, 161,
    185, 188
Kritik 130, 131
Kultort 158
Kunsthandwerk/Kleinkunst, vgl.
    Orientalia 175
Kyklopen 55
Land 105
Landbesitz 76, 84, 87
Landbevölkerung 105
Landeserkundung 3
Landeskunde 9, 199
Lebenswelt 17, 171, 172, 205
Lokalität 42, 45, 102, 144, 199
Luxus 177
Macht 74, 75, 76, 83, 105, 112, 127,
    128, 177
Mahlzeit 23, 118
Mann, Hausherr, Vater 83, 86, 141,
    145, 146
Märchen vgl. Volkspoesie 55, 84,
    117, 156
Mauer 101, 102
Metall 169, 176, 177
Metallgefäß 59
Methode 171
Migration 13
Mobilität 43
Monarchie 114
Motiv 24, 202
Motivforschung 22, 23
Mündliche Dichtung 15, 173
Mündliche Dichtung, mündliche
    Tradition, etc. 22, 141, 196, 200,
    201, 202, 206
Mündliche Tradition 16, 21
Mykenische Kultur 12
Mykenisches Griechenland 10
Mykenisches Griechisch 11
Mykenische Zeit 5, 11, 14, 44, 204
Mythenchronologie 201
Mythen, Sagen, Heldensagen,
    Mythologie 9, 15, 29, 37, 43, 44,
    89, 113, 131, 140, 147, 155, 157,
    158, 161, 173, 182, 184, 187, 188,
    189, 198, 199, 201, 204, 206
Nachbar, Nachbarschaft 89, 90, 146
Nation, Nationale Erinnerung 8, 11,
    204
Neoanalyse 22, 202
Nestorbecher 27, 40, 175
Odysseedichter 20, 30
Opfer 40, 156, 157, 174
Opfer- und Mahlzeitszene 23
Oral Poetry-Theorie, Oral Poetry-
    Forschung 21, 22, 24, 202
Ordnung/kosmos 82, 86, 117, 125,
    128, 146, 147, 154, 158, 186
Orientalia, orientalisierend,
    orientalisch 62, 67, 73, 99, 177
Original 198, 199, 205
Palastorganisation 13
Palastwirtschaft 11
Peisistratidische Redaktion 20
Peloponnesischer Krieg 6, 189, 191,
    192
Periodisierung 4, 161
Perserkriege 6, 39, 101
Personenstand, Segregation 87, 140,
    146
Pirat vgl. Raub, Räuber, Seeräuber
    101
Polis/Stadt 42, 105, 118, 126, 127,
    128, 129, 130, 143, 144, 146
Politisch, das Politische 105, 115, 117,
    126, 127, 145, 146, 170, 191
Publikum 30, 31, 34, 71, 129, 173
Ratgeber, Rat 110, 174
Raub, Räuber, Seeräuber 59, 60, 61,
    62, 76, 82, 87, 144
Recht, Gerechtigkeit, Rechtssatzung
    82, 83, 90, 99, 106, 111, 115, 118,
    124, 127, 128, 130, 206
Rechtsstreit 106
Rede 115, 117, 119, 132
Redetechnik 116
Redner 106, 112, 114, 118, 119, 131
Rednergabe 111
Regionen, Regionalität /lokal 6, 15,
    24, 72

Reichtum/Wohlstand/Vermögen,
  Reiche vgl. auch Besitz 72, 73,
  75, 76, 83, 84, 85, 86, 88, 90,
  118, 143, 144
Reiseerzählung 53
Religion 147, 158
Relikt, Reliktkult vg. Heroenkult 16,
  40, 44, 45, 198
Repräsentation 59
Rhetorik, Kriegerrhetorik,
  Rednergabe,
  Versammlungsrhetorik 76, 114,
  185
Ritual 68, 69
Romantik 8, 204
Ruhm, Heldenruhm, Selbstlob 70
Sage 4, 5, 6, 8, 28
Sänger, Sängervortrag, Blinder
  Sänger, Rhapsode 15, 20, 21,
  22, 28, 29, 30, 32, 34, 77, 115,
  129, 174, 183, 185
Sängertradition 22
Satzung 112, 115, 161
Schiffskatalog 37, 41, 42, 43
Schöpfungsmythen,
  Götterentstehung/Theogonie
  24, 28, 29, 154, 157
Schrift, schriftliche Quellen,
  Schreiber, Schriftkultur, Inschrift
  2, 4, 10, 13, 17, 20, 21, 26, 28,
  33, 71, 100, 125, 126, 128, 129,
  170, 183, 196, 204, 205, 206
Seevölker 13
Siedlung 15, 16, 88
Sklave 60, 82, 87, 104, 145, 146
Sprache 6
Staatsphilosophie 185
Staat, staatlich, vorstaatlich 41, 103,
  105, 126, 127, 128, 129, 145
Stadt 6, 33, 34, 38, 53, 57, 100, 102,
  104, 105, 124, 125, 130, 131,
  143, 161
Stadtmauern/Stadtbelagerung 38,
  99, 101, 103
Stadtplanung 102
Stadtstaat 100
Stamm 144

Status 62, 111, 129, 174
Statuskonflikt 75, 77, 116
Streit 99, 117, 118
Technik, Können 86, 177, 185
Textilien, Gewänder 59, 85, 146, 175,
  176
Trinkbecher, Weinbecher,
  Trinkgeschirr, Trinkschale 23,
  27, 52, 53, 77, 174
Troia-Sage/Mythos, Troia-Zyklus,
  Troia-Epos, Troia-Tradition,
  Troianischer Krieg 5, 6, 7, 24,
  25, 26, 27, 29, 30, 38, 40, 43,
  44, 175, 188, 190
Tugenden/Heldentugenden 75, 84,
  110, 116
Typische Szenen 22
Übersetzung 197
Übertreibungsrhetorik 177
Umbruch 205
Verfassung 2, 126
Vergangenheit,
  Vergangenheitsbewusstsein
  17, 37
Verschriftlichung 28, 41
Verwandtschaftsbeziehung 87, 144
Völkerwanderung 12
Volk/Nation 37, 99, 106, 117, 119,
  125, 130, 131, 132, 204
Volkspoesie, volkstümliche
  Erzählformen, Märchen,
  Legenden 8, 15, 23, 198, 202,
  204
Volksversammlung,
  Heeresversammlung,
  Versammlung 106, 110, 111, 112,
  113, 115, 118, 126, 128, 130, 131,
  132, 143, 145
Vorgeschichte 2, 203
Vorstaatliche Strukturen 14
Waffe 23, 67, 68, 69, 70, 72, 73, 168,
  176
Wanderung/Migration/
  Einwanderung/
  Völkerwanderung,
  Wanderungssagen 42, 43
Ware 57, 59, 62

Wein 27, 55, 56, 173, 175
Weisheitslehre 29
Weisheitsliteratur 129, 141
Wert 59, 62, 84, 85, 172, 177
Wettbewerb 29, 69
Wettkampf 75, 77, 85, 90, 110, 125
Wissen, Wissenschaft 54, 114, 128, 129, 172, 183, 184, 185, 187, 188, 189

Zeitgenosse 29, 30
Zepter 112, 113, 114, 126, 169
Zeremonie 23, 112, 114, 168, 172, 174
Zuhörer 30, 34, 119
Zuhörer-Gesellschaft 202
Zukunft 159, 161, 162
Zukunftsdeutung, Mantik, Traumdeutung 160

Glossar

Agon(es): Wettkämpfe, sportliche und musische, waren Teile öffentlicher Feste, für deren Sieger Preise ausgelobt wurden. Wettbewerb im allgemeinen Sinn förderte nach griechischer Auffassung die Künste und das soziale Leben: Im Kampf um den gerechten Spruch vor Gericht, im Konkurrenzkampf der Nachbarn sollte jeder sich bewähren. Man spricht von einem „agonalen Prinzip" als Grundlage der griechischen Kultur; vgl. Athletik (Kap. 5, 6, 9).

Agora: Versammlungsplatz, Gerichtsplatz, später auch Marktplatz; davon abgeleitet: *agoreuein*, öffentliches Reden, vgl. Rhetorik. Der zentrale Platz einer Stadt, wurde schon früh durch Grenzsteine als besonderer Ort markiert, ab dem 6. Jahrhundert mit Bauten für die verschiedenen Funktionen des Ortes ausgestattet. Am bekanntesten ist heute die Agora von Athen (Kap. 7).

Agrargesellschaft: Die griechische Gesellschaft war eine Bauerngesellschaft, das Vermögen der einzelnen Haushalte beruhte auf Land- und Viehbesitz. Der beträchtliche Vermögensunterschied bestimmte die soziale Schichtung der Reichen (Elite), der Bauern, die Subsistenzwirtschaft betreiben, deren Besitz sie also für ein Jahr versorgen konnte, und der Armen, die sich als Tagelöhner bzw. Knechte verdingten. Die mittleren Bauern machten das Gros der Bürgerschaft der Poleis aus und bildeten das Heer der Fußsoldaten, vgl. Hopliten. (Kap. 6, 10).

Alphabet: Mitte des 2. Jahrtausends im Bereich der sog. westsemitischen Sprachen mit etwa 25 Lautzeichen in der heute gültigen Buchstabenfolge, einem Bild unterstützten Lernvers, erfunden: Alef (Ochs), Beth (Haus), Gimel (Kamel) und Daltu (Tür) usw. Ab dem 10. Jahrhundert als Schrift für die phönikisch-kanaanäische, hebräische und aramäische Sprache gebräuchlich. Dieses Alphabet wurde an die lautlichen Eigenschaften unterschiedlicher Sprachen durch Umdeutung der stummen bzw. vokalähnlichen Laute der semitischen Sprachen angepasst. Einzelne Buchstaben waren den Griechen seit dem 10. Jh. v.Chr. bekannt; die Anpassung des gesamten Alphabets erfolgte wohl um 750, erste griech. Alphabetinschriften um 730 (Kap. 1, 2).

Archaik, archaisieren: Von *arché* „Anfang" abgeleitet; die Anfangszeit der griechischen Kultur, in der Kunst- und Literaturgeschichte die Zeit von etwa 730 bis 480 (von „Homer" bis zu den „Perserkriegen"), die sich durch den archaischen Stil der betreffenden Werke bestimmen lässt. Die Frage nach den Anfängen der griechischen Kultur lässt sich auf einen noch größeren Zeitraum, etwa bis in die Dunkeln Jahrhunderte oder die Mykenische Zeit ausdehnen. „Archaisieren" nennt man eine Ausdrucksweise, die bewusst versucht, die Eigentümlichkeiten einer älteren Zeit nachzuahmen, so wie die homerischen Dichter versuchten, der Zeit der Heroen die Züge des Altertümlichen zu geben. (Kap. 1, 2).

Archäologie: Griech. *archaiologia*, „Kunde vom Anfänglichen". Seit Mitte des 19. Jahrhunderts das Teilgebiet der Altertumskunde, das sich speziell mit der Aufdeckung der gegenständlichen Überlieferung, den sogenannten materiellen Kulturen, der Alten Welt befasst und entsprechende wissenschaftliche Methoden dafür entwickelt hat (Kap. 12, 14).

Aristokratie: Griech. *aristokratia*, „Herrschaft der Besten, Tüchtigsten, Edelsten"; ein Begriff, der aus dem griechischen Verfassungsdenken des 5. Jahrhunderts hervorgegangen ist. Er lässt sich mit der Grundhaltung der homerischen Helden verbinden, deren oberstes Prinzip es war, sich in jeder Situation als der Beste (*aristos*) hervorzutun; vgl. Agon. Der Begriff ist nicht zu verwechseln mit dem für den neuzeitlichen Geburtsadel und seine Gesellschaft verwendeten Aristokratiebegriff (Kap. 5).

Assyrisches Reich: Das Assyrische Reich expandierte in der Zeit vom 9. und bis zum 7. Jahrhundert von seinem Herrschaftszentrum, dem „Land Assur" in Nordmesopotamien, über den ganzen Nahen Osten bis zur Mittelmeerküste und nach Ägypten. Mit den aggressiven Zügen eines militärischen, demographischen und kulturellen Imperialismus bestimmte es die historische Welt der unmittelbar Betroffenen, aber auch mittelbar die periphere Mittelmeerwelt durch die Ausbreitung der wertbesetzten Objekte des phönikischen Handels (Kap. 4, 12).

Athletik: Der sportliche Wettkampf der Griechen gehörte in das Umfeld des Krieges, bzw. des Kriegeradels (s. u.). Wettspiele im Wagenrennen, Boxen, Ringen, Laufen, Speerwerfen, Fechten, Diskuswerfen und Bogenschießen werden in den homerischen Epen erstmals als festliche Zeremonien mit bestimmtem Regelverlauf beschrieben; vgl. Agon (Kap. 5).

Basileus, Basileia: griech. „König, Königtum"; Begriff der frühgriechischen Epen für Inhaber höchster Positionen innerhalb einer Gemeinde bzw. für die Persönlichkeiten, die kraft ihrer Fähigkeiten in der Lage waren, bei Versammlungen den Ton anzugeben und im Streit Frieden zu stiften. Materielle Grundlage ihrer Position war der Reichtum, der die Ausstattung von Festen, Opfern und Mahlzeiten ermöglichte. Später eine Amtsbezeichnung: Der Archon Basileus zählte in Athen zu den neun Archonten (gewählten Amtsträgern) (Kap. 5, 8).

Bildbeschreibung: Die Beschreibung des Achillesschildes im 18. Gesang der Ilias (483–608) gilt als die erste Bildbeschreibung der Literaturgeschichte. Die Beschreibung typischer Bilder des frühgriechischen Lebens gibt Auskunft darüber, wie Bildwahrnehmung verläuft und welche Sinne daran beteiligt sind: Es geht nicht nur darum, was gesehen wird, sondern darum, wie ein Motiv des zeitgenössischen Lebens begrenzt und auf Bildsprache reduziert wird, welche Erinnerungen dadurch angesprochen und welche Emotionen beim Beschauer damit bewusst ausgelöst werden. Aufgrund dieser analytischen Eigenschaft gehört die homerische Beschreibung zu den Dokumenten moderner Bildwissenschaft (Kap. 7).

Demos: Griech. „Volk". Bezeichnet die Gesamtheit der Bewohner eines Stadtgebietes, aber auch die Gemeinde im Gegensatz zu der vornehmen/herrschenden Elite. (Kap. 7, 9).

Dunkle Jahrhunderte/Dark Ages: Eine technische, nicht abwertende Bezeichnung für einen Zeitraum ohne schriftliche Überlieferung, der von

Migrationen geprägt und dessen historische Prozesse ausschließlich durch die Auswertung materieller Hinterlassenschaften aufzuklären sind (Kap. 1, 5).

Epos: Griech. „das Wort"; in der modernen Literaturwissenschaft die längere erzählende Dichtung, die von Göttern und Helden handelt. Dazu gehören das Heldenepos als von „einmaligen Ereignissen" erzählende Dichtung, ebenso Schöpfungsmythen, Götterentstehungslehren, Weisheitserzählungen. Die ältesten Epen stammen aus Mesopotamien und gehen auf das spätere 3. Jahrtausend zurück (Kap. 2).

Gabe: Griech. *doron*, „Gabe, Geschenk, Weihgabe, Gastgeschenk". Der Austausch von Gaben war verbunden mit einem Anspruch und entsprechender Zuteilung an Ehre und gehörte in den Epen zur Anerkennung und Festigung sozialer Beziehungen zwischen den Helden bzw. zwischen Helden und Göttern und unter Fremden. (Kap. 12).

Gastfreundschaft: Griech. *xenia*. Der Fremde (*xenos*) stand wie der Schutzflehende und der Bettler unter dem Schutz des Zeus. Dieses Gastrecht gehörte zu den grundlegenden Zivilisationsprinzipien der frühen Griechen und ihrer Nachbarn, d. h. der Fremde musste sich durch die Kenntnis im Götterkult begründeter allgemeinverbindlicher Rituale als Teil dieser Zivilisation beweisen. Der polytheistische Götterkult war kommunikativ, d. h. die Götter (z. B. Wettergötter) waren in ihren Funktionen oft vergleich- und daher vermittelbar, ebenso allgemein verständliche Handlungen wie Gabentausch, Opfer und Mahlzeit. Gastfreundschaften vererbten sich und konnten Freundschaftsbündnisse unter den Eliten weit entfernter Orte besiegelten (Kap. 4).

Griechen: von lat. *Graeci*. Der Begriff beschreibt die Sicht der Römer auf das Phänomen der Ausbreitung der griechischen Städte in Süditalien und Sizilien. Dementsprechend war Magna Graecia die Bezeichnung für die Gebiete griechischer Besiedlung im Süden Italiens und auf Sizilien (Kap. 4).

Handel: In der Welt der Bauern der frühgriechischen Epen spielten vor allem das Tauschen, Verleihen und Verschulden eine Rolle, unter den Edlen der Tausch kostbarer Gaben. Tausch stellte somit soziale Beziehungen und Abhängigkeiten her. Der professionelle Handel von Gütern nach einem in Metallgewichten bemessenen Wert ging vom Nahen Osten aus und löste in den agrarischen Ökonomien der Mittelmeeranrainer vermutlich tiefgreifende demographische und gesellschaftliche Veränderungen aus. Die Abwertung des Händlers und des Handels für materiellen Gewinn ist typisch ist für agrarische Gesellschaften (Kap. 4, 12).

Haus: Griech. *oikos* bezeichnet das Haus als Mittelpunkt des gesamten Hauswesens, als eine soziale und wirtschaftliche Einheit mit dem Hausherrn und seiner Frau an der Spitze. Die Hauswirtschaft (*oikonomia*) war geprägt durch landwirtschaftliche Arbeit und stellte im Falle der Begüterten eine strukturierte Organisationsform dar, in der Drinnen und Draußen als Bereiche der Frauen und der Männer getrennt waren, Segregation und Arbeitsteilung nach unterschiedlichen Techniken herrschte. Eine solche Haushaltung galt als Ideal und Basis des sozialen Lebens unterhalb der Ebene der Polis (Kap. 6, 10).

Hellenen: *Panhellenes*, „All-Hellenen"; eine Selbstbezeichnung der Griechen, die sich in Homerischer Zeit herauszubilden begann. Der Begriff ist dem historischen Wandel unterworfen und daher von den modernen Abstrakta "Hellenen" bzw. "Griechen" zu unterscheiden; vgl. „Griechen" (Kap. 3, 4).

Heroenkult: Der Heroenkult war ein Grabkult mit Opfern und Beigaben (Votiven). Der Kult hatte keine älteren Vorgänger und verbreitete sich ab dem späten 8. Jahrhundert wohl im Zusammenhang mit der Entwicklung der frühen Poleis. Der Kult ist nicht als Reaktion auf die Heldensage bzw. die homerischen Epen zu verstehen; er galt lokalen halbgöttlichen Wesen und verband die Mitglieder kleinerer Kultgemeinschaften in ihren Anliegen. Kultisch verehrt wurden bald auch Grabmäler einzelner homerischer Helden und Gräber von mythologischen Städtegründern (Kap. 3, 11).

Heros/Heroen: „Helden" waren halbgöttliche Menschen, die einer älteren Zeit der Schöpfungsgeschichte entstammten, in der Götter und Menschen miteinander verkehrten und Kinder zeugten, die göttlich begabt, aber sterblich waren. Die Helden waren ein wesentlicher Teil der griechischen Mythologie, indem sie Menschenschicksal in erhöhter vorbildlicher Form repräsentierten (Kap. 3).

Homerische Frage: Begann mit der Frage, ob *Ilias* und *Odyssee* auf einen Dichter oder auf eine längere Tradition mündlicher Dichtung zurückgehen. Sie bezieht sich auf alle Bereiche der Homerforschung, die Analyse von Aufbau und Struktur der beiden Epen, die Oral-Poetry-Forschung, die Erforschung der mythologischen Motive und die Gegenstandswelten der beiden Epen (Kap. 1, 2, 14).

Hopliten: Schwerbewaffnete Fußsoldaten im Heer der griechischen Städte, gestellt von den Bauern, die so vermögend waren, dass sie sich mit einer Rüstung aus Helm, Panzer, Beinschienen, Schwert, Speer und Rundschild ausstatten konnten. Die aneinander gelegten Rundschilde (Durchmesser 80cm) aus Leder und Bronze schützten die Phalanx der Hopliten. Diese Massenkampfeinheiten werden in der *Ilias* beim Vorrücken der Heere auf dem Schlachtfeld genannt (z. B. 13, 131–133), spielen aber neben den hervorgehobenen Zweikämpfen der Helden eine untergeordnete Rolle.

Kolonisation: Ein von dem modernen Kolonialismus abgeleiteter Begriff, der als „große griechische Kolonisation" üblich, aber irreführend ist, da diese weder von einer zentralen Macht ausging noch kulturpolitisch intendiert war. Der Begriff beschreibt die Ausbreitung phönikischer und später griechischer Handelsniederlassungen im Mittelmeerraum und die darauffolgende Entstehungsphase griechischer Ansiedlungen und Städte in dem nicht von den Phöniken besetzten Raum. Die Städte, Apoikien – von *apoikos*, „an einen anderen Wohnsitz versetzt" – genannt, verstanden sich als Gründungen von Siedlern, die zusammen mit einem Anführer aus einzelnen griechischen Mutterstädten auswanderten. Der Prozess der Besiedlung, die Begegnung und Auseinandersetzung mit den Fremden und die Notwendigkeit der Kommunikation unter den Griechenstädten des östlichen und westlichen Mittelmeergebietes waren Auslöser bei der Herausbildung der überregionalen griechischen Identität; vgl. „Mittelmeerwelt" (Kap. 4).

Kriegeradel: Die griech. Heldensage stellt sich als eine Welt von miteinander konkurrierenden Kriegern dar, mit entsprechenden Ritualen und einer typischen Kriegermoral. In den Szenen dieser Dichtung werden Streit um Ehre, Herausforderung und Rüstung zum Zweikampf, der Kampf um Waffen und um die Leichen der Gefallenen beschrieben. Auf sozialgeschichtlicher Ebene wird dieser Habitus als Statuskonflikt unter den Mitgliedern der zeitgenössischen Elite interpretiert, deren Rangunterschiede so wenig festgelegt waren, dass sie ständiger Bewährung ausgesetzt werden.

Lebenswelt: Der Begriff geht auf die philosophische Erkenntnistheorie E. Husserls zurück. Er ist für die historischen Wissenschaften insofern bedeutsam, als er die vermeintliche Objektivität der menschlichen Welterkenntnis auf die Geschichtlichkeit, Subjektivität und Intersubjektivität menschlicher Erfahrungen und Wahrnehmungen zurücksetzt. Damit ist auch der Gegenstand historischer Forschung, eine „andere" menschliche Welt zu erforschen, nicht mehr vermeintliches Tatsachenerkennen oder Wiedererkennen eigener Auffassungen, sondern Erforschung einer anderen Welt von Sinnzusammenhängen, die aus Tradition und Erinnerungen, Erfahrungen und Vergegenwärtigungen entstanden sind und von Personengruppen einer bestimmten Zeit geteilt werden. Von Nutzen ist das Konzept auch für die Einbeziehung von gegenständlicher Überlieferung in das historische Quellenmaterial, da Sinnzusammenhänge nicht nur durch sprachliche, sondern besonders auch durch gegenständliche Kommunikation als allgemeinverständliches soziales Zeichensystem vergegenwärtigt werden; vgl. Materielle Kultur (Kap. 1, 12).

Mahlzeiten/Gelage: Gehören zu den typischen Szenen der homerischen Epen. Sie lassen sich als festliches gesellschaftliches Zeremoniell deuten, in dem soziale Beziehungen ausgehandelt, Beschlüsse gefasst und verkündet werden. Der festlichen Mahlzeit geht gewöhnlich ein Speise- bzw. Trankopfer voraus, d. h. Schweine und oder Rinder werden geschlachtet und Wein kredenzt. Dieses aufwändige Mahl wird in den homerischen Epen von der gewöhnlichen Mahlzeit unterschieden, für die Fisch als Hauptnahrung galt. Die Heldenmahlzeiten werden als Indikatoren für die sog. „empowering feasts" der Eliten jener Zeit interpretiert, die bei Festveranstaltungen ihren Reichtum und damit ihre soziale Macht in Szene setzten. Gegenständliche Zeichen für die gesellschaftliche Bedeutung der Mahlzeiten sind die ins Monumentale vergrößerten Amphoren und Kratere, die als Grabmäler dienten, sowie das fein bemalte Speise- und Trinkgeschirr aus Keramik der Archaischen Zeit (Kap. 4, 5, 12).

Materielle Kultur: Die gegenständliche Überlieferung einer historischen Zeit stellt nicht nur einen wichtigen Quellenkomplex schriftloser Zeiten dar, sondern ist auch für Zeiten mit dichter schriftlicher Überlieferung von

Bedeutung. Da schriftliche Zeugnisse stets ein Subjekt, einen Sprecher haben und in gewisser Weise subjektiv sind, kann materielle Kultur als Korrektiv eingesetzt werden. Sie kann durch Dokumentation der wirklichen Hinterlassenschaften die Übertreibungen und Phantasien von Autoren richtig stellen. Gegenstände überdauern Zeit und Raum aufgrund ihrer Materialität. Anhand ihrer Bewegungen können Beziehungen (Handel) nachgewiesen werden; als Denkmäler können sie Erinnerungen binden. Ein Ensemble von Gegenständen, etwa in Form von Grabbeigaben, kann deren Bedeutungszusammenhang in der sozialen Welt dokumentieren. Zusammen mit Gegenstandsbedeutungen in schriftlicher Überlieferung weisen die Dinge soziale Kommunikations- und Sinnstrukturen nach (Kap. 5, 6, 12).

Mittelmeerwelt: Die Auffassung des Mittelmeeres als historischer Raum geht auf die französische historische Schule (besonders F. Braudel) zurück und bezog sich zunächst auf Mittelalter und Neuzeit. In der Antike galt das Meer als der Raum der Griechen und Römer, wobei es sich um eine durch die Literatur überlieferte Selbstauffassung handelt. Umgekehrt wird das Konzept in jüngerer Zeit auch für eine neue antike Mittelmeergeschichte gebraucht, die zu den beiden großen Geschichten der antiken Überlieferung die Geschichten aller anderen Mittelmeeranrainer gesellt und das Meer als einen Raum ansieht, der zu Kommunikation, Netzwerkbildung und Herausbildung von historischen Identitäten in der Begegnung des jeweils Eigenen mit dem Fremden anregte, nicht nur bei den Griechen, die die Küsten des Meeres besiedelten und eine ihnen eigene „kleine" vernetzte Welt heraus bildeten, sondern auch bei den Etruskern, Römern und anderer Akteuren Vorort. Die Verbreitung von Handelsgütern von Ost nach West beförderte die Entwicklung früher Eliten in der Ägäis und im Mittelmeerraum; vgl. Handel (Kap. 4, 12).

Mythos/Mythologie: In den homerischen Epen bedeutete *mythos* einfach „das Wort", „die Rede", „die Erzählung", das davon abgeleitete Verb „erzählen"; der *mythologos*, war ein Geschichtenerzähler. Der davon abgeleitete Wissenschaftsbegriff bezieht sich auf den großen Erzählzusammenhang von Götter- und Heldengeschehnissen einer mythischen Vergangenheit, die eine allgemein gültige sozusagen vorphilosophische Welterklärung für die unterschiedlichsten Bereiche der menschlichen Wirklichkeit bereit stellte; vgl. Vergangenheitsbewusstsein (Kap. 2, 11).

Oral-Poetry-Forschung: Eine Forschungsrichtung, die sich mit den homerischen Epen als mündlichen Dichtungen beschäftigt und diese mit außergriechischen mündlichen Heldendichtungen und deren typischen Sprech- und Vortragsweisen vergleicht. Mündliche Dichtung ist traditionelle Dichtung, d. h. sie wird über längere Zeiträume mit Hilfe einer speziellen Vers- und Formelsprache in geschulter Sängertradition erhalten (Kap. 2).

Orientalia: So werden die meist aus kostbaren Materialien hergestellten Objekte des Kunsthandwerks bezeichnet, die von den Phönikern im Mittelmeerraum vertrieben worden sind, und die für ihre Besitzer eine neue Art von Kapital bedeuteten, das sie von ihrer Umgebung absetzte und mit sozialem Prestige und Macht ausstattete. Die Ornamente und ein Teil der Bildmotive dieses Kunsthandwerks wurden von der griechischen sogenannten orientalisierenden Vasenmalerei des 7. Jahrhunderts übernommen, um das Prestigegut für den Gebrauch der eigenen Elite aus eigener Produktion zu ersetzen; vgl. Handel (Kap. 4, 5, 12).

Phöniker, Phönikien: Weder ein Land noch ein Volk im modernen Sinn, sondern ein griechischer Begriff für die Bewohner der Städte der Mittelmeerküste ungefähr im Bereich des heutigen Libanon, abgeleitet vermutlich von *phoinix* („rot"), der Farbe der Purpurschnecke und den damit gefärbten Textilien des phönikischen Handels. In den homerischen Epen wird nur die Stadt Sidon wegen ihrer Handwerksprodukte explizit genannt, während der Begriff *phoinikes* die phönikischen Händler als Räuber und Betrüger meint, eine typische Außenbezeichnung, für die es im Nahen Osten sowie bei den Phönikern selbst kein Äquivalent gab; dort zählten sie zu den Kanaanäern. Heute wird der Begriff allgemein für die Städte an der Mittelmeerküste von Gaza im Süden bis zu Tarsos im Norden gebraucht, um deren gemeinsame Ausrichtung auf Textil-, Metall- und Elfenbeinhandwerk und einen professionellen Handel zu beschreiben (Kap. 4, 12).

Polis: Griech. „Stadt", mit den Bedeutungen: Ort des Verkehrs, Vaterstadt/-land, Gemeinde/Bürgerschaft; abgeleitet davon *polites*, die Bürger, *politeia*, die Verfassung. Die Polis war die typische griechische Gemeindeform neben der Stammesorganisation (*ethne*). Die Verbreitung der Griechen im Mittelmeerraum ging einher mit der Verbreitung der Polis, der Gemeindeform, die diesen Prozess prägte und begünstigte. Die Anfänge der Polis sind gleichzeitig bei den Ost- wie den Westgriechen zu beobachten (Kap. 4, 5).

Recht: Der Rechtsstreit und die Forderung nach gerechtem Urteil gehören zu den zentralen Themen der frühgriechischen Epen. Bei Hesiod soll das Vertrauen auf gerechte Urteilsfindung die Grundlage einer städtischen Gemeinschaft bilden. Im 18. Gesang der *Ilias* (497–508) geht dem Urteil der Redestreit zwischen Kläger und Angeklagten voraus, an dem sich die Zuhörer aus dem Volk durch emotionale Stellungnahme beteiligen; die Ältesten tragen ihre Sprüche vor, ein Rechtskundiger (Schiedsrichter) erteilt das Urteil gemäß dem besten dieser Sprüche. Von diesem einsichtigen Verfahren unterscheiden sich die Gerichte Hesiods, in denen bestechliche Mitglieder der Elite das Recht beugen. Die Töchter des Zeus, Dike (das Recht) und Themis (die Satzung) sind göttliche Personifikationen, die das von Zeus geschützte Recht und seine Regeln verkörpern (Kap. 6, 7, 8, 11).

Rhetorik: Die Kunst der öffentlichen Rede wurde von den Griechen im 5. Jahrhundert als Lehrfach herausgebildet. Die Bedeutung dieser Redeform und die Notwendigkeit, eine Redetechnik, die vor der Versammlung zu überzeugen, im Rechtsstreit auszugleichen und zu versöhnen vermochte, wird bereits in den frühgriechischen Epen hervorgehoben, vgl. Recht. Hier ist es ein technisches Können, das den

Mitgliedern der Elite zugeschrieben wird und ihnen Autorität verleiht. Odysseus und die alten und weisen Helden sind Exempla dieser Kunst, deren Bedeutung in der *Odyssee* auf die zeitgenössische Polisbildung verweist (Kap. 8).

Staatlichkeit/Vorstaatlichkeit: Wissenschaftliche Hilfsbegriffe, um sogenannte prähistorische, auf Person, Brauchtum und Sitte gegründete Personenverbände von historischen, auf allgemeinem Recht bzw. Verfassungen beruhenden abstrakteren Gemeindebildungen zu unterscheiden. Da es sich um theoretische Begriffe handelt, sind sie sehr differenziert auf konkrete historische Situationen anzuwenden. Die Entwicklung von Staatlichkeit im frühen Griechenland beruhte auf einem längeren Prozess, in dem bes. Konflikterfahrungen zur Kontrolle von traditioneller Macht und Eingrenzung von Amtsmacht führten, die von der Gemeinschaft (*demos*) selbst ausging, vgl. Recht (Kap. 9).

Tempel/Kult: Zur Kultpraxis gehörte nicht notwendig der Tempel, im Mittelpunkt standen vielmehr der Altar und der heilige Bezirk. Kultpraxis ist durch den Nachweis von Votivgaben erkennbar. Frühe Tempel waren äußerlich mit Häusern identisch und daher schwer als solche zu identifizieren. Erkennbare Tempelarchitektur entwickelte sich im Laufe der Archaischen Zeit ab dem späten 8./7. Jahrhundert. Solche Kultstätten und Tempel dienten als Ausdruck kollektiver Identität, nicht nur auf die einzelne Polis bezogen, sondern auch als regionale Mittelpunkte, sowie in größerer Form als panhellenische Heiligtümer wie Olympia und Delphi oder der Altar des Apollon Archegetes auf Sizilien (Kap. 11).

Vergangenheitsbewusstsein: Die homerischen Helden sollen in einer Heroischen Zeit, einer Vergangenheit gelebt haben, in der Götter und Menschen miteinander verkehrten und in der alles viel größer war als in der Zeit des homerischen Sängers und seines Publikums. Hesiod nennt fünf Zeitalter: das Goldene, Silberne, Bronzene und das Heroische, auf das das Zeitalter der Gegenwart, das der hinfälligen Menschen folgt (*Erga* 110–201). Anders als bei der Vergangenheit der späteren Geschichtsschreibung handelt es sich hier um mythische Vergangenheiten, in denen menschliches Geschehen vergrößert und beispielhaft abgebildet wird, um Lehren, Satzungen oder Privilegien für die Gegenwart abzuleiten. Auch Denkmäler bzw. die Verehrung von Relikten gehörten zu diesem mythischen Vergangenheitsbewusstsein; sie sollten die Allgemeinverbindlichkeit des Mythos über die Zeiten bewahren (Kap. 2, 3).